U0570120

紹興大典

史部

萬曆紹興府志

3

中華書局

紹興府志卷之十五

田賦志二

賦下

農之賦四曰夏稅麥合府共一萬二千八百二十七石八斗二升二合五勺內山陰一千六百九十七石六斗六升五合三勺會稽一千一十二石七斗二升一合蕭山一千五百七十八石四斗三升五合二勺諸暨二千一百九石四斗六合四勺餘姚二千七百五十五石三斗五升一合二勺上虞一千七百三十九石八斗六升七合四勺嵊八百七十二石七斗四升四勺新昌一千六十石九斗一升五合六勺山陰蕭山徵於田會稽田地塘漊兼徵餘姚上虞徵於田地諸暨嵊獨派於地新昌如餘上而兼有塘徵

曰秋糧米合府共三十一萬九千八百七十八石一斗六升四合七勺八抄內山陰八萬二千七百六石五斗九升二勺會稽五萬三千二百七十七石二斗八升五合一勺蕭山三萬六千五百六十四石六斗五升諸暨三萬三千二百七十一石六斗九升七合七勺餘姚五萬九百七十二石九斗一升一合三勺上虞一萬六千四百七十四石四斗四升二合一勺八抄嵊一萬九千五百一十九石五斗四升四合七勺新昌七千九十一石四升二合六勺山會蕭餘上五縣合田地蕩池塘浜瀝港派徵而多寡本折不等嵊惟田地有徵諸新盡徵於田

曰夏稅鈔合府共四千四百二十八錠一貫七百七十文九分內山陰三百三十錠一貫七百九十五文會稽三百二十五錠二貫七百七文蕭山二百六十錠一貫九百文諸暨一千三百八錠一貫三百二十三文餘姚一千三百五十三錠四十九文

上虞四百八十五錠四百四文嵊一百七十一錠三貫七百八十四文九分新昌一百九十五錠八文

山陰徵於田會稽兼徵田地塘漊上虞又兼及池瀝蕩餘姚徵於田地蕭嵊新徵於山諸暨惟塘蕩瀝

曰秋租鈔合府共一萬三千七百五十七錠一貫五百二十一文九分內山陰五千五百二十七錠一貫二百一十文會稽一千九百四十七錠八百二十九文蕭山六百八十三錠三百九十五文諸暨二百四十一錠二貫五百六十四文餘姚一千一十四錠一貫八百四十文上虞二千五百四十三錠三貫九十八文嵊一千六百九十七錠三貫一百一十二文二分新昌一百二錠三貫四百七十三文

山蕭新俱獨徵於山會稽兼及蕩池餘姚兼及地嵊兼及塘上虞田地塘瀝蕩叅酌泒徵諸暨惟塘蕩瀝

派法每畝均科內派北折南折備折存折扣折改折海折餘即係本色名存留而扣改海等折則有無不一其他折若本色則多寡不同每歲布政司承戶部府承司縣又承府之分坐而旋派以徵於民故難定其數

輸例南北折以輸兩京扣備海等折以輸軍門或年有年無而存留本色若存折備折則以供官吏軍伍之俸若饑年之賑輸府之如坻倉預備倉泰積庫山陰之三江倉餘姚之常豐一倉二三倉四倉杭州之廣豐倉嘉興府之嘉興倉海鹽之常積二倉海寧之

永平倉寧波之廣盈倉定海之廣安倉各學倉

起運北折不論麥米每石俱折二錢五分路費每兩貼二分二釐五毫南京各衛倉米每石折七錢三分五釐一毫路費每兩八釐五毫派剩米每石折七錢路費每兩一分一釐五毫南折米每石折銀六錢路費每兩一分一釐五忽以上俱解司轉解京存留存折麥府倉一項每石折九錢一項折八錢各學倉俱折八錢存折米府倉每石折五錢五分備折米每石折五錢充餉扣折米每石折無定數改折米各倉每石俱折五錢五分

夏秋鈔每貫折銀貳釐

桑之賦一曰農桑絲今惟[諸暨]山有荒絲五百三十五兩六錢每兩折銀六分二釐五毫共三十三兩四錢七分五釐餘縣俱類入三辦內

屋之賦一曰房租[山陰]官房賃鈔一千八十四貫[諸暨]房屋賃錢三百八十三貫三百三十文[上虞]官尾房賃鈔二百四十八貫二百七十五文餘縣皆缺

傳之賦二曰馬價俱輸於河南北直隸等處餘冬錄洪武二十年命兵部籍杭嚴衢金寧紹及直隸徽州等七府市民富實者出貲市馬充鳳陽宿州抵河南鄭州馬戶令河南南有市馬戶是也又寧波府志先是永樂間河南荒歉馬政無辦暫借浙中人戶丁糧近上之家編爲馬頭到彼應直破家殞身害不可言正德二年浙江巡按御史專梁奏革馬頭於丁田內均派徵銀解府轉解布政司交納聽彼驛上司差官領囬雇役應當遂以爲常浙民累有陳奏未得豁免合府共七千四百六十一兩二錢八分七釐四毫內[山陰]二千四百三十九兩八錢四分會

稽二千一百一十七兩一錢八分蕭山三百五十八兩八錢九分六釐諸暨四百六十五兩四錢七分五釐五毫餘姚一千一十九兩二錢七釐五毫上虞四百五十三兩一錢八分六釐四毫嵊四百五十六兩九錢七分新昌一百五十兩四錢六分二釐

曰驛夫輸本府各驛今類入均徭

兵之賦一曰兵餉銀合府共二萬二千九百二十兩三錢七分九毫內山陰四千一十七兩九錢七分二釐八毫會稽二千五百一十八兩六錢二分八釐二毫蕭山二千一百四十五兩二錢一分七釐九毫諸暨四千三百二十一兩五錢六分七釐八毫餘姚三千三百四十八兩七錢六分四釐六毫上虞二千六百二十六兩六錢八分四釐六毫嵊二千七百四十三兩六錢四分九釐四毫新昌一千一百九十七兩八錢九分二釐一毫

戶之賦二曰蕩價輸鹽運司五縣共二千五百四十四兩

七錢五分九釐六毫山陰一十一百三十九兩六錢四分六釐六毫會稽三百八十七兩九錢七分二釐七毫蕭山七百八十四兩三分五釐五毫餘姚一百九十兩一錢二分四釐上虞四十二兩九錢八分八釐先俱責辦於竈戶今山會上三縣均派於田蕭餘二縣徵於得利人戶諸嵊新三縣無

曰諸鈔有商稅課鈔　黃絡蔴鈔　茶株鈔　油榨碓蔴鈔　窰竈鈔　門攤契鈔　茶引油契本工畢鈔　樹株果價鈔　酒醋鈔　漁課鈔每貫折銀二釐内解京貯府二項不同合府共七百二十四兩八錢九釐山陰折鈔銀一百八十三兩九分五釐三毫二絲會稽一十五兩四錢九分四釐九毫蕭山一百七十五兩四錢九分八釐七毫諸暨鈔餘姚三百四兩三錢八分七釐四毫上虞一十兩二錢一分六釐四毫嵊一十三兩四錢四分六釐七毫新昌二十二兩七錢五釐五毫遇閏如月數加增分派於漁茶油治等戶今間

或均派於田蕩

口之賦二曰鹽糧米內分三項顏料解京者每石折六錢解各學者折八錢解各倉者折五錢常本折半合府除新昌不徵米外共九百三十四石二斗二升七合七勺內山陰十五石三斗六升會稽四十六石三斗二升八合八勺蕭山三百十六石八斗五升五合八勺諸暨二百一十六石餘姚七十七石四斗六升四合一勺上虞十九石六斗六升六勺嵊二百四十二石五斗五升三合新昌連鹽鈔共折銀二百五十四兩二錢三分五釐八毫俱責辦於鄉都成丁之人惟新昌不分鄉市兼徵米鈔山陰每丁六勺三抄會稽三合七勺五抄蕭山一升三合一勺諸暨五合六勺餘姚一合四勺四抄上虞七勺四撮嵊一升四合七勺新昌折銀二分一釐九毫遇閏增加

曰鹽鈔每貫折銀一釐輸京庫及本府庫合府連新昌折米銀共四

千一百五兩五錢三分一釐七毫内山陰七百一十九兩六錢二釐五
毫會稽四百五兩七錢五釐七毫蕭山四百八十一
兩二錢七分三釐諸暨七百二十五兩三錢五分六
釐六毫餘姚七百七十一兩七分七釐一毫上虞二
百二十二兩五錢一分二釐嵊五百二十五兩六錢
六分九釐新昌連鹽米共二百
五十四兩二錢三分五釐八毫俱責辦於城市成丁
之人山陰每丁九釐五毫六絲會稽六釐九毫蕭山八釐八毫諸暨二毫四絲餘姚五釐五毫二絲
上虞一釐五毫嵊五釐二毫新昌二釐五毫遇閏增加
平之賦三三辦今謂之曰額辦銀有桐油銀狐狸皮銀白硝鹿皮弓箭弦條
銀胖襖銀農桑絹銀俱解京藥材銀合府共二千一百五十五兩
六錢五分三毫内山陰三百九十兩八錢五分八釐九毫會稽二百三十二兩七錢一分
九釐蕭山二百四十一兩二錢四分五釐六毫諸暨
二百三十九兩一錢六分三毫餘姚四百八十二兩

四錢四分五釐[上虞]二百六十三兩五錢六分三釐[嵊]二百一十二兩六錢五分八釐九毫[新昌]九十二兩九錢九分八釐八毫

曰坐辦銀有水牛等皮料銀　曆日紙銀　軍器料銀　淺船料銀　段疋銀　漆木料銀　四司工料銀　果品銀　牲口銀　蠟茶銀　菉笋銀俱解京　合府連閏共一萬五千四百三十九兩七錢二分七釐七毫內[山陰]二千七百九十二兩一錢二分六釐六毫[會稽]一千六百三十七兩五錢八分八釐三毫[蕭山]一千八百一十九兩六錢五分三釐六毫[諸暨]二千三百三十九兩八錢五釐二毫[餘姚]三千三百三十二兩三分八釐一毫[上虞]一千八百五十九兩四錢四釐一毫[嵊]一千三百八兩八錢六分五釐九毫[新昌]三百五十兩一錢四分五釐六毫

曰雜辦銀有科舉禮幣進士舉人牌坊銀　預備上司各衙門書手工食銀　軍器路費銀

上司各衙門新官到任隨衙下道家火祭祀猪羊品
物等項銀　修理各衛所城垣民七料銀　武舉銀
戰船民六料銀　文廟啓聖祠名宦鄉賢祠社稷
山川壇厲祭銀　各祠廟祭銀　鄉飲酒禮銀　孤
老布花米柴銀　表箋綾函紙劄工食銀　表箋委
官齎捧盤費銀　拜進香燭銀　拜賀　萬歲冬至
正旦令節習儀香燭銀　迎春芒神土牛春花春鞭
三牲酒席銀　門神桃符銀　三察院按臨門廚米
菜銀　三察院考試生員試卷果餅花紅紙劄筆墨
府學銀　恤刑按臨心紅紙劄油燭柴炭門皂廚役
工食米菜銀　各上司及查盤委官心紅紙劄油燭
柴炭幷門皂工食米菜銀　上司按臨幷本府朔望
行香講書紙劄筆墨銀　府送使客下程銀　縣送
油燭柴炭銀　兵巡道駐劄士夫交際下程酒席銀
水利道坊夫工食銀　提學道按臨考試生員試
卷果餅花紅紙劄筆墨銀　季考生員試卷果餅花
紅紙劄府學銀　歲貢生員正倍路費花紅旗匾酒
禮銀　起送科舉生員路費花紅酒席銀　迎宴新
舉人旗匾花紅彩段酒席銀　起送會試舉人路費
卷資酒席銀　賀新進士旗匾彩段酒禮銀　兵巡

道新任祭門偖羊三牲香燭銀　府縣新官到任祭
門偖羊酒果香燭銀　府縣新官到任修理衙宇銀
席銀　府縣應朝起程復任酒席銀　府縣陞遷給由酒
席銀　修理各察院分司公館銀　修理府縣廳堂
公廨監房教場及養濟院等處工料銀　城垣畫圖
紙劄顏料銀　優恤節婦養贍米布銀　上司幷府
縣卷箱架扛鎖索棕單銀　察院分司公館置備家
火銀　府縣心紅紙劄等項銀　府縣皂隸工食銀
府縣官船水手銀　短遞夫工食銀　經過使客
皂隸工食銀　馬匹草料幷馬夫工食銀　大小河
船價幷稍水工食銀　預
備雜用銀　俱留府縣庫　合府共二萬七千六百七
十兩六錢八分六釐五毫　內山陰四千六百七十二
兩五分七毫　會稽三千八
百三十二兩八錢六分一釐五毫　蕭山三千六百五
十一兩五錢四分六釐三毫　諸暨二千一百兩八錢
二分　餘姚五千三百七兩六錢二分九釐一毫　上虞
三千六百四十五兩一錢八分七釐三毫　嵊二千四
百七十兩二分二釐　新昌一千九
百九十兩五錢六分九釐三毫

均平法嘉靖四十五年某月日巡按浙江監察御史龐尚鵬奏兩浙自兵興以來公家之賦役日繁閭閻之困苦已極積弊萬端有難槩舉惟里甲爲甚有一日用銀二三十兩者貪官遂因緣乾沒吏胥亦乘機銖求在在有之臣今擬通行會計各府州縣每年合用一應起存額坐雜三辦錢糧數目仍量編備用銀兩以給不虞之費俱於丁田內一體派徵名曰均平銀其所議數目固有盈於此而縮於彼未必事事皆中若損有餘補不足裁酌通融自足供周歲之用臣巡歷所至質之父老萬口同辭率多稱便乞下該部

覆議著爲成法　詔下戶部如所議上請得　旨依擬行案行司道再斟酌損益刊刻書冊題曰欽依兩浙均平錄永爲遵守

一審編均平丁田俱分守道每年預計合屬州縣里甲未出役三箇月之前定委廉幹官員不拘本衙門及府佐別州縣正官親行拘集該年里甲人戶與實徵丁糧手冊黃冊逐戶弔審明實通計合用本年額坐雜三辦一應銀數共該若干除官員舉監生員吏承軍匠灶等項照例優免并逃絕人戶免編外其餘均平科派折田爲丁每丁該銀若干某戶該銀若干

一歲應納之數盡在其内完日將審派人戶花名銀兩細數給示曉諭以便輸納及造冊繳道以備查考

一凡委官審編丁田揭榜之後即照式刊刻由帖每里甲分給一紙使各家喻戶曉知丁田銀兩數目不致欺隱遺漏增减如有前弊許諸人告首即問作弊之罪充賞首人各州縣仍置空白簿三扇每扇以百篇爲率送分守道用印一扇發回本縣收掌仍置一大櫃于公堂但遇里甲執由帖赴納均平銀兩就令當堂投櫃封鎖記簿存照仍將由帖註納數目日期掌印官親批完納給還備照不得加取稱頭火耗一

扇發領辦吏一扇發該吏大事先期一月其餘先一
二日照依原議給銀買辦各登記支應數目季終循
去環來繳該道查考以防侵尅其收頭及坊里班頭
名色悉行革除

一庶務既不役里長支值各須得人每年各州縣輪
委各該實叅及候缺吏役以總理買辦亢夫馬頭以
總理夫馬仍量事勢緩急查撥民壯封帑同各役使用
其夫馬頭給工食以酬其勞掌印官仍不時查理若
有尅減即拿問招詳仍令各置印信簿發與吏役及
夫馬頭收執如某官經臨該送某號下程該撥某則

夫馬各照本縣發出刊刻小票依數買辦撥送隨將用過銀兩挨日登記見有不收不用者明白註扣還官以備查覈其或上司取辦物件亦令承行該吏領銀照依時直兩平易買送用不許給票指稱官價虧損鋪行

一均平銀兩苟輸納逾時未免支應告匱凡審編丁田之後即坐委管糧官追徵勒限三箇月以裏完五分半年以裏盡數完納本官仍依期赴分守道報數以憑稽考如限中不完及不親赴該道報數參提問罪住俸候完日開支如里甲恃頑不納枷號究治

一額坐雜三辦一應錢糧將原額并近年加增應該起存等項成規開載相同無容更議者開列于前次將本縣一應支費逐款各開銀數備列于後其間多寡損益俱載本條項下猶恐別有意外之費各照縣分大小酌量另派備用銀兩總名曰均平銀每年一體徵完應起解者給批解納責限獲批繳照應支銷者收貯縣庫聽候支用其里長止令勾攝公務甲首悉放歸業此外再不許分毫重派以滋別弊

一里甲供應通行裁革

一人夫馬匹有議徵銀在官照差計日支給者有計

程遠近支給者有議徵給一年工食與人夫并養馬之家有餘不足聽其走差答應者有稱州縣偏僻用馬不多照舊今糧里暫雇爲便不派均平者爲照各州縣地方衝僻水陸險易原俱不同程途遠近差撥繁簡亦自有異是以規則不能畫一俱俯從其便庶可宜於民情各開具於府縣項下

一夫馬頭只令雇覔夫馬其應給工價各掌印官酌定數目先期包封用印鈐蓋取木箱收貯臨期照原封當面散給受覔之人不許落夫馬頭及該吏之手致有扣剋之弊

一每年用過船銀若干就於均平內派徵貯庫若取船應用即照民間雇覔定價一體筭給不許出票差人致有虧累小民

一雜辦款目頗多必須分别包封另箱收寄如遇某項應用即於原款包內動支仍於原登簿內前件下開寫於某日支取若干作爲某用明白註銷以備查考庶免影射侵匿捏開小民拖欠後累該年里長如或官遷吏滿各要一一交盤申請守巡道清查無弊各批詳允方許離任起送若支有餘剩俱聽申明以抵别項公費支銷

一議定規則蓋欲永爲遵守但時有變遷事有損益各項之中用或羨餘聽其截長補短貯候奏支間有意外之費有司或難於開報及一切士夫交際等項果係禮不可廢義不容已者許於備用銀內動支倘有不敷就於該州縣自理贓罰銀兩一面請詳支應若有復派里甲者官以不職論吏究贓重治

力之賦二曰銀差曰力差嘉靖四十三年餘姚縣知縣周鳴塤始議將銀力二差一槩徵銀雇募其後山陰等縣里遞吴相等各具呈三院下府縣覆議一體遵行　有各驛館夫　各倉斗級　巡鹽應捕　鋪兵　解戶　獄卒　弓兵　傘夫　皂隸　分守

溫處甲首　看守各館門子　各學庫子　祠夫
閘夫　各場工脚　巡攔　南京直堂皂隷柴薪
三　院座船水手　布政司廣濟庫庫子　縣耳房庫
子　各學庫子　布政司首領都司運司府縣衛首
領柴薪　府縣馬夫　各學齋夫　各學膳夫　會
同館長夫　府縣及儒學公堂家夫　包倍富戶
各渡梢夫　民壯　捕兵　健步　預備織造　坊
夫　短送夫　惟巡鹽應捕一項先議免僉役徵銀
抵課止用民壯弓兵巡緝巡鹽察院批册議紹興府
議仍照額名數選募勤實之人充役分布行鹽地方
巡獲鹽船人犯不許縱放合府共三萬五千三百五十一兩九錢
九分七釐三毫内山陰七千三錢八分九釐八毫會
稽四千七百九十八兩三錢九分七
釐一毫蕭山二千六百三十三兩九錢一分四毫諸
暨三千七百七十四兩一錢八分一釐餘姚五千八
百七十七兩六錢二分二毫上虞五千三百八十六
兩九錢一分五釐五毫嵊三千五百三十五兩三錢
一分八釐八毫新昌二千三百四十五兩二錢六分
四釐五毫翁大立均徭或問少傅南渠呂公讀禮家

居聞賦役不均民間甚苦以役法質于少司空笑齋龔公謂必弛其力差悉用雇直庶幾均平無偏累遂白當路下其議邑侯周君君乃通計官民田額凡五千八百四十二頃八畝有奇除免灶田二百九十六頃三十一畝外每畝科銀八釐地額除辦鹽蕩地外官民地凡七百八十五頃一十二畝有奇每畝科銀四釐人丁除優免外約該差四萬一千丁每丁科銀五分共徵銀六千六百九十二兩九錢九分零以待一歲雇直議既定或有難之問於予曰均徭戶分三等計丁驗糧行之既久今欲改之何居予曰有國有家者不患寡而患不均吾邑科第之家以百計雜流舉監生員吏承以千計灶丁計一萬四千有奇優免日衆則詭寄日多良民守法者編徭日重此患在不均一也北方門丁事產四者兼論每以門銀爲上產銀最下地土猶致拋荒吾邑有職役者始登版籍無職役者每多隱丁故編徭則專重田產其他海防兵費雜辦均輸皆從田出遂致田日賤而民日貧此患在不均二也輸編甲分優免者少則差徭稍輕優免者多則差徭愈重在歲額不可增減而役銀則歲輕歲重此患在不均三也海防輸委不繼凡弓兵皂隸

驛夫之類掇銀以助軍興而積年攬役者額數雖減役銀倍索故官司有減之名徭戶受增之害此患在不均四也竊夫庫子斗級鹽捕向爲重差役銀實少軍興以來浮冗百出有役銀一兩而支銀數十兩既破其家矣一經查盤軍徒雜坐復貽累其子孫此患在不均五也有此五者閭閻日悴故相公倡議衆庶翕從始一槩徵銀公卿以至吏承照例免丁不免田產此吾輩捐巳利以惠窮閻相時宜以救弊法豈以厲民乎哉曰若然民則受惠矣士夫之族免田有差蓋令甲也今不免無乃非制乎曰否考諸　會典隨
朝官免雜泛差役此洪武十三年令也在京文武官員家除里甲正役外一應雜泛差役俱免此正統元年令也其云優免蓋專指人丁如曰其人既爲京朝官矣其父兄子弟僕從並得免差初無免田之說是時在方而猶且未及況雜流吏承乎其後優免冒濫以田准丁遂滋詭寄之弊至嘉靖乙巳該科申明始定免田等差與丁均配聊以救弊云爾豈初制哉若生員僅免家丁尨有考據　國初免廩膳宣德三年始免增廣皆云免其家差徭二丁也北方生員僅免供丁可爲印證今之免田及以田准丁者亦豈初制

哉曰灶戶每一子丁十年免田二十畝蓋爲　國初灶戶日夜辦鹽候商領支如商人後期則鹽觔銷耗復辦賠納最爲劬苦自彭惠安公議徵鹽價而引鹽則令商人自買遂使灶戶無煎辦之勞有蕩地之利故其利既數倍於齊民而其丁亦數倍於舊額觀版籍之內軍匠日絕灶丁日增灶戶田多民戶田少蓋不惟詭田而又詭丁也不免庚絕詭弊況士夫不免灶戶豈得免乎曰士夫不能世官灶戶乃其世業今仍每丁每年免田二畝積之十年正合原免之數所以處灶戶者善矣曰然則巡鹽應捕何可廢也曰國家疏通鹽法專爲濟邊苟　國課無虧而民情甚便則善之善者也吾邑三面濱海並產鹺鹽一面阻山不通舟楫引鹽不到民間無食淡之理舟楫不通自來無越境之販今若有挑者勿禁而徑於徑銀內徵抵應捕鹽觔銀兩以觧運司如戶口食鹽之例於民不甚便乎若曰如此恐廢法則今之灶戶不徵本色而徵折銀法亦廢矣何彭惠安之惠至今存也曰庫子斗級錢穀重寄今令在役可乎曰予嘗讀律矣庫秤斗級在役侵欺並以監守自盜論如其不許在也律文何以該載況今在京各部在外兩司庫子、莫

非僱後各省斗級亦多召募彼豈不思錢穀爲重哉
目耳房庫子往歲費銀數百今州侯庶正僚屬嚮風
後可無設矣復議公費數十金何居曰各省三司執
無公費多者或四五百金猶云未足即今數十金並
非浪費可對人言於此而復省之則好名太過所謂
贖人而不受金非可繼之道也嗣後倘非周侯將別
起事端任情科歛里甲始受病矣況柴薪馬丁舊有
贍耗此法行而贍耗革矣非周侯秉廉損惠孰肯任
之哉曰斗級之害難以縷舉若沿海軍儲並徵折色
則斗級可無設倉官且冗員矣議革何如曰不可軍
儲解折則官吏軍旗交通對支貧軍愈餓萬一陷城
誘罪誰乏之況南京解折振武營之變殷鑒不遠乎曰
然則如松江故事今沿海官旗詣縣領糧何如曰此
雖便民於軍不便蓋官旗糧長對支准折金山衛軍
亦嘗臨城呼譟矣必也倣京邊直隸事例設立軍斗
有司給與僱直稍寬其費或查軍旗置有民田附籍
里甲者選募以充亦給其直廢軍民交便而又免否
加耗五升每歲掃盤蓆校之費並什佰斗執有不願
充者哉曰預備倉斗級繁費亦甚今以縣前鋪司兼
攝何居曰吾姚輕犯什鋪羈收燈油之索勢難盡禁

故鋪司每名營充今斗級既增其直倉鋪比屋相聯復照近行事例每石加耗五升每歲除耗一升七合三歲之後聽於正米除耗查盤官勿得細苛雖使兼攝人猶營充也曰他若驛傳亦有官吏自支者然吏皆避役官多在逃今革去館夫可乎曰此爲官錢有限而糜費無經官卑則橫索者易肆其虐路衝則協濟者不敷其用而查盤官又刻意誅求吹毛以求其庇也今本縣監臨該驛無日破之弊廩糧折色使客無橫索之擾況縣驛兼支船馬並折吏承夙弊今赴縣給領此弊頓除故予在南畿須有長單刻有板榜至今稱便曰門皂兵夫閘民受雇各增其直何居曰此法未行科索經户重者以一取十輕者三倍今官給其直而又少之則庶人在官不若傭賃爲活矣亦豈可繼之道哉曰俻差銀兩起於何時應否裁革曰各省編派之後皆有餘銀或名聽差或名編剩明立文案以待支銷吾姚自巡按冷塘周公行縣多編以備坊牌羊酒之費起此厲階對川王公繼之謂非事體令將此銀預俻織造意則已公弊則未革遂致前此編徭者有外俻差内俻差之名今織造銀兩每年坐派丁田此項差銀誠爲可革在當路群公裁奪耳

豈治民所敢言哉曰均徭十甲一輪亦今甲也今歲歲徵銀可乎曰政貴有恒尤貴通變故琴瑟不調甚者必解而更張之匪得已也予嘗覈歷四方見均徭之法有三年一役者有兩年一役者有行十段錦之法歲編一段者有輕差歲徵雇直重差始僉間右者有人丁事產以備歲編門銀以待撮派者豈必十年一役哉曰徵銀誠便矣立收頭則侵分尅減歸庫藏則那移借貸聽對支則抑勒准折甚者官吏不廉則虛錢實領將如之何曰收頭誠不可立對支誠不可聽惟做投櫃之法隨糧帶徵定更番之期按月給領雖軍興重務不得那移若有羨餘必登循環卷簿歲經查盤仍每年攢丁申報守巡以杜冒濫則縣官縱萌不肖之念者豈得恣所爲哉曰數弊革矣玩愒既久寧免無弊乎灶丁免矣士人不免寧免無怨乎曰天下事有利必有弊若弊少而利多興利爲便有恩必有怨若恩多而怨少任怨何妨今周侯度田均則民易輸糧無不均之賦審户定籍丁糧相配無不均之里編徭徵銀悉從雇募無不均之役孔子所謂均無貧也必俟公倡議衆庶翕從主在恤民匪云變法旁近賢有司訪求此意劑量贏縮亦使均平陳平所

謂宰天下如此肉矣曰通行天下可乎曰未可南北風氣異齊民異俗南方重人丁則貧民日蹙北方重地土則富民日徙貴在有司師其意耳不然王荆公役法非不善而何天下受病也請以是釋子之疑

一條鞭法隆慶元年正月十九日餘姚縣知縣鄧材喬申畢職以非材備員劇邑蒞任以來民間投牒大半辯理錢糧不曰多科則曰重徵不曰謀收則曰侵盜流禍孔棘莫能盡狀大畧有五弊焉夏稅秋糧及三辦内織悉名色不下三四十項每項給一示某件壹石抽銀幾錢幾分某件一畝派銀幾釐幾毫在官者或能抄記鄉落小民何由識其要領以致奸猾設計巧弄以小呼大以無揑有倚項數之多逐件科歛

贈耗一入手則浪費無存其弊一也及僉審收頭則人人窺伺有利者百計謀收有害者千方規避公庭之請託無休吏胥之賄賂雜進其弊二也凡遇比併錢糧必有收頭數十人各執一簿虎視於邑堂而每里長一人皆俯伏於下一一登答竟數十人而後已一有失錯即以收作欠以多報少懦弱者銜恨陪償僥利者紛紛告擾其弊三也收頭收銀入手或置產娶妻妾或白身納吏甚或挾妓酣歌爲樂輕用官錢而莫能償竟死刑獄其弊四也若官府不知民隱則任其開數變賣一准其詞即視爲奇貨無產稱爲有

產賣過混開重賣巧攀讐家硬指愚弱借名還官復半肥已奸起於一人而殃流於萬衆其弊五也有此五弊則通變宜民之法似不容緩就經倣效直隸等處見行事宜將各色額稅併爲一主徵收名曰一條鞭在派徵則攢爲一總在起解則照舊分項盡除贈耗革去收頭各里長領小戶自行投入縣櫃惟起解錢糧於糧長中䦨選數人逐項領解議行未幾衆皆稱便復恐久後或有窒礙再早夜思之甚有便官利民之益也往歲各折及三辦名色多端額數不等縣官逐項徵之收頭逐項收之日無虛刻煩苦不勝所

收銀俱在收頭之手甲固未足其額乙亦未滿其數皆難截解及限期促迫必令收頭賠解收頭無從措辦則哀懇於官以乙抵甲起此厲階乗風滋弊以那移借貸為常事而半未完者乗機效尤併將已徵收者悉為侵欺錢糧之逋負有自來矣即令併派類徵則零星科剋之弊固已頓革而侵欺變賣之禍亦已潛消且閭閻一有輸納官府即有此銀司府行文催取即可完解更不苦於那借之難矣顧革弊之要有當申明者往歲署事之官更代不一收頭與吏胥交通雙印號簿兩填收數及至弔查即抽換影射由是

有公私底簿之名寅緣種種莫可究詰今議於起徵之候預置空白文簿將各糧長挨都里逐名開填人丁田地山蕩總數留空半葉申請本府印鈐發本縣輪撥謹厚吏農管簿看兌知數令各糧長將兌封銀兩於本名下親筆填註以備稽考則府印終爲難得而那侵之弊永絕也隨該衆縣糧長宋橋等呈稱錢糧不能自運觧人不應獨苦若量途遠近議定路費幾何一條鞭隨糧徵貯縣櫃臨觧給發庶官民兩便卑職酌議切恐類徵在官將來適資貪墨不若起觧時立刻追完對手支給自無虧累仍毋歲將各項數

目於總攬明白之日刊刻木榜樹立縣前復印刷告
示須布鄉村使蠢民稚子知悉如續奉派徵則以在
官稍緩官銀明開借解下年總派追抵庶不煩瑣更
免擾民伏乞採擇施行具申上官三院下司道司道
下紹興府六月十三日府申一條鞭之法該縣所議
甚便至於類派解費一節宋橋等所呈似愜輿情相
應俯從申糧儲清軍兩道看得正項錢糧既以類徵
而解扛路費又復零派似不免又有頭緒多端臨期
催迫之病今該覆議良是具呈巡撫都察院批既經
覆詳妥准照行繳

派徵之法各縣將該徵夏稅秋糧鹽米等攢爲一總内除本色米麥某項某價照舊上納外其折色某項某項各若干每石該折銀若干通計銀若干該縣田地若干每畝該實徵銀若干共該銀若干其均徭里甲三辦均平等亦攢爲一總其某項各該銀若干通計共銀若干然後通查該縣田地山若干人丁除例該應免外見在若干每丁該銀若干田地山各若干每畝該徵銀若干共該銀若干二總應徵銀兩冊筭每田地山一畝該銀若干每丁該銀若干連前項正銀通該若干編派已定即行照數備細造冊一本開

寫榜文一道申送各分守道查覈明白果無差錯關防印記發回一面將榜文張掛曉諭百姓通知一面查造冊籍逐戶填給由帖用印鈐蓋着各該里遞分給各甲人戶照帖承辦依期赴納

收納之法預先查照由帖造收納文冊一本用印鈐蓋置立大木櫃一箇上開一孔可入而不可出者仍酌量縣分大小都啚多寡縣小者止一簿一櫃大者作二簿二櫃或三四隨宜曲處每櫃即選擇實歷吏中之勤慎者一名糧長中之殷實者一名相兼經收每次印給收票一百張私記小木印一箇木櫃立於

縣堂上聽令各該里遞帶領納戶親赴交納先是吏與糧長公同查對簿內及由帖納戶本名下丁糧及折銀數目實該若干相同無差隨即驗銀足色兌銀足數眼同包封上寫某里某甲納戶某人銀若干仍着納戶將簿內本名下塡寫某月某日交納足數訖下註花字爲照吏同糧長將納完銀數塡入收票內某月某日吏某人糧長某人公同驗納訖亦註花字爲照銀令納戶自行投入櫃中並不許吏與糧長經手如有加收重稱刁難勒索者許即時禀告究治每十日掌印官同管糧官及經收吏役糧長開櫃清查

一次照簿對封照封驗銀如果無差總筭該銀若干拆放一處每百兩權作一封暫寄官庫以待臨解傾錠另貯一匣另置印簿一扇登記每次清查銀數又行另選吏一名糧長一名如前經收十日清查

起解之法如遇某項錢糧應解將前庫寄銀兩照簿内收過日期挨次順支若干應貼路費若干當堂傾錠封付解人凡銀至五百兩以上差佐貳首領官三百兩以上差殷實候缺吏一百兩以下差殷實糧里仍查照貼解銀數給與使費解送至府轉文呈司交納責限納獲批收銷繳俱不許再僉收頭解戶等項

名色
是年某月日山陰等縣申乞比照餘姚舉行一條鞭法三院下兩司各道議呈俱允行又某月日布政司議貼解路費解兩京者如舊議徵給解司府者通行裁革呈兩院如議通行合省永遵守
二年某月日會稽縣知縣傅良諫申一條鞭立法詳悉無容再議但本縣優免繁碎名項劇多比之他縣甚於霄壤蓋如秋糧額數無論山海水鄉都分槩縣一則均派每畝科米一斗一升七合九勺及派徵米折則又因厥土之上下而有輕重之分本縣額設三

十三都内自第一都起至二十都止及在城兩隅名曰水都本色糧米及南存改俻等項重折盡派於此内及第七第八十二十三十四等共五都因邊海荒坵田土每畝派於北折二三四五七升者其二十一都起至三十三都止名曰山海鄉都分每畝止納輕賫北折米九升七合九勺備折米二升全不派徵本色又如南本每石徵銀七錢各縣無分民灶一槩派徵惟獨本縣灶户纖不承納又且田不加耗又如水鄉蕩價内外職官及各灶户俱優免止派於民又如水夫工食遠驛馬價止京省職官查照品級優免而

灶戸原與民間一體派徵內又第七第八十三三十四十七三十一三十二等共七都灶田每畝免銀四釐比之各都灶田又異又如二十四都民戸患田六千六百餘畝水鄉水夫馬價三項俱免不派自此頭緒煩瑣遽難畫一竊議前項錢糧若照舊規派徵則輕重不一安能類總若計畝科銀又似非條鞭之意今反覆酌量參諸人情除將均平均差每年官吏生監優免增減兵餉各年奉文派徵多寡不同俱難派於條鞭之內合無另爲一則其夏稅秋糧照田通派此乃一定之法不分官民與灶求之各縣皆然本縣官

民無間而惟獨竈與以此民竈輕重懸絕竈田日增民田日減而冒籍詭寄之弊其流不可遏矣合將稅糧一體派徵查出山海都分原額田地照舊派以北折若干備折若干每田一畝計銀若干每地一畝計銀若干其水都田地照舊派以本色糧米若干南存改備等折若干每田一畝計銀若干計米若干每地一畝計銀若干計米若干各揭一總銀入條鞭米照常規派運其水鄉水夫馬價三項總計每田一畝不過七釐亦不分官民竈戸及減免竈田俱徵不免與前稅糧合爲一則每田一畝共計該銀若干設立官

簿官票責令依限投櫃收鮮及查本縣竈戶優免原無定例查得水鄉蕩價先因裁革水夫竈戶所遺蕩地俱竈管業所該鹽課無分民竈派於槩縣田內自嘉靖十九年以來竈戶方行告免及查秋糧米折嘉靖三十七年以前並不分別民竈一槩派徵俱各行之未久即今通派雖少有所增而反覆挨筭每畝計銀不過釐數況又有例優免與民不類合將本縣竈戶幷患田及官吏生監於均平均差二項之內照各例優免外仍量與加免丁田例免十丁者再免一丁庶人皆相安法可永守再照鮮解運路費起解司府者

一切裁革屢蒙須示嚴禁多方體念但錢糧關係匪小多懷畏心若不立有成規誰不臨時推調議將每年見役糧里計若干名解司解府銀兩各照本年下田糧多寡挨次照數領解何能辭責領解鮮少者亦聽其相附自行幫帖大約一百兩以上者定解一名二百兩以上者定解二名責令輪流聽撥則報頭不立而管解有人路費不徵而勞逸適均矣伏乞照詳施行具呈三院下紹興府府議以一條鞭之法原合均平均差稅糧爲一今該縣將均平均差兵餉另爲一則將稅糧另爲一則此乃兩條鞭矣又於稅糧之

内將山海都分派以北折備折將水都分派以本色糧米南存改備等折是稅糧又另分爲兩條鞭矣但立法貴通人情爲政須宜土俗該縣前項均平均差每年有官吏生監優免之不同兵餉銀兩每年有增減派徵之不一委難強入於稅糧之内其水都分厰土爲上山海都分厰土爲下賦歛輕重亦難強而齊也再三查訪俱稱前項派徵皆已停妥並無異論且一條鞭之設原以革去收頭包攬爲主今該縣派徵雖勢不能合一然派額一定家喻户曉設櫃聽投冊無收頭侵攬之弊其與一條鞭之法亦小異而大同

矣再杳竈户患田官吏生監優免俱有定例今該縣因水鄉水夫馬價各不准優免欲議於均平均差之内免十丁者再加免一丁以示優厚之意但加免於此則加重於彼小民貧困輸納艱難似違法制不准再加其領觧司府錢糧一節既無路費之給每年於見年糧里挨次僉點委爲適均然必遵奉近議百兩以上則押以民壯一人二百兩以上則押以吏農一名五百兩以上則押以職官一員以防侵匿遲延之奸具呈巡撫都察院批如議行繳

自一條鞭行後今賦額大率秪二項曰本色米合府

共六萬五千六百二十九石二升四合三勺

日條折銀合府共二十六萬八千一百七十兩五錢

四分四釐五毫

山陰本色米共一萬八千四百五十六石五斗四升

一合條折銀共六萬一千六百七十九兩二錢六分

九釐鑑湖鄉田每畝米三升九合六勺銀九分七釐

八毫中水鄉均田米三升一合六勺銀八分六

釐三毫中水鄉下則均田米三升一合一勺銀八分

四釐五毫沿山鄉田米一升六合四抄銀七分四釐

四毫江北鄉田米二升二合六勺銀六分六釐六毫

天樂鄉田米一升四合一勺銀四分八釐三毫湖中

鄉地每畝銀三分五釐六毫五絲沿山鄉地銀三分

五釐一毫三絲江北鄉地銀二分六釐六毫五絲天

樂鄉地銀一分三釐六毫三絲湖中鄉池銀三分二

釐七毫七絲沿山鄉池銀三分二釐二毫五絲江北

鄉池銀二分三釐七毫七絲天樂鄉池銀一分七毫五絲山每畝銀一釐三毫二絲蕩每畝銀四釐另不入縣額在縣納銀塘外沙田地田每畝銀八分七毫六絲地每畝銀六分五釐八毫係海塘外地田俱竈户收花折丁見丁每丁共條折銀一錢三分六釐五毫

會稽本色米共一萬一千五百五十五石五斗六升二勺條折銀共三萬八千七百八十一兩五錢二分九釐水田內十畝折丁田每畝米三升三合三勺銀九分五毫十三畝折丁田米三升三合三勺銀八分四釐九毫十五畝折丁田米三升三合三勺銀八分二釐四毫二升北折田米二升七合七勺銀八分三毫二升上北折田米二升七合銀七分九釐七毫三升北折田米二升四合七勺銀七分七釐五毫四升北折田米二升二合五勺銀七分四釐一毫四升上北折田米二升一合銀七分五釐五毫五升北折田內十畝折丁田米一升九合六勺銀七分九釐八毫十五畝折丁田米一升九合六勺銀七分一釐

七毫七升北折田米一升四合九勺銀六分九釐三毫山田銀六分七釐九毫內學田銀四分九釐二毫九湖山患田銀一分七釐一毫海患田銀四分三釐五毫水地內五十畝折丁地米一升六合五勺銀三分五釐六毫七十畝折丁地米一升六合五勺銀三分四釐三毫八十畝折丁地米一升六合五勺銀三分三釐六毫全荒地銀一分二釐山地銀一分一釐九毫開元等寺地銀八毫米湯米六合八勺銀一分六釐一毫池塘溇米四合五勺銀一分二釐二毫山內平水闞山銀三釐九毫餘山銀三釐五毫欽湯銀一分一釐人田丁每丁共銀一錢六分二釐二毫

蕭山本色米共八千五百三十八石四斗五升三合

條折銀共三萬一千三百四十三兩八錢八分二釐五毫由化等鄉田每畝米二升七合八勺銀七分五釐八毫安養等鄉田米二升六合九勺銀七分三釐七毫許孝鄉田米二升六合三勺銀七分二釐八毫新義鄉田米一升七合六勺銀六分九釐苧羅

鄉田米一升七合二勺銀六分八釐三毫苧新鄉田米二升六合二勺銀七分三釐二毫長山鄉田米一升八合八勺銀六分一釐七毫桃源鄉田米麥五勺六抄銀四分九釐二毫塘外沙田米二升六合八勺銀六分五釐二毫告改輕折田米麥五勺六抄銀五分八釐一毫地銀二分二毫池銀八釐四毫花山銀五釐兕山銀一釐一毫人田丁每丁共銀一錢二分六釐九毫

諸暨本色米共二千七石五斗二升六合二勺條折銀共三萬二千六百三十七兩三錢二分三釐一則田每畝米二合三抄銀三分八釐二毫泌湖上則田米九勺銀七釐三毫中則田米七勺三抄銀五釐九毫下則田米五勺銀三釐四毫地銀一分一釐一毫山銀一釐三毫蕩塘銀六毫五絲人田丁每丁共銀一錢一釐七毫

餘姚本色米共一萬二千二百一石五斗三升四合七勺五抄條折銀共四萬一千七百八十兩七錢七分四釐七毫〔一則田〕每畝米一升九合三勺銀六分七釐五毫〔忠列忠襄田〕米一升九合三勺銀三分七釐一毫〔灶田〕米一升七合五勺銀六分七釐五毫〔地〕米九合七勺銀二分四釐八毫〔池〕米七合三勺銀一分三釐四毫〔山〕銀一釐五絲〔學山〕米七合銀一分三釐〔人丁田〕共銀一錢一分

上虞本色米共七千六百六石四斗五升六合六勺條折銀共三萬一千三百四十六兩一錢八分四釐六毫〔熟田〕每畝米二升一勺六抄銀六分七釐六毫〔上患田〕米一升五合三勺銀六分七釐七毫〔中患田〕米一升七合六勺銀六分七釐六毫〔灶田〕米一升八合三勺四抄銀四分八釐六毫〔地〕銀一分五毫〔山〕銀二釐九毫五絲〔蕩〕銀三分五釐七毫〔熟池塘瀝〕米一升一合二勺銀四分五毫五絲〔上患池塘瀝〕米

一升八勺五抄銀四分四毫一絲中患池塘溇米一升九勺五抄銀四分五毫人田丁共銀一錢五分九釐九毫

嵊本色米共四千九百七十二石九斗五升二合六勺條折銀共二萬四百六十六兩七錢三分九毫田每畝米一升四合六勺銀三分九釐五毫遊鄉一各鄉四田米八合二勺銀三分六釐八毫長樂遊鄉四田銀三分三釐二毫地銀八釐三毫山銀二釐四毫塘銀四絲人田丁共銀一錢二分一釐二毫

新昌本色米共二百九十石條折銀共一萬一百三十四兩八錢四分三釐七毫脊田每畝米一合四勺七抄銀三分七釐一毫五絲腴田米一合四勺七抄銀四分三釐三毫五絲地銀一分一釐六毫山銀三釐一毫塘銀一毫二絲人田丁共銀一錢七分四釐八毫

此外不入條鞭者惟鹽糧米數見前鹽鈔銀數見前

蕩價山會上俱入條鞭惟蕭山派栽菱人戶出辦餘姚竈戶收花出辦數見前

油榨鈔共十二兩四錢八分二釐三毫六絲山陰五兩七分二釐六毫二絲會稽二兩一錢四分一釐八毫四絲上虞二兩八錢六分八釐五毫嵊一兩二錢七分六釐俱油車戶出辦新昌一兩一錢二分三釐四毫水碓磨抵辦

門攤鈔共三百六十五兩九錢五分四釐一毫二絲山陰會稽共一百八十四兩一錢九分八釐八毫山陰總徵諸暨六十七兩八錢一分四毫七絲餘姚八十七兩九分一釐五毫嵊十九兩八分一釐三毫三絲俱舖戶出辦新昌七兩七錢七分二釐二絲巡攔役銀內抵辦

茶株鈔八錢九分五釐止會稽有山都出辦

窑竈鈔四錢三分二釐止會稽有窑冶戶出辦

商稅鈔一百三十八兩五分五釐九毫止蕭山有巡欄出辦

黃絲蔴鈔二十九兩二分六釐四毫二絲止餘姚有蕭山即蕩價見前

漁課鈔共二十五兩一錢四分六釐四毫四絲餘姚十四兩三錢二分四釐上虞十兩八錢二分二釐四毫四絲俱漁戶出辦

萬曆十一年某月日餘姚縣民嚴俞呈詞巡按察院批分守道行紹興府審得該縣立法每里定觧銀二百兩亦甚均平但里遞貧富不等難以一例發銀零星未免傾銷折耗申道復行府下餘姚縣議得本縣

多士大應納折銀委有幾千兩者五六百兩者少則三四百兩者納户多不過一二百兩每石該年扭定解銀二百兩則此糧之解餘者勢必籍別里之不足者爲之代解賠賍此里中不平乘上年七月定圖時攢撒田地丁册不許開寫其人姓名止攙册内田地人丁酌量多寡挈當里役則里役適均田糧頗相類通計該年里内田丁多寡權其貧富分爲上中下三等其里内饒而該年富者分爲上等點運點櫃或解頭限銀糧如北折京庫米麥其該年富而里内貧者分爲中等解二限錢糧如荒絲蠟茶等項里内該年

不至消乏者分爲下等或量撥相似一名朋役解三限錢糧如南折兵餉等項里內該年委果消乏不堪准與豁免於該年內擇其田糧俱多家道殷富者免其解役僉爲櫃頭四名各管一季官給印信簿一扇完票若干銀封若干票封一樣編或字號不得參差給散該年令該年亦置印信流水簿一扇與櫃頭相同每日收銀不拘多寡令納户自兑足數足色該年驗訖眼同納户自入官給銀封內仍令納户照依銀封號數挨次親筆登記簿上如銀封爲天字幾號即令書天字幾號某都某里某人納銀若干足色足數該年給與官票一紙付照櫃頭在傍

掛號登簿每晩親查櫃頭總簿并該年收簿與銀封號數相同總計若干封共銀若干兩親筆填註仍將散封併作一大封令該年手押其上另貯庫内俱以天平爲準每日只用該年一人不拘某都某里同赴一處魚貫投納如某名該年應解二百收二百完又輪一名該年監收挨次不紊納户知從如收一項完足即令該年當堂親拆差官押領起解比限批廻附卷如此則自收自解彼亦不言多寡不言高低庻該年納户兩無偏累可垂長久申府轉申道呈巡按察院照詳即如議行

會稽縣志曰聞諸長老云徭賦之法蓋莫善於今之一條鞭矣第慮其不終耳其意大約謂均平之始行也下諸縣長吏自爲議縣長吏以上方崇儉柰何今巳獨冐奢之嫌乃悉取其疑於奢者一切裁罷之以報而令者每一舉動或承上片檄則往往顧橐匣而跼蹐掌橐之吏與鋪肆之人且愁見及矣至於雇役之繁且苦若倉傳者亦往往直不稱勞莫肯應募故長老相與言曰誠能吏派數百金於縣邑不過畝費一毫釐不然行見千百年之大利坐變矣何者圖蠲丁者將乘其隙而陰壞之也始正統間御史朱英創

爲十年一役議當時便之今僅百餘年乃更之如爻掌志民瘼者慎毋爲畝惜一毫釐使圖籍者得乘之以變此良法則幸甚矣

海之賦一曰鹽鹽俱都轉運鹽使司主之不隸府縣合府本折鹽共七萬三千五百六十引一千八百六十五觔九兩有奇内本色鹽三萬四千一百四引七百一十六觔十一兩有奇折色鹽三萬九千四百六十四引一千一百四十八觔十四兩有奇仁和場二十四團一萬一千三百八十五丁濱海本色鹽八千五百五十六引一百四十七斤十一兩有奇折色鹽一萬四千四十四引一百三十斤水鄉折色鹽七十五引一百六十三斤西興場十二團二千四百九十九丁濱海本色鹽四千八百七十三引一百九

十四觔十三兩有奇折色鹽一百五十二引二十五觔十三兩有奇水鄉折色鹽三千一百五十一引一十八觔四兩有奇俱於蕭山縣帶徵錢清場一十一團三千七百五十九丁濱海本色鹽八千四百一引六觔六兩有奇折色鹽四百三十六引七十二觔十一兩有奇水鄉折色鹽二千四百五十五引二十觔六兩有奇於蕭山山陰縣帶徵三江場三十五團四千五百三十七丁濱海本色鹽六千六百四十四引一百四十六觔十一兩有奇折色鹽七千七百三十五引六十九觔七兩有奇水鄉折色鹽四千七百八十四引一百七十六觔二兩有奇於山陰會稽縣帶徵曹娥場十四團二千九百二十三丁濱海本色鹽二千六百七十四引五十四觔二兩有奇折色鹽二千五百七引九十七觔二兩有奇水鄉折色鹽二百十四引一百八十觔十三兩有奇於上虞縣帶徵石堰場六十七團一萬五百九十九丁濱海本色鹽一萬二千九百五十六引一百六十八觔六兩有奇折色鹽七千七百四十五引七十一觔水鄉折色鹽九百五十引一百二十四觔十二兩有奇於餘姚縣帶徵

本色分二曰存積四分

常股六分折色每引徵銀肆錢

浙江通志曰浙濱海而鹽筴興漢初吳王濞置司鹽校尉于馬嘷城以煮海富武帝時始置鹽官法毋得私鬻孫吳置司法都尉權其利唐置鹽鐵使設場監于湖越杭州歲得錢累十萬緡宋置都大發運使及提舉官設鹽場于杭秀明温台五州令商人輸芻粟得鹽南渡後屬漕司元置兩浙都轉運鹽使至元十四年置司杭州大德三年置鹽場于浙東西至正二年置檢校批驗所四于杭嘉紹温台　國朝仍置都運司專掌鹽政增置嘉興松江寧紹温台四分司督

鹽課又置寧波批驗所而分温台批驗所爲二掌掣掣又置鹽課司于鹽場隸都運司者二曰仁和許村隸嘉興分司者五曰西路鮑郎蘆瀝海沙橫浦隸松江分司者五曰浦東袁浦青村下沙青浦隸寧紹分司者十五曰西興錢清三江曹娥石堰鳴鶴龍頭清泉長山穿山大嵩王泉昌國岱山蘆花隸温台分司者八曰長亭杜瀆黄巖長林永嘉雙穗天富南監天富北監場立官一人大者二人團立總催十人凡爲場三十五爲團五百有一爲丁七萬四千四百四十有六丁皆給灘蕩授煮器率辦鹽一引官給工本米

石引四百觔歲得鹽二十二萬二千三百八十四引三百四十九觔二兩洪武十七年易工本米以鈔引二貫五百文二十三年改辦小引丁歲十六引鹽工丁八引餘工丁四引引二百觔歲得鹽四十四萬四千七百六十九引一百四十九觔二兩邊商中鹽者每大引輸銀八分官給引目支鹽于塲率小引二而當大引一引耗五觔各爲袋塲截其引角一而歸之巳告驗于運司截引角一巳掣擊于批驗所又截引角一鹽過二百有五觔者沒其餘巳鬻於限地南止溫處西止徽信北止鎮江西北止廣德其地之吏又

截引角一乃反引於官官司詰禁如律二十七年復竈戶雜役有差永樂初改令邊商每大引輸米二斗五升或粟四斗邊量米粟貴賤道理近遠險易以爲引目正統二年併岱山蘆花場于大嵩場三年遣御史巡督鹽課改令邊商兼中淮浙鹽淮鹽十八浙十二淮鹽輸米麥浙鹽得輸雜糧又用侍郎周忱議以竈去場三十里者爲水鄉竈戶不及三十里者爲濱海滷丁水鄉丁歲出米六石給濱海丁代煎四年復竈戶稅糧毋遠運工本鈔自此罷給五年併昌國場于穿山添設下沙二場三場置場官歲辦鹽課率以十八給

商之守支者曰常股二貯場倉候邊乏召中日存積價存積重常股輕十四年增存積鹽爲十四景泰元年遣侍郎清理鹽法攺令水鄉竈丁歲輸米六石貯場倉官爲給濱海竈又增存積鹽爲十六二年令商報中引目到場遲一年以上者即於常股鹽内挨支三年罷巡鹽御史尋復遣六年運司同知黃彪疏罷水鄉輸米仍煎鹽成化五年戸部疏令水鄉竈丁歲辦鹽二引以上者輸米四石三引以上者米六石併故所得草場仍給濱海竈代煎七年定存積爲十四常股十六至今因之十年巡撫右副都御史劉敷以濱海

逋課累水鄉疏改水鄉鹽引折銀三錢五分場各輸于其長運司會而輸諸戶部備邉用（此水鄉輸銀之始）十二年詔嚴水鄉蕩價觧運司（此草蕩徵銀之始）十八年增置天錫溝場置場官二十年御史林誠以㕒鹽多耗疏令濱海竈鹽弁許輸半價浙西引三錢五分浙東引二錢五分歲十月輸京師（此濱海本折色鹽之始）二十一年增邉商浙鹽價每大引輸銀一錢六分松江府知府樊瑩疏請以蕩價抵水鄉課鹽之半立蕩戶妝之餘半於各縣秋糧加耗餘米帶徵而丁盡歸有司應民役（此州縣包補水鄉額鹽之始）弘治元年侍郎彭韶疏減濱海折半鹽

價浙西引輸銀三錢浙東引一錢七分五釐二年疏鬻兩浙餘鹽引價一錢四分此本處賣鹽之始又疏減水鄉歲課引輸銀三錢濱海歲課常股引輸銀一錢五分存積輸鹽如故三年御史張文疏令濱海竈丁去場三十里內者煎辦三十里外者輸銀視水鄉浙西引三錢浙東引二錢十二年廢寧台二批驗所御史藍章增餘鹽價引一錢八分都御史王璦御史邢昭繼增之引價二錢正德六年增邊商浙鹽價每大引輸銀一錢八分八年減餘鹽價引仍一錢八分九年御史師存智疏請以本色引鹽即于兩浙開中引價三

錢鹽貴則稍昂其直批驗所割沒餘鹽亦遂與商聽輸價嘉興批驗所引五錢溫州二錢紹興四錢杭州四錢五分歲輸于戶部凡商鹽餘鹽及包束不得過三百觔違者沒入之嘉靖六年增遣商浙鹽價每大引輸銀四錢引價於是極重七年御史王朝用疏令濱海折色鹽水鄉竈鹽引輸銀二錢三分七釐貯運司而以二錢給商買鹽曰買補三分七釐暨諸割沒餘鹽價銀仍輸于京師此給商買補之始十一年戶部疏減甘肅浙鹽價每大引輸銀三錢御史李磐疏均兩浙給商買補鹽數東西各九萬九千三十引其在溫台者無文

二萬六千八十五引泒如故今爲鹽場仍三十有五團仍五百有一丁一十六萬五千五百七十有四率三人而輸一人之課濱海本色鹽歲二十一萬三千二十二引七十九觔二兩有奇中爲存積鹽八萬五千二百八引一百九十一觔十兩有奇常股鹽一十二萬七千八百一十二引二百八十七觔七兩有奇折色鹽歲一十二萬七千三百四引一百八十三觔十五兩有奇爲銀三萬一千七百六十六兩七錢有奇中爲給商銀二萬五千四百七十兩一錢三分有奇鮮京銀六千二百九十六兩五錢七分有奇水鄉

折色鹽歲十萬四千四百四十二引八十五觔十五兩有奇爲銀二萬九千一百八十三兩二錢九分有奇中爲給商銀二萬八百八十八兩四錢八分有奇觧京銀八千二百九十四兩八錢一分有奇草蕩價銀歲八千八百七十七兩六錢九分有奇餘鹽銀以稱掣多寡爲筭無定額嘗謂義以生利利以和義故爲政上者利民其次不與民爭毫末之利以致大利下者務自利予讀漢食貨志觀所稱太公立圜法管仲權輕重周景王更鑄大錢退而考鹽法之顛末未嘗不用憮然也夫鹽之爲利固王者所與百姓共也

謀國者以爲加賦於畝畝不若取材於川澤是故不得已專之顧其始也一引之直爲粟數斗而其後或三倍焉夫直廉則市者衆市者衆則粟常積故官無轉輸之勞無寇掠之慮而諸邊富強直高則趨利者不赴趨利者不赴則粟常乏之故金帛積于内帑而塞下不得食轉輸寇掠官以爲任而商不與其憂其在緣海鹽積而不售竊販鬻以自給則私鹽之盜起夫此豈非與民爭毫末之利遂以失大利哉是故王者不言利非惡利也知害之有重於利也商利之臣其言非不可聽也其在目前非不足以爲快也然而其

究未有能利者也孟子曰仁義而已矣何必曰利嗚呼可與語仁義者斯能明利害之實也夫

會稽縣志曰兩浙運司三十五場竈丁十六萬五千五百七十有四歲辦額鹽四十四萬四千七百六十九引一百四十九觔二兩而甘肅寧夏固原延綏大同宣府榆林代州等九邊邊各置鎮鎮兵多寡所在不同姑以每鎮萬人論之必七千爲主三千爲客而鎮臺召商中納如滿千引必派七分爲常股三分爲存積甘肅險遠引輸銀三錢其他八鎮引輸銀二錢五分即前七百引爲銀二百四十五兩又分而三之

中取二分貿米一分貿草豆實之邊倉以給主兵而商則賫引到場挨次守支常股之鹽尚餘存積三百引則與守支異目矣必臨調官兵然後召商中納其價獨重易糧給兵如前而賫引到場得越次先支此

國初法也成化以後漸亦難行如商引合支常股而本場獨有存積合支存積而本場獨有常股既不得通融後不許更煮又或鹽積而商久不至則耗鹽商至而鹽久不出則病商於是當事者疏請合計全浙竈丁與九邊報中引目不論常股存積悉議徵銀於竈丁引二錢三分七釐總輸於運司商至引給銀

二錢一分八釐隨得逐遞報中環轉不休而引目仍聽其轉貿徽浙内商令内商得以自貿竈鹽初法盡改矣

紹興府志卷之十六

水利志一

湖　溪　河　江

越澤國也禹治水終於會稽蓋地勢最卑下云孔子稱禹盡力溝洫其迄功當必有畎澮經畧而往籍絶無考至句踐文種時極力生聚四境内蓋勤勤矣然水利竟鮮聞焉語曰事常則不談豈習知之遂漫不識邪今可徵者蓋自鏡湖始馬太守至今血食功德甚盛無窮以興湖故也今八邑自嵊新昌外其六邑俱以湖爲水庫農夫望之爲命盛夏時爭水或至鬬

相殺然上下歷代則田日增湖日損至今侵湖者猶日未已地狹人稠固其勢也邇來丈田之議起湖中熟田率多起科鄉長老云湖中不宜有田有田妨水利起科非便而或者又謂不起科止損縣官糧田固在近湖應蔭田亦不緣遂患旱家爲一說莫知然否總之湖爲遠利今侵者雖莫能禁然要爲干法若以起科召之則田湖者乃爲公家增賦豪戶兢爭先矣舊侵者斟酌半存之嚴禁將來因時爲師亦中策也

水自溪入湖洩于河注于江達于海防其沪[illegible]則堤塘堰壩時其啓閉則閘水門分引水則碑灌田通舟

魚蝦菱芡利害盡矣湖之夏蓋湘舟山餘支燭溪河之運溪之剡堤之後海塘之西江壩之梁湖曹娥閘之三江碶之孝行皆其最著者云

湖 按水利書湖經及諸邑志諸鄉湖各有應蔭田田皆有畝甚纖悉顧歷歲久不無少變或難以為據今不具載載諸湖存者名廢湖附焉稍摘其關利害者具大畧焉餘見山川志

山陰天照湖在東鄉猳猓湖白水湖在北鄉黄垞湖黄湖在西北鄉青田湖芝塘湖感聖湖牛頭湖西湖石湖容山湖湫湖前瓜豬湖後瓜豬湖在西鄉廢湖

十鑑湖錢家湖楊家湖馬安湖上盈湖下盈湖纇石湖撞石湖確山湖相湖芝塘狭篠二

湖稍有侵爲田者聞之長老云湖中故有蕩税其先

豪家稍因蕩爲田久之乃益侵不已或羸故畝近更

有無蕩而擅侵者矣

會稽李家湖小官湖大官湖丁家湖在二十一都淳

湖黄豆湖湯湖在二十二都長湖揞珠湖嬉湖招福

湖石浦湖丁家湖鵓鳩湖在二十三都舒屈湖瀝上

湖瀝下湖白蕩湖洗馬湖白馬湖車家湖姚家湖范

洋湖杜家湖離家湖沈家湖在二十四都橋亭湖在

三十都西湖賈家湖在三十一都

附曾鞏鑑湖圖序

鑑湖一曰南湖南並山北屬州城漕渠東西江漢順帝永和五年會稽太守馬臻之所爲也至今九百七十有五年矣其周三百五十有八里凡水之出於東南者皆委之州之東自城至于東江其北隄石楗二陰溝十有九通民田田之南屬漕渠北東西屬江者皆溉之州之東六十里自東城至于東江其南隄陰溝十有四通民田田之北抵漕渠南並山西並隄東屬江者皆溉之州之西三十里曰柯山斗門通民田田之東並城南並隄北濵漕渠西屬江者皆溉之總之溉山陰會稽兩縣十四鄉之田九千頃非湖能溉田九千頃而已蓋田之至江者盡於九千頃也其東曰曹娥斗門曰蒿口斗門之水循南隄而東者由之以入于東江其西曰廣陵斗門曰新逕斗門之水循北隄而西者由之以入于西江其北曰朱儲斗門去湖最遠蓋因三江之上兩山之間疏爲二門而以時視田中之水小溢則縱其一大溢則盡縱之使入于三江之口所謂湖高於田丈餘田又高海丈餘水少則泄湖溉田水多則泄田中水入海無荒廢之田水旱之歲者此也繇漢以來幾千載其利未嘗廢也宋興民始有盜湖

爲田者祥符之間二十七戶慶曆之間二戶爲田四頃當是時三司轉運司猶下書切責州縣使復田爲湖然自此益慢法而奸民浸起至于治平之間盜湖爲田者凡八千餘戶爲田七百餘頃而湖廢幾盡矣其僅存者東爲漕渠自州至于東城六十里南通若耶溪自樵風涇至于桐塢十里皆水廣不能十餘丈每歲少雨田未病而湖蓋已先涸矣自此以來人爭爲計說蔣堂則謂宜有罰以禁侵耕有賞以開告者杜杞則謂盜湖爲田者利在縱湖水一雨則放聲以動州縣而斗門輙發故爲之立石則水一在五雲橋水深八尺有五寸會稽主之一在跨湖橋水深四尺有五寸山陰主之而斗門之鑰使皆納于州水溢則遣官視則而謹其閉縱又以謂宜益理防隄斗門其敢田者拔其苗責其力以復湖而重其罰猶以爲未也又以謂宜加兩縣之長以提舉之名課其督察而爲之殿最吳奎則謂每歲農隙當僦人濬湖積其泥塗以爲丘阜使縣主其役而州與轉運使提點刑獄督攝賞罰之張次山則謂湖廢僅有存者難卒復宜益廣漕路及他便利處使可漕及注民田里置石柱以識之柱之內禁敢田者刁約則謂宜斥湖三之一與

民爲田而益隄使高一丈則湖可不開而其利自復范師道施元長則謂重侵耕之禁猶不能使民無犯而斥湖與民則侵者孰禦又以湖水較之高於城中之水或三尺有六寸或二尺有六寸而益隄壅水使高則水之敗城郭廬舍可必也張伯玉則謂日役五千人濬湖使至五尺當十五歲畢至三尺當九歲畢然恐工起之日浮議外揺役夫内潰則雖有智者猶不能必其成若日役五千人益隄使高八尺當一歲畢其竹木之費凡九十二萬有三千計越之戶二十萬有六千賦之而復其租其勢易足如此則利可坐收而人不煩弊陳宗言趙誠復以水勢高下難之又以謂宜修吳奎之議以歲月復湖當是時都水善其言又以謂宜增賞罰之命其爲說如此可謂博矣朝廷未嘗不聽用而著之於法故罰有自錢三百至于千又至于五萬刑有自杖者至徒二年其文可謂密矣然而田者不止而日愈多湖不加濬而日愈廢其故何哉法令不行而苟且之俗勝也昔謝靈運從宋文帝求會稽回踵湖爲田太守孟顗不聽又求休崲湖爲田顗又不聽靈運至以語詆之則利於請湖爲田越之風俗舊矣然南湖由漢歷吳晉以來接于唐

又接于錢鏐父子之有此州其利未嘗廢者彼或以區區之地當天下或以數州爲鎮或以一國自王内有供養祿廩之須外有貢輸問遺之奉非得晏然而巳也故强水土之政以力本利農亦皆有數而錢鏐之法最詳至今尚多傳於人者則其利之不廢有以也近世則不然天下爲一而安於承平之故在位者重舉事而樂因循而請諸湖爲田者其語言氣力往往足以動人至於修水土之利則又費財動衆從古所難故鄭國之役以爲足以疲秦而西門豹之治鄴渠人亦以爲煩苦其故如此則吾之吏孰肯任難當之怨來易至之責以待未然之功乎故說雖博而未嘗行法雖密而未嘗舉田之所以日多湖之所以日廢率繇是而巳故以爲法令不行而苟且之俗勝者豈非然哉夫千歲之湖廢興利害較然易見然自慶曆以來三十餘年遭吏治之因循至於旣廢而世猶莫寤其所以然況於事之隱微難得而考者繇苟簡之故而弛壞於冥冥之中又可知其所以然乎今謂湖不必復者曰湖田之入旣饒矣此游說之士爲利於侵耕者言之也夫湖未盡廢則湖下之田旱此方今之害而衆人之所覩也使湖盡廢則湖之爲田亦

旱矣此將來之害而衆人之所未覩也故曰此游說之士爲利於侵耕者言之而非實知利害者也謂湖不必濬者曰益隄壅水而已此好辨之士爲樂聞苟簡者言之也夫以地勢較之壅水使高必敗城郭此議者之所已言也以地勢較之濬湖使下然後不失其舊不失其舊然後不失其宜此議者之所未言也又山陰之石則爲四尺有五寸會稽之石則幾於倍之壅水使高則會稽得尺山陰得半地之窪隆不並則益隄未爲有補也故曰此好辨之士爲樂聞苟簡者言之而又非實知利害者也二者既不可用而欲禁侵耕開告者則有賞罰之法矣欲謹水之蓄泄則有閉縱之法矣欲痛絕敢田者則拔其苗責其力以復湖而重其罰又有法矣或欲任其責於州縣與轉運使提點刑獄或欲以每歲農隙濬湖或欲禁田石柱之內者又皆有法矣欲知濬湖之淺深用工若干爲日幾何知增隄竹木之費幾何使之安出欲知濬湖之泥塗積之何所又已計之矣欲知工起之日或浮議外搖役夫內潰則不可以必其成又已論之矣誠能收衆說而考其可否用其可者而以在我者潤澤之令言必行法必舉則何功之不可成何利之不

可復哉鞏初蒙恩通判此州問湖之廢興於人未有能言利害之實者及到官然後問圖於兩縣問書於州與河渠司至於參覈之而圖成熟究之而書具然後利害之實明故爲論次庶夫計議者有考焉　王

十朋鑑湖說　其上篇曰越之有鑑湖如人之有腸胃閉則不可以生自東漢太守馬臻開是湖以來千有餘年民受其利國朝興始有盜湖爲田者至于治平熙寧間盜田蓋七百餘頃而湖浸廢矣然官亦未嘗不禁而民亦未敢公然盜之也政和末有小人爲州內交權幸專務爲應奉之計遂建議廢湖爲田而輸其所入于京師自是姦民豪族公侵强據無忌憚所謂鑑湖者僅存其名而水旱災傷之患無歲無之矣今占湖爲田蓋二千三百餘頃歲得租米六萬餘石爲官吏者徒見夫六萬石之利於公家也而不知九千頃之被其害也知九千頃之歲被其害而已而不知廢湖爲田其害不止于九千頃已也蓋湖之開有三大利廢湖爲田有三大害山陰會稽昔無水旱之患者鑑湖之利也今則無歲無災傷蓋天之大水旱不常有也至若小水旱何歲無之自廢湖而爲田每歲雨稍多則田已淹沒晴未久而湖已

耜竭矣說者以爲水旱之患雖及于九千頃之田而公家實受湖田六萬石之入嗚呼其亦未之思也夫災必訴訴必檢檢必放得湖田之租失常賦之入所得所失相去幾何官失常賦而以湖田補折之猶可也九千頃之民田其所失者不可計其何以補折之耶王者以天下爲家其常賦所入亦廣矣豈利夫六萬石之入而以病民耶況湖田之入在今日雖饒而他日亦將同九千頃而病矣使湖之盡廢而爲田則湖之爲田者其可耕乎今之告水旱之病者不獨九千頃之田也雖湖田亦告病也況他日無鑑湖則九千頃之膏腴與六萬石所入之湖田皆化爲黄茅白葦之場矣越人何以爲生耶此其爲大害一也鑑湖三百五十八里之中蓄諸山三十六源之水歲無大澇而水不能病越者以湖能受之也今湖廢而爲田三十六源之水無吞納之地萬一遇積雨浸淫平原出水湖不能納水無所歸則必有漂廬舍敗城郭魚人民之患嘗聞紹興十有八年越大水五雲門都泗堰水高一丈城之不壞者幸也假令他日湖廢不止於今而大水甚於往歲則其爲害當如何此廢湖爲田其爲大害二也自越之有鑑湖也歲無水旱而民

足於衣食故其俗號爲易治自東都以來守會稽令山陰者多以循吏稱見於史傳者不可一二舉非昔之守令皆賢也蓋樂歲之中室家溫飽民之爲善也易爾比年以來獄訟繁興人民流亡盜賊多有皆起於無年去秋災傷之訟山陰會稽尤多非昔之民皆善良今之民皆頑鄙也蓋禮義生於飽煖盜賊起於饑寒其勢不得不然耳其爲大害三也自祥符慶曆至今建復湖之議者多矣而湖卒不能復非湖之不可復也蓋異議者有以搖之也曰九千頃雖被水災之害而常賦不盡失以湖爲田而官又得湖田之利爲多湖雖廢而何害且多爲異說以搖之此建議者之言卒奪於浮議者之口使建議者灼然知夫大利害之所在以折夫異議者之云云則復田爲湖有不可得而已也其下篇曰夫廢湖固不可以不復然亦有三難搖於異議一難也工多費廣二難也郡守數易三難也今之占湖爲田者皆權勢之家豪強之族也侵耕盜種爲日已久一旦欲奪而復之彼必游談聚議妄陳利害曰勞民也費財也失官租也有科率之擾也無積土之地也爭爲異說以沮害之官吏方墮於因循苟且之習復爲氣力多口舌者之所動移

而欲冀成功於歲月之久可乎此搢于異議一難也昔人嘗計濬湖之工矣日役五千人濬至五尺當十五歲而畢至三尺當九歲而畢夫用工如此之多歷年如此之久其爲費如何今越不濬湖而財用猶不給況興至大之役有不貲之費耶此工多用廣二難也守令之於郡邑久任則可以立事數易則不能成功況鑑湖之開非一歲一時之所能畢今之爲守者或一歲而遂遷或半歲而遷易湖之利害不暇問焉能知不能知遑暇治其間慨然有志於開復者功未及施而去計已迫矣後來者所見不同復變前議以數易之守而欲興浩大悠久之役可乎此郡守數易三難也湖有三不可不開而厄於三難開是終無策以開之也切謂欲遏浮議則不可不白利害於朝廷朝廷主之雖異議紛然但莫之恤可也彼異議者不過曰勞民費財耳夫勞民費財與無用不急之務則不可如鑑湖之利害如此謂之無用不急可乎自湖之費也歲多災傷細民艱食今於農事之隙募民濬治官出財民出力兩有所利民雖勞而不憚財雖糜而不虛矣彼不過曰官失湖田之租民有科率之擾夫鑑湖之開千有餘歲矣昔無湖田之租有國者不

以不足爲病豈今日獨少此耶况湖既復而民利興災傷不作而常賦不失民無凶荒之訴官無檢放之患較其所得與今孰多至若錢米之費當一出於官而不取於民竹木之具雖資之於民而盡酬其直胥吏都正從而擾民者則嚴法令以治之尚何科率之憂耶越人多謂湖可開也而土無所歸是不難積其泥塗以爲丘阜昔吳長文常論之矣今湖之側曠地固多擇其利便隨其遠近而立丘阜之土非所患也欲沮濬湖之計者不過數者之說而皆有以處之尚何浮議之恤耶謂日役五千人濬之五尺十五歲而畢者蓋通三百五十里之間而計之也今之濬湖固未能舉三百五十里之內而盡復之也湖自熙寧以來建議者立兩存之說有牌內牌外之限今牌尚存而牌內亦盜而爲田矣爲今日計者當先復牌內之湖其用工固有間自牌之外當以漸治之可也所費之財自本府經畫外又當請於朝乞每歲湖田所入之米以爲雇工與役之費朝廷捐六萬石之米不足以爲多寡越得此以辦事則沛然有餘矣欲復田爲湖必當遲以歲月之久有久與之役無久任之守以主之則異議一搖而事必中輟是又當請於朝置開湖

一司於越命守倅帶提舉主管之職如勸農學事之類又命二知縣分董之守既職其事則必任其責雖遷易不常而後來者不得不繼非正街司也蓋職使然也又有倅終任以管其事令終任以董其役則責有所歸又命監司督察賞罰之俟湖成之日凡主其事董其役者皆次第加賞如是則湖不患其不復也昔論復湖之利害者多矣莫如曾子固子固昔嘗倅越州鑑湖之利害爲詳而其言有足取者有能舉行子固之言而不棄某之兩說則湖廢乎其可復不然姑存其說以俟馬太守再生可也

徐次鐸

復湖議

次鐸竊見會稽山陰兩縣之形勢大抵東南高西北低其東南皆至山而北抵于海故凡水源所出多自西東南今衆流所聚者曰平水溪曰上竈溪曰攢宮溪曰龍瑞宮溪皆在會稽曰蘭亭溪曰南池溪曰離渚溪皆在山陰其他一泒一坑所出總之三十六源當其未有湖之時三十六源之水蓋西北流入于江以達于海自東漢永和五年太守馬公臻始築大堤瀦三十六源之水名曰鏡湖堤之在會稽者自五雲門東至于曹娥江凡七十二里在山陰者自常禧門西至于西小江凡四十五里故湖之

形勢亦分爲二而隸兩縣隸會稽曰東湖隸山陰曰西湖東西二湖由稽山門驛路爲界出稽山門一百步有橋曰三橋橋下有水門以限兩湖湖雖分爲二其實相通凡三百五十有八里灌溉民田九十餘頃湖之勢高於民田田高於江海故水多則泄民田之水入于江海水少則泄湖之水以漑民田而兩縣及湖下之水啓閉又有石牌以則之一在五雲門外小凌橋之東今春夏水則深一尺有七寸秋冬水則深一尺有二寸會稽主之一在常禧門外跨湖橋之南今春夏水則高三尺有五寸秋冬水則高二尺有九寸山陰主之會稽地形高於山陰故曾南豐述杜杞之說以爲會稽之石水深八尺有五寸山陰之石水深四尺有五寸是會稽水則幾倍山陰今石牌淺深乃相反蓋今立石之地與昔不同今會稽石立於瀕隄水淺之處山陰石乃立湖中水深之處是以水則淺深異於曩時其實會稽之水常高於山陰二三尺於三橋閘見之城外之水亦高於城中二三尺於都泗閘見之乃若湖下石牌立於都泗門東會稽山陰接壤之際春季水則高三尺有二寸夏則三尺有六寸秋冬季皆二尺凡水如則乃固斗門以蓄之其或

過則然後開斗門以泄之自永和迄我宋幾千年民蒙其利祥符以來竝湖之民始或侵耕以爲田熙寧中朝廷興水利有盧州觀察推官江衍者被遣至越訪利害衍無遠識不能建議復湖乃立石牌以分內外牌內者爲田牌外者爲湖凡牌內之田始皆履畝許民租之號曰湖田政和末郡守方侈進奉復廢牌外之湖以爲田輸所入於少府自是環湖之民不復顧忌湖之不爲田者無幾矣隆興改元十一月知府事吴公芾因歲饑請于朝取江衍所立石牌之外盜爲田者盡復之凡二百七十七頃四十四畝二角二十二步計工度盡先從禹廟後唐賀知章放生池開濬百餘日訖工每歲歲期以農隙用工至農務興而罷然次繹出入阡陌詢父老而形勢度高卑始知吴公未得復湖之要領夫爲高必因丘陵爲下必因川澤豈有作陂湖不因高下之勢而徒欲資畚鍤以爲功哉馬公惟知地勢之所趨橫築隄塘障捍三十六源之水故湖不勞而自成歷歲滋久淤泥塡塞之處誠或有之然湖所以廢爲田者非直以此也蓋以歲月彌遠湖塘既寖壞斗門堰閘諸私小溝固護不時縱閉無節湖水盡入江海而瀕湖之民始得增高益卑

盜以爲田使其隄塘固堰閘堅斗門啓閉及時瀦蓄禁窒不通則湖可坐復民雖欲盜耕爲尺寸田不可得也紹興五年冬孝宗皇帝靈駕之行府縣懼漕河淺涸盡塞諸斗門固護諸堰閘雖當霪降水涸之時不雨者踰月而湖水僅減一二寸湖田被浸者久之訖事決隄開堰放斗門水乃得去是則復湖之要又較然可見者也夫斗門堰閘陰瀟之爲泄水均也然泄水最多者曰斗門其次曰諸堰若諸陰瀟則又次焉今兩湖之爲斗門堰閘陰瀟之類不可殫舉姑以其著者言之其在會稽者爲斗門凡四所一曰瓜山斗門二曰火徵斗門三曰曹娥斗門四曰蒿口斗門爲閘者凡四所一曰都泗門閘二曰東郭閘三曰三橋閘四曰小凌橋閘爲堰者凡十有五所在城內者有二一曰都泗堰二曰東郭堰在官塘者十有三一曰石堰二曰大埭堰三曰皐步堰四曰樊江堰五曰正平堰六曰茆洋堰七曰陶家堰八曰夏家堰九曰王家堰十曰彭家堰十有一曰曹娥堰十有二曰許家堰十有三曰樊家堰其在山陰者爲斗門凡有三所一曰廣陵斗門二曰新逕斗門三曰西墟斗門爲閘者凡三所一曰白樓閘二曰三山閘三曰柯山閘

爲堰者凡十有三所一曰陶家堰二曰南堰皆在城内三曰白樓堰四曰中堰五曰石堰六曰胡桑堰七曰沉壤堰八曰蔡家堰九曰葉家堰十曰新堰十有一曰童家堰十有二曰賓舍堰十有三曰抱姑堰皆在官塘兩縣之北又有玉山斗門八間曾南豐所謂朱儲斗門是也去湖最遠去海最近地勢斗下泄水最速其三間隸會稽五間隸山陰若其他民各於田首就掘隄增爲諸小溝洎古諸暗溝及他缺穴之處難徧以疏舉大抵皆走泄湖水處也吳公釋此不察猥獘獘從事於開濬之末誤矣故吳公所開湖才數年皆復爲田暨于今或歲輸所入於官或爲慈福宫莊田及蕩地歲輸所入於莊或爲縣公田及蕩地歲輸賃直於縣爲應辦用度錢或爲告成天長千秋大禹等寺觀因佃吳給事積土之山而包佃爲田及蕩地故湖廢塞殆盡而水所流行僅有從横支港可通舟行而已每歲田未告病而湖港已先涸矣昔之湖本爲民田之利而今之湖反爲民田之害蓋春水泛漲之時民田無所用水而耕湖者懼其害已輙請於官以放斗門官不從相與什伯爲群決隄縱水入於民田之内是以民常於春時重被水潦之害至夏秋

之間用或愆期又無豬畜之水爲灌漑之利於是兩縣無歲無水旱監司府縣亦無歲無賑濟利害曉然甚易知也然則湖其可不復乎道聽塗說者方以闕土供失民業爲說是不然夫湖田之上供歲不過五萬餘石兩縣歲一水旱其所損所放賑濟勸分殆不啻十餘萬石其得失多寡蓋已相絕矣湖之爲田若蕩地者不過餘二千頃耕湖之民多亦不過數千家以二千頃數千家之小利而使兩縣湖下之田九千頃民數萬家歲受水旱饑饉而弗之恤其利害輕重亦甚相遠況湖未爲田之時其民豈皆無以自業乎使湖果復舊水常瀰滿則魚鱉蝦蟹之類不可勝食茭荷菱芡之實不可勝用縱民採捕其中其利自博何失業之足慮哉次鐸論載既畢又有援執舊說而詰之曰從子之說不必濬湖使深必須增隄使高且懼隄高壅水萬一決潰必敗城郭子將爲之柰何是又未知形勢利害者也夫水之湍急者其地或隘不能容於是有衝激決溢之患今湖之水源不過三十六所而湖之廣餘三百里以其地容其水裕如也況自水源所出比抵于隄及城遠者四五十里近猶一二十里其水勢固已平緩於衝齧隄也何有且隄之去

漢如此其久是必有斷無增今誠築隄增於高者二三尺計其勢方與昔同昔不慮其決而今顧慮之何哉張元忭曰忭按會王徐三公之議非不鑿鑿可聽然在當時已窒礙不可行至於今又數百年矣無論二千頃之膏腴民命所賴即廬舍墳墓於其上者無慮千萬家若盡鏟而爲湖是激洪水於平世也且昔之爲湖者將以蓄水耳今既有海塘有三江閘謹修築時啓閉可永無患而又蓄此二千頃之水徒以魚鱉茲土將安用之哉如此而猶存三公之議者姑以備舊制云爾詳在兩邑志

蕭山董湖牧馬湖澇湖皆在縣東淨林湖女陂湖厲市湖通濟湖清霖湖周家湖楊家湖大小湖皆在縣南湘湖落星湖白馬湖徐安正湖詹家湖梓湖卸湖戚家湖皆在縣西澇湖灘淺不甚蓄水廢湖一瓜瀝湖即臨江湖

宋淳熙十一年邑令錢塘顧沖湘湖均水利約束記

謹按圖經湘湖周圍八十里溉田千餘頃水之所至者九鄉紹興二十八載縣丞趙善濟以旱歲多訟乃集塘長暨諸上戶與之定議相高低以分先後計毫釐以約多寡限尺寸以制洩放立為成規人皆悅之八鄉既均有未及者若許賢居其旁不預後有告於上者雖得開穴以適其利卒用舊約埀二十有餘年莫之重定淳熙九年沖濫邑宰適丁旱傷之餘知其湖有利於民甚博既去其奪為田者復謀於衆取舊約少損八鄉以益許賢利始均矣九鄉管田一十四

萬六千八百六十八畝二角米以十分爲準每畝各得六絲八忽一抄積而計之以地勢高低之異故放水有先後之次分爲六等柳塘最高故先黃家霪最低故後其間高低相若同等者同放此先後之序不可易者去水穴一十有八每穴闊五尺自水面掘深三尺並樂尺其旁柱以石底亦如之非石則衝洗滿澗去水無限矣水已放畎澮皆盈方得取之先者有罰私置穴中夜盜水者其罰宜倍昔召信臣居南陽作均水約束刻石立於田畔以防分爭後人敬慕之茲以放水穴次時刻開列于後第一柳塘灑夏孝鄉范巷村二

百二十四畝一角四十步得水一釐三毫七絲七忽放四時一刻止　周婆湫溉夏孝鄉杜湖村六
百五十畝得水四毫四絲二忽放一時三刻止　歷山南溉安養鄉孫茂村一千四百九十七畝三
角得水一釐一絲九忽放三時止　歷山北溉安養鄉孫茂村一千四百九十七畝三角得水一
釐一絲九忽放三時止　第二黃家湫溉夏孝鄉斜橋村一千七百五十五畝杜湖村六百
五十畝共得水一釐六毫三絲七忽放四時九刻止　金二穴溉夏孝鄉寺莊村一千五百一十六
畝二角四十步得水一釐三毫二忽放三時一刻止　楊岐山穴溉新義鄉前後峽村二千三百
五十六畝一角三十步得水一釐六毫五忽放四時八刻止　河墅堰溉安養鄉百戶村二千三
百四十二畝三十步長興鄉河墅村一千六十四畝二角黃山村五千八百三十七畝三角山北村九百
三十六畝一角夏孝鄉許村一千九百五十三畝三角二步共得水八釐二毫六絲三忽放二十四時八
刻止　第三東斗門溉昭名鄉縣東村一千二百八十五畝由化鄉澇湖村二千四百三十畝

北幹村六百四十二畝去虎村一千九百八十三畝
安射村一千六百三十六畝長豐村一千六百二十
六畝共得水七釐二毫一絲 石家湫 溉由化鄉北幹
一忽放二十一時六刻止 村六百四十二
畝長豐村一千六百二十六畝安射村一千六百三
十六畝澇湖村二千四百三十畝去虎村一千九百
八十三畝共得水四釐三毫 划船港 溉夏孝鄉寺莊
四絲五忽放一十九時止 村一千五百一
十六畝得水一釐三絲 亭子頭 溉新義鄉前峽村二
二忽放三時一刻止 千三百五十六畝一
角三十步共得水一釐六 許賢霪 溉許賢鄉羅村六
毫四忽放四時九刻止 千三百三十七畝
三角二十步荷村三千三十七畝二步朱村三千四
百六畝一角六步共得水八釐七毫三忽放二十六
時一 第四童家湫 溉崇化鄉黃村七千一十畝百步
刻止 村二千八百五十四畝徐潭村八
百三十一畝耒蘇鄉孔湖村三千八百二十畝共
得水九釐八毫八絲四忽放二十九時六刻止 第
五鳳林穴 溉新義鄉莫湖村三千八百畝前豪村三
千八百二十九畝何由村七千二百四十

一畝穴村五千一百七十三畝共得水一分三釐六毫四絲九忽放四十時九刻止横塘溉夏孝鄉斜橋村一千七百五十五畝杜湖村六百五十五畝范巷村二千二十畝一角共得水四釐五毫一絲三忽放十三時五刻止石巖斗門溉崇化鄉史村三千三十三畝徐潭村八百一十三畝社壇村一千三百一十七畝二角趙村二千二百五十三畝陳村三千八十二畝二角昭名鄉龔墅村三千四百一十二畝五十步縣南村七十六畝二角杜頭村一千五十四畝二十步南江村三千一百六十四畝二角一十步由化鄉五里村七千七百一畝一角四十步趙士村一千四百六畝二角濱浦村二千一百二十九畝共得水一分五釐三毫三絲一忽放四十二時止第六黄家霪溉崇化鄉趙村二千二百五十三畝史村三千三十三畝徐潭村八百三十一畝社壇村一千三百一十七畝二角陳村二千八十畝二角昭名鄉龔墅村三千四百一十一畝二角社壇村一千五十七畝二角縣南村七十六畝二角由化鄉五里村一千九百六十畝二角四十步濱浦村二千一百二十九畝趙士村一千四百六十畝二

角一十步共得水一分五釐三毫三絲一忽放四十六時止

諸暨泌湖在五十九都㵪湖七十二縣湖放生湖五湖鯉湖洋湖楮家湖栁家湖杜家湖王四湖柘樹湖章家新湖東陶湖高公湖大呂湖横塘湖戚家湖朱家湖菱湖落星湖上下竹川湖東湖鏡子湖沈家湖道士湖新亭湖馬湖蒼湖象湖黄湖張麻湖和尚湖山後湖橋裡湖觀荘湖朱公湖泥湖京塘湖王家湖大湖木陳湖缸竈湖家東湖草湖馬塘湖西陶湖杜黄湖畢湖趙湖線鯉湖西施湖黄潭湖魯家湖江西湖蓮塘湖歷山湖湖浦朱湖神堂湖忽觀湖湄池湖白墖湖峯山湖里亭湖石蕩湖前村湖蔣湖横山湖下湖吳湖金湖二湖名闕

泌湖舊以畜水不田故不陞科無居民故無圖里後沿湖居民漸據爲田日復一日致有獲大利者官司惡其不法每案奪之黠猾者復以他糧飛灑其中爲

影射計官司清查不能得反以額田爲湖於是十三處之說與焉十三處者田十三處也民以爲田而官以爲湖大率未必皆田未必皆湖也上下相持告訐盈庭紛紛者三十餘年嘉靖甲寅知縣徐公櫆勘之曰除十三處尚足畜水與其奪民之田以爲湖孰與以湖爲田乎民賴以寧未幾有議聽民佃湖爲田以其值造城而十三處復在佃賣之中民復譁然曰田則佃矣吾糧焉往縣因爲丈量槩縣田土曰爾縱有糧患無往乎民不得已聽之而價值又或不能盡當慊小因之投獻豪右始多事矣後又逢豪右意爲每

畝賦米一升而不役得田者皆視爲世業築塘圩珠網其中悉成膏腴而時或霖潦水無所洩近湖良田反憂魚鼈其甚則泌亦不能自保而近又議編他都民爲圖里不知何說

諸暨新志曰舊說暨水每爲蕭山害元時因以泌湖畜水而責其稅於蕭山夫泌舊湖也從何而稅之如果有之既爲湖則必落其籍縱責稅於彼　國初則壤成賦必有大體而乃承一時之煩制或未然與而蕭山新志則曰往日浦陽江水從麻溪入小江有妨十六十七十八都之農因近泌湖遂借以瀦水農乃利因此代納泌湖之糧近年戴公琥開磧堰江分爲二水入江不賴泌湖而代納如故識者有遺恨焉二說未知孰是

明黃鎧泌湖議

諸暨之湖七十有二諸湖丈量科供辦糧差惟獨此湖田宋元及我　國家相沿爲湖而下以爲田者此必有說職常相度其地勢視水勢諏咨羣議則此湖斷然但可爲湖而不可以爲田也何則縣東之水發嵊縣會稽山陰諸界無慮十餘

條皆注此湖而浣江發源浦江義烏分派東西兩江而又會流於三港口三港水道狹小旱乾之時兩江之水由三港舒徐順流入於錢塘若有霖雨崇朝則兩江之水暴漲壅淤於三港而其水反從東南逆注於此湖則此湖誠爲衆水聚畜囊貯之所若據以爲田則必有壅塞懷襄之患而暨之爲縣大受其害矣歷代以來中更老成定慮者不知其幾卒棄膏腴以爲官湖而不以爲田者非其見事之晚利害較然勢有所不可也

餘姚牟山湖一名新湖汝仇湖余支湖俱在東山鄉黃山湖新湖烏戎湖俱在燭溪鄉燭姥湖附子湖勞家湖在雲柯鄉千金湖在蘭風鄉桐下湖穴湖在冶山鄉樂安湖臧墅湖蒲陽湖前溪湖莫家湖趙蘭湖鴨蕩湖櫨湖俱在雲樓鄉上林湖上澳湖俱在上林鄉東

泉湖西泉湖在雙鴈鄉鱧子湖在梅川鄉燭溪湖桐樹湖在龍泉鄉廢湖二松陽湖　𦊅湖

汝仇湖嘉靖間豪民稍佃爲業屢經會官踏勘分已升科未升科量追銀若干兩准占種子粒作每年修閘之費免其佃價以後不許再侵占

牟山湖始於嘉靖九年復教場以王宿灣竹山西岸高阜處一百三十畝給償倪王二姓民後築江南城其基地皆民房或熟田價無所出復議以牟山湖田償之由是告田湖者相接起其實非盡爲城基者也今三十餘年侵湖幾半矣猶未已

燭溪湖斗門二由梅川鄉東界于匡堰閘西界于横河閘姚家堰小様山堰張溝堰北界于羅樹橋閘者爲上原東門之水灌之其龍泉之横河以西石堰閘西鵬堰南湫閘以東及燭溪一都之茅山堰黄山堰冶山一都之方清堰者爲下原西門之水灌之宋重和以前每決湖必並啓東西門上原地高卬水難猝行而其所灌田多至九萬五千六十畝下原傾甲易流而江潮又日浸之其灌田則止二萬二千五百畝以故上原坐受旱菑世與下原諸豪家爭宣和初縣令汪思温乃改作湖西門閪之凡三尺又於下原作

樣堰陳堰馬堰及焦家斗門節水使毋下流而上原之水猶不應慶元五年縣令施宿乃令鑄廣東門石底凡三尺又決湖先決東門一日夜乃決西門於是水利適均下原人乃皆鄰比盜決諸所節水堰閘放之于江故旱上原之田　明成化十三年湖溢西門壞復乘其敗作閘思溫所築凡五尺上原人訟之于縣于府于司于臺久不決於是梅川胡禮上其事于廷甚畧以爲莫如丈計二原之多寡築塘於湖而分其水報曰可於是行浙江按察司覈治之而副使文貴寔來視水勢核水東西所灌田數中築塘分湖爲

兩自梅墺湖航渡西山以東俱屬上原塘以西屬下原自是利均訟息垂數十年新湖塘漸壞嘉靖十四年禮之孫東皐視事都察院復以言令有司率民修之利今如故云上林上澳湖亦有上中下原縣新志又言上林水一决而周所灌之地不分上中原岑君上林鄉人其說應有據

上虞大查湖小查湖在一都夏蓋湖在三都白馬湖上妃湖皁李湖在十都破岡湖在二都西洋湖在大都張湖在九都隱嶺湖高公湖洪山湖金石湖孔家湖汖湖俱在十都錢家湖小湖江淹湖圓湖光嚴湖

高鏡湖章汀湖潜湖俱在十一都尚湖金家湖圖湖茭湖姥山湖臺墅湖坯埕湖伶竹湖馬家湖靈芝湖雙湖上湖旱湖韓湖鍾湖江湖大湖俱在十二都瀦湖椿湖在十三都黄灣湖郎家湖池湖竹衙湖法華湖雙碁湖後竈湖赤峴湖鄭家湖鳳翎湖俱在十四都沐態湖在十五都前厲湖蚌湖分家湖在十六都銅湖王山湖俱在十七都周家湖李家湖俱在十八都西溪湖在二十一都唇子湖黄婆湖在鎮都東明湖在水東精舍後糜湖四大康湖葛家湖田家湖廟門湖

夏蓋湖最大宋政和中廢為田紹興二年縣令趙不

摭言於朝吏部侍郎李光又力爲奏乃得復爲湖

宋陳槖上傅崧卿太守書

古人設陂湖以備旱歲王仲嶷建請以爲田乃引鑑湖自然淤澱已成田陸爲說又有不妨民間水利之語其欺罔甚矣然佃户占請之初各有畝數不敢侵冐當時湖之爲田者才十二三佃户止於高卬處作埝未敢涸湖以自優民田尚被其利但瀦水不如曩日之多故諸鄉之田歲歲有旱處比年以來冐占不已今則湖盡爲田矣以夏蓋湖推之諸處可以類見槖所知者止上虞餘姚其他四邑皆不及知新昌嵊縣無上虞餘姚所管陂湖三十餘所而夏蓋湖最大週圍一百五里自來蔭注上虞縣新興等五鄉及餘姚縣蘭風鄉此六鄉皆瀕海土平而水易泄田以畝計無慮數十萬惟藉一湖灌溉之利今既涸之爲田若雨不時降則拱手以視禾稼之焦枯耳其他諸湖所灌注皆不下數百頃在餘姚若汝仇牟山燭溪上林餘支千金漁浦黄山樂安等湖所灌田動以數百頃指利人户倚以爲命而乃盡奪之一遇旱暵非惟赤子饑餓僵踣道路而計司常賦斟失尤多雖盡得湖田租課十不補其三四又況

每遇旱歲湖田亦隨例申訴官中檢放與民田等昨見上虞丞言魯蒙上司差委相度湖田利害因點對靖康元年建炎元年湖田租課除檢放外兩年共納五千四百餘石而民田緣失陂湖之利無處不旱兩年計檢放秋米二萬二千五百餘石只上虞一縣如此以此論之其得失豈不較然民間所損又可見矣但當時以湖田租課歸御前與省計自分兩家雖得湖田百斛而常賦虧萬斛嬖倖之臣猶將曰此百斛者御前所得也不朔湖田何以有此省計虧羨我何知哉今湖田租課既充經費則漕臺郡守固當計其得失之多寡而辦其利害夫公上之與民一體也有損於公有益於民猶當爲之況公私俱受其害可不思所以革之耶㚫得之父老云本州之湖其自然可以爲田者唯有鑑湖高卬去處蓋不失水利兼與民田亦無相妨其他皆隨湖廣狹以定植利之頃畝尋常湖水平堤旱歲常憂不足頃見李宣州言此利害甚詳而明必嘗與執事熟論況執事越人也想前已洞達於胸中君子懷濟民利物之志每恨不得行耳然則解斯人之倒懸顧不在今日乎㚫愚意欲望執事斷以不疑除鑑湖外諸縣湖田悉罷之以便民誠

不貲之利也然儻俟奏報則湖田皆在四月上旬揷
種之後若行罷廢似非人情不廢則失今夏瀦水之
利故憙必冀左右以權宜即日施行一面具利害聞
奏仍上章待罪如四聰嘉納則粒米糧戾之慶可坐
而致或俞音尚閟則湖以瀦水今歲不得爲田足以
寬嗷嗷之衆秋間果得一稔則疲民可蘇此事惟在
斷而行之失此機會歲事或虧湖田之租常賦之額
兩無所得元元艱食流離道路強者爲盜弱者爲丐
嘯聚弄兵豈不由此執事當自見之知憙不爲過論
也建炎二年春邑民常訴湖田之害於撫諭使者使
者下其狀於州縣上虞令陳休錫遂悉罷境內之湖
田翟帥以未得朝廷旨揮數窘之陳不爲變是歲越
境大旱如諸暨新嵊赤地數百里農夫無事於鉏艾
獨上虞大熟餘姚次之其冬新嵊之民糴於上虞餘
姚者屬路不絕向使陳令行之不果則邑民救死不
暇况他境乎夫以一縣令尚能爲之憙之所望於左
右宜如何又曰此事如蒙采擇須在三月盡文字到
縣設或遲緩不可過四月初二三也蓋此時湖田揷
種者尚少兼植利人戶須於梅雨前修築隄塘雨作
之後難以施工也憙三月念一日舟行湖中詢田夫

云巳種二十之一至月末可種十之一若罷湖田所揷之秧當爲棄物與大利不可恤小害也左右果欲施行不可先使衆人知之恐刻木得以爲市湖田有請數畝爲名而侵佔蔓延至百十畝此湖之所以盡爲田也前此累有論訴官中差人打量只是刻木及牙人乞覔租課只仍原額未嘗增也擅湖利者皆鄉村豪强之人中間上司體量利害此輩行賄至千餘緡今來或罷田當有訴諜紛然並至必以巳種爲詞亦有乞俟收成罷廢者此乃緩官申行遣至期官吏移易又復寢矣惟在台嚴以加懲戒毋爲浮言所惑幸甚上虞陂湖之爲田者共一十四所其西溪湖等十三所共納租米三千餘石而夏蓋湖獨管納二千餘石可以見此湖之廣闊係上虞餘姚兩縣六鄉二萬餘戶植利所係非輕蓋六鄉皆邊海瀰望盡是平陸非如衢婺諸郡間有池塘可以蔭注自興湖田無歲不旱大旱之歲至檢放秋米一萬餘石逮建炎二年陳令罷湖田獨此一鄉無一戶訴旱其利害甚明恐台意以爲方朝廷多故又總鄉邦帥權慮事涉太專未欲盡罷不識可先罷夏蓋湖田否蓋其他諸湖比之爲狹雖州郡行遣不當分彼此然一時權宜救

民之所甚急於理無礙此亦侯雍齒之意民間曉然知惠之將及我也此已涉第二義恐思其上者而不得故謾及之稾所言儻不鄙斥更當容詢利害條呈以備回鑾時論列卽恐事已迫期不暇草奏乞只以稾今所言錄白繳進苟利於民稾雖死不恨

其水灌上虞之新興等五鄉之田而陳倉堰閘之水則灌餘姚之蘭風一都四保五保七保九保十保之田其七九十保更與上虞之第五都聯溝共港每歲上虞放水六次餘姚放水三次二縣之人世守之其後上虞之豪陳富之懷奸挾私不肯與吾姚同利乃謀廢革往蹟蘭風人胡炫輩訟之洪武六年知府唐鐸輩爲剖曲直悉復古規仍令府教授王儼作記于本府及二縣之廳事本湖之

陳倉閘各樹一碑志其本末俾世守毋改焉其後永樂間上虞修邑志乃於本湖疏曰秋後三日於陳倉閘放水四箇時辰毎遇決湖其圩甲諸色人指此藉口不得應時放水灌溉蘭風一鄉之民重遭其困復訴於郡宣德初郡守陳公耘手批云波及蘭風古規可准湖專虞邑新志難憑蔭灌適其旱時瀦蓄庶乎有利必於秋後三日纔放水漿若或夏至高晴豈不赤地復與餘姚均利云

王儼記越之屬邑曰上虞去邑東北四十里有湖曰夏蓋周圍一百里有奇相傳邑人捐田瀦水以灌其五鄉之田隣壤餘姚蘭風之田均賴以瀦郡志所謂夏蓋湖一百五里蔭注上虞縣新典等五鄉及餘姚蘭風鄉是也昔人作渠引水俱有定規歷世既遠或廢湖

爲田或復田爲湖變置不一舊規湮廢虞邑之人曰湖水我土地所有於姚江何與故吝而弗與姚江之人則曰水宜通利無往不達豈虞人所可專故爭而不解自其情而論之虞邑之地高姚江之地下水誠一洩勢若建瓴虞邑將有旱暵之菑於茲水不得不蕲蘭風他無所豬不得是水其田亦不能有成於茲水不得不爭向自前宋以迄于元訟無巳時二邑之人旣各耆所欲而不遂彼我之情長二邑者又往往各私其民而不能平此湖之訟此其爭之所弗息也旣版圖歸化姚江民胡炫輩白其事憲府憲府檄郡守唐公鐸考其實相其宜均其利於是移判府吳公敬親詣湖所會二邑之長與其耆老考索往誌尋求故蹟咨諏與論僉謂蘭風一都田爲茹謙七九十保並與上虞接境素藉茲湖之水炫輩所言四五保田爲畝者六千亦宜蔭以茲水餘皆去湖遠勢不相及彼有堰名陳倉攝於二邑之間作閘其上通水以蔭蘭風之田甃之以石閘之以版鋼之以鎻戒近民守之而上輸于郡過亢陽二邑同給鑰請陳倉集乃父老啓閘疏水適可而亟鎻之卽上鑰焉庶杜過求之私遏相爭之患議定辭協于一郡守畫召其耆民集

于庭親諭之者三言允情協乃復於憲府命二邑與作渠已而渠成且期不變所議也俾記其事而勒諸石嗟夫民匪水不生活樹百穀粒烝民匪水馬資不得而爭固其所也閱時歷世莫或平之逮夫聖神啓運化洽萬邦數十百年不決之訟一日而息其與虞芮之質厥成者何以異哉惟永不渝易此規均茲水利俾斯渠世世弗壞將隣壤協和民德歸厚矣人心誠和於下天心將和於上雨暘時若豐年屢應復何爭乎茲水請

以是爲記

西溪湖自元時廢　明萬曆十二年知縣朱維藩銳意復之懲前之疑阻者議曰檢諸額冊西溪湖田計一千六百二十六畝而量出夏蓋白馬上妃三湖諸逸田五百餘畝又十二都隱地九百餘畝既補且償適足其數況湖田之價貴不過三金而有湖溉田旱

潦有備皆成膏腴歲可常稔價當倍蓰於昔即酌宜分派人情無不樂從者官無缺額之賦民無不償之價可謂兩利矣請於上官皆允之乃諏日舉事倣築城例先築塘每里遞計一丈二尺相地以定序不旬月功成

溪　越中稱萬壑爭流山間溪甚多不可勝載著名者見山川志然大率注于湖或瀉于江會于河惟嵊之剡溪及新昌諸溪其流闊且長居民皆引以灌田而會稽上竈溪嘉靖初知府南大吉嘗濬之沿溪田甚獲其利沈弘道紀南公濬上竈溪本末蓋萬峯之瀑交注于上竈之川旣瀉而爲石堰又瀉而環

禹穴其濱則皆稼穡之地又其濱則皆荒阻崖壑薪蒭老樹叢篁交蔭之境故歐治以之而淬劒鄭弘以之而泛艇不有秀川何以來此佳客哉然而龍蛇變穴水怪肆妖沙塞岸圮已不可殫記歲月寖故舟楫莫通而行人悉勞桔槔無功而農人載病正德間者民趙澄聞于上廟廊許其淪也獨有司者不能爲民隱憂毋輟不爲嘉靖三載太守南侯周覽呼曰越川病瘉矣吾何惜一時食耶乃浚城河浚運渠浚堰浚浦遂淪我川首尾二百餘里勤勞甚矣方我川未淪也司寇韓公封君汪公暨予咸白于侯方命楊判簿陳河泊優民塘役淪之人或告我曰人惡勞好逸今請斯役民怨汝詈汝且增侯謗矣予應之曰天下未有不順人情而能成事者亦未有不暫拂人情而能立事者顧在順其公而拂其私所順者大而所拂者小也太守之所見良在是也役畢川通民果豁然快矣石帆之間獨橋危未治民薛愫氏願請載石新之太守曰汝梁是川汝陰德也懷遂欣然召匠齒石橋遂翼峙予覽川功之既畢懼其後將復湮塞焉乃請立累年修理之規且勸石垂之經久嗚呼修川者其尚公厥心勠厥力無虛動鍬鍤竭汗血也

河詳見山川志大旱始放湖常時灌田卒賴河水鄉間支河甚多

江錢塘曹娥二江潮勢甚洶湧築巨堤猶恐其壞無由爲畎澮灌田也山陰舊有錢清江西小江會稽有東小江今皆爲河

蕭山新江宋乾道八年諸暨水泛溢詔開紀家匯浚蕭山新江以殺水勢邑令張暉以地形水勢列疏上之謂諸暨地高而蕭山地低山陰則沿江皆山故有小江以導諸暨之水欲浚新江其底石堅不可鑿若開紀家匯則水逕衝蕭山桃源苧羅許賢新義來蘇

崇化昭明七鄉田廬俱成巨浸時安撫丞相蔣公主
諸暨之請揮力爭有頭可斷匯不可之言議遂寢
諸暨上下東江上下西江浣江受諸溪之水皆可灌
田
餘姚江故闊衍城東西水道咽喉狹處亦可百五十
尺濱江田皆賴以灌漑若澇則諸鄉之水咸放而直
趨于江溥哉其利也今民多填江塞渠而屋之其廣
皆不及昔之半焉小利大利之殘殆此類乎海潮自
慈谿東來由大江流注于縣城東北後橫潭又東至
于石堰又至于東橫河過匡堰又東至于雙河其西

北注于後清江又至于梁、

小里堰又至于菱池堰、

河其南流一會于竹

海塘圖

臨山衛
斷塘
韓家村
老寨
四門鋪
第四門
汝仇湖
道塘基
道塘鋪
方家路
周家路
王家路
干家路
眉山巡司
周卿巷
化龍鋪
張家路
許家路
崔家路
歷山
眉山鋪
様山
眉山嶺
傍家路
三山所
白沙路
三山巡司
洋浦鋪
洋浦閘
百官街
百官巡司
龍山
舜帝祠
曹娥驛
曹娥度
曹娥場
夏蓋山

應宿閘圖

禹廟

大海

巫山

三江所

陸路舖

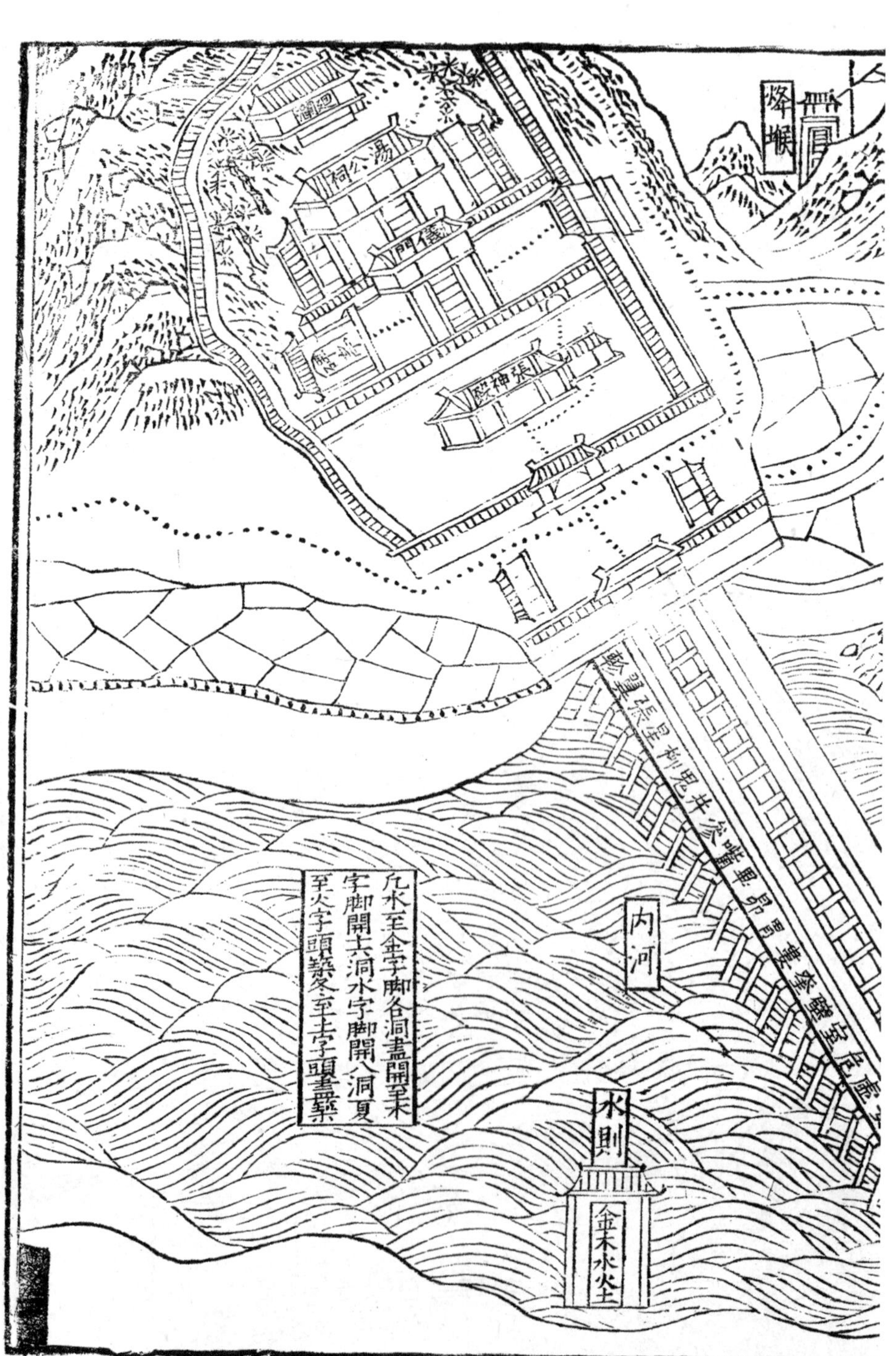
烽堠
廻瀾
湯公祠
儀門
張神殿
軫翼張星柳鬼井參觜畢昴胃婁奎壁室危虛
內河
凡水至金字脚各洞盡開至木字脚開十六洞水字脚開八洞夏至火字頭築冬至土字頭盡築
水則
金木水火土

扁拖閘圖

庭山

峯山

馬鞍山

黄山

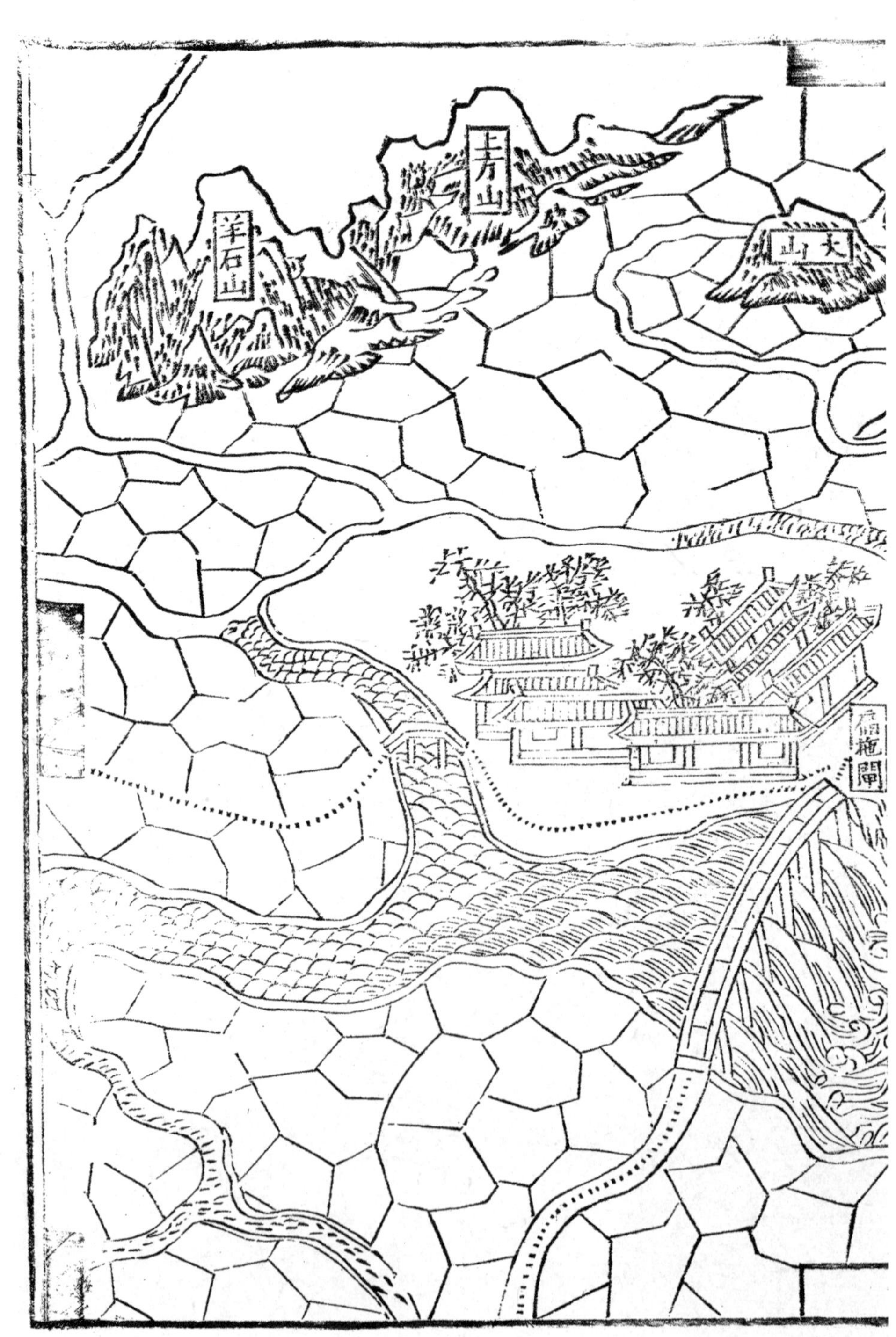
羊石山
上方山
扁拖閘

陡門閘圖
海口
三江巡司
三江所

龕山圖

龕山

黄捕山

紹興府志卷之十七

水利志二

隄塘　壩　閘斗門　堰　碶　水碓

隄塘

海塘最長而工力大起蕭山之長山抵餘姚之上林接慈谿至定海逶迤五百餘里中更七縣而五爲紹興境

蕭山北海塘在縣東北新林白鶴兩舖之間長二十里西自長山之尾東接龕山之首爲海水出沒之衝邑之汚鄉屢被患焉宋咸淳中塘爲風潮所齧盡圮于海越帥劉良貴移入田内築之植栁萬餘株名萬

柳塘　明洪武初又傾于風潮知縣王國器疏聞命下合鄰府諸縣夫力築之於切患處易土以石三十二年復壞主簿師整增築四千餘丈弘治八年潮又齧隄幾圮太守游興以聞事下參政韓鎬議屬同知羅璞督工築爲石堤今其石已蕩然漂没無復存矣而洪武初所築塘木落時猶或見其樁石之跡焉萬曆十四年海潮大作漸洗入西興進舊址數十丈漂民居數百家民爭毁屋以避知府蕭良榦大發椿石築之通判上鎧董其役長三百餘丈高一丈六尺二寸用石板十八層每層石高九寸其費請於　朝取

諸倉穀及庫羨并派蕭山田畝八釐山會田畝三釐兩院復捐贖金數百助之總約費二一萬金云宋黃震記咸淳六年庚午秋海溢浙東新林被害爲甚岸址蕩無存矣太守劉公具以其狀聞朝廷亟爲遣吏經度議改築新塘計費用石當緡錢三百萬用土費十之一公以力未及石請用土而故地斧爲一壑潮汛翕忽土立輒湍去公親臨按視禱之神曰此朝廷所加念者願有以相之未幾沙果驟漲始得立巨松數萬加㰖爲外捍吏民驩噪春鉏雲興四閱月而工役就其高踰丈其廣六丈其長千九十丈横亘彌望屹若天成公率僚吏行塘上釃酒相賀曰非朝廷之賜不及此而川后效靈其忠亦不可忘也命立之祠且植椰萬株扁曰萬椰塘以冀歲久根蟠塘以益固既而念不可忘日葺也復請之朝籍新林寨兵屬之西興都巡檢使任責焉明魏驥築堤謡天吳苦作孽壞此長江堤沃壤變斥鹵平地成深池况值天雨雪政及農興時凶年轉豊歲須在人維持顧此長提壞不啻害無涯鄉老訴縣官縣官惟囁嚅至委十大户大户不敢

違大戸雖竭力十家豈能支樁石且不備夫匠尤甚
霸葺寸反懷尺可奈心不齊欲求官總督總督刑必
施刑施先姦頑姦頑生怨咨于是果何若只願天垂
慈山水勿洄湃江潮忽奔馳移沙與換港扶桑吐晴
曦天矣速悔禍
庶免民流離

山陰後海塘在府城北四十里亘清風安昌兩鄉實瀕大海宋嘉定六年潰決五千餘丈田廬漂沒轉徙者二萬餘戸斥鹵漸壞者七萬餘畝守趙彥倓請于
朝頒降緡錢殆十萬米萬六千餘石又益以留州錢千餘萬倉司被旨督辦復致助焉重築兼修補者共六千一百二十丈砌以石者三之一起湯灣迄王家浦彥倓又請買諸暨民杜思齊沒入田五百七十八

畝山園水塘三百七十二畝置莊古博嶺委官掌之備將來修築費復請行下吏部今後差注山陰尉職添帶巡修海塘刻碑郡庠後汪綱復加修護　明萬曆二年白洋口塘稍圮知縣徐貞明又修築之

會稽海塘在府城東北四十里東自曹娥上虞界西抵宋家漊山陰界延亘百餘里以蓄水漑田宋隆興中給事中吳芾重加浚疊李益謙記云自李俊之皇甫政李左次躬修之莫原所始　明弘治間易以石費巨萬正德七年七月風潮壞之復易以土嘉靖十二年居民復有以石請者知縣王教議曰塘臨大海

下皆浮沙每遇風潮水齧沙崩石豈能自住每一修築則石費百倍於土囷詘局支莫如計筭丁田仍築土塘但令高濶堅緻遍植楡栁茭蘆以護之專設圩長看守督令水利官時往省視即有坍潰隨缺隨補如此則財無妄費而事可永遵矣

後海塘在府城東北八十里周延德鄉纂風鎮凡三千七百一十一丈舊時發該縣丁夫修築近年以來止令本鄉居民照丁派修以抵一應差役

上虞海塘在縣西北寧遠新興二鄉東自餘姚蘭風鄉而抵會稽延德鄉元大德間風濤大作漂没寧遠

鄉田廬縣役闔境之民植樁畚土以捍之費錢數千緡完而復壞後至元六年六月潮復作遂成海口陷毀官民田三千餘畝餘姚州判葉恒相視言海高於田非石不能捍禦府委恒督治適滿代去縣尹于嗣宗募民出粟築之至正七年六月復潰府檄吏王永築之永勸民田出粟一斗以相其役伐石於夏蓋山其法塘一丈用松木徑尺長八尺者三十二列爲四行參差排定深入土内然後以石長五尺濶半之者平置木上復以四石縱横錯置于平石上者五重犬牙相銜使不動揺外沙宼窞者疊置八重其高逾丈

上復以側石鈐壓之內則塡以碎石厚過一尺壅土爲塘附之趾廣二丈上殺四之一高視石復加三尺令潮不得滲漉入塘內塘成凡一千九百四十四丈二十二年秋颶風大作土塘衝齧殆盡府檄斷事官王芳以督制兼縣尹治之乃度夏蓋所灌之田畝出米一升於西偏鵲子村作石塘二百三十二丈 明洪武四年秋土塘潰太守唐鐸與知縣趙允文築之以石三十三年其西又潰臨山把總以聞于 朝府檄縣主簿李彬典史陳仕再修築之

餘姚海塘在縣北四十里縣之北壤東起上林西盡

蘭風七鄉十八都之地悉瀕於海作堤禦海所從來久遠文字缺蔑莫可考宋慶曆七年縣令謝景初自雲柯達于上林爲隄二萬八千尺其後有牛秘丞者又嘗爲石隄已乃隤决於是歲起六千夫夫役二十日費緡錢萬有五千修之民疲而害日甚慶元二年縣令施宿乃自上林而蘭風又爲堤四萬二千尺其中石堤五千七百尺歲令令丞簿尉分季臨視之廟山三山寨官月各遣士兵與鄉豪邏察有缺敗輒治仍請于朝建海隄倉歲剗上林沙田及汝仇桐木等湖廢地總二千畝課其入備修隄費至寶慶及元大

德以來復潰決海壖內移八鄉之地悉漸於海至正元年州判葉恒乃作石隄二萬一千二百十一尺下廣九十尺上半之高十有五尺故土堤及石堤缺敗者盡易以石蓋沿海壖之南自慈谿西抵上虞衰一百四十里初名蓮花塘今俗呼爲後海塘云宋時分東西部自雲柯以東者號東部塘始築於景初謝景初詩五行交相陵海水不潤下處處壞隄防白浪高於馬董衆完築塞跛癈卒曠野使人安其生茲不羞民社其雲柯以西者號西部塘西部之內曰謝家塘王家塘和尚塘皆前人觀水勢抵止便宜分部築之長短高下異焉至葉恒所築則包山限海綿亘爲一無復

部分矣　明興百餘年來所以海無大害者多恒之
功德然民皆習安利排海壖居之堤日削不完成化
七年海溢民多溺死正德七年海又大溢溺死者至
無筭於是始興入徒築之成化時知縣劉規主簿張
勛董役正德時巡撫都御史陶琰檄縣丞楊昌廷及
崇德縣典史李滋董役堤僅完久之隄又多毀缺每
三秋植大汛潮天嘗連雨東北風張甚海鷗咻咻夜
鳴瀕海而居者多憂海溢考之史傳海溢或由天地
之變又非盡以巨風而溢農書有之冬至後七日逢
壬主海翻騰其言頗驗有司重民命歲治提防則可

繼前人之績生生民矣先是海塘未完築土堤於内
地以防潮汐溢决其制隨地形上下散漫不一曰散
塘今皆不治及海塘漸固潮寖卻沙墕日墳起可蓺
永樂初始於舊海塘之北築塘以遮斥地曰新塘以
别於舊塘云已而沙墕益起海水北郤十許里其中
俱可耕牧成化間風張潮洶稍蕩决墕際水利僉事
胡　復於海口築塘以禦潮曰新禦潮塘自是斥地
之利歲登而　國家重鹽法亭民苦者覔海天順間寧
紹分司胡琳請以新塘至海口之地盡給竈丁爲鹽
課根業毋令軍民侵漁之　詔可乃豪强罔利者告

訐無已弘治初元　詔侍郎彭韶整理鹽法議非竈户敢有侵地者每畝歲科銀八分謂之蕩價給竈補課而豪強愈益爭不解群竈苦之其明年紹興府推官周進隆察民竈之情相地淺深於新塘之下築塘界之塘以南與軍民共利其北惟竈户是業爭緣是得息以其周姓因稱周塘云

宋王安石記

自雲柯而西有隄二萬八千尺截然令海水之潮汐不得冒其旁田者知縣事謝君爲之也始隄之成謝君以書屬予記其成之始曰使來者有考焉得卒任完之以不隳謝君者陽夏人也字師厚景祐其名也其先以文學稱天下而連世爲貴人至君遂以文學世其家其爲縣能不以材自負而忽其民之急方作隄時歲丁亥十一月也能親以身當風霜氛霧之毒以勉民作而除其菑又能令其民翕然皆驩趨之而忘其役之勞遂不踰時以有成功

其仁民之心效見於事如此亦可以已而猶自以爲未也又思有以告後之人令嗣續而完之以永其存舍夫仁人長慮郤顧圖民之菑如此其至其不可以無傳而後之君子考其傳得其所以爲其亦不可以無思而興時予嘗以事至餘姚而君過予與余從容言天下之事君曰道之閎大隱奧聖人之所獨鼓萬物以然而皆莫知其所以然者蓋有所難知也其治政教令施爲之詳凡與人共而尤丁寧以急者其易知較然者也通塗川治田桑爲之隄防溝澮渠川以禦水旱之災而興學校屬其民人相與習禮樂其中以化服之此其尤丁寧以急而較然易知者也今世吏者其愚也固不知所爲而其所謂能者務出奇爲聲威以驚世震俗至或盡其力以事刀筆簿書之間而已而反以爲古所爲丁寧以急者吾不暇以爲吾曾爲之而曾不足以爲之萬有一人爲之且不足以名於世而見謂材嘻其可嘆也夫爲天下國家且百年而勝殘去殺之效則有未也其不出於當時予良以其言爲然既而聞君之爲縣其至則爲橋於江治學者以教養縣人之子弟既而又有隄之役於是又信其言之行而不予欺也已爲之書其隄事因并書

其言終始而存之以告後之人[樓鑰記]餘姚爲紹興壯縣岸大海者八鄉分東西二部綿地一百四十餘里舊有長隄蔽遮民田孝義龍泉雲柯三鄉沙漲土高無風潮衝决之患開原東山蘭風梅川上林五鄉間有缺壞實爲民憂慶元七年縣令謝景初自雲柯至于上林爲隄二萬八千尺王文公記之後百五十年爲慶元二年縣令施君宿又自上林而蘭風爲隄四萬二千尺其中石隄四所爲尺五千七百又其創建者也邑人求記於予曰文公之文不可及姑記其實則可爾余外祖汪公思溫宣和中嘗爲是邑修燭谿之湖建承宣之亭後伯父琚從兄鎡皆嘗爲之婦家王氏自尚書侯而下四世寓邑中熟知海隄之爲害而近世尤甚大率歲起六千夫役二十日計工一十二萬費緡錢萬有五千民力不堪曾不足支一歲焉施君始至詢究利害得乃要領選鄉豪公直強幹人所信附者十五人分地而共圖之尉曹趙君伯威復協力飲助務爲久計以蘇民瘼盖在承平時提刑羅公適知縣秘書丞牛君嘗伐石爲堤今既百年蕩在海塗乃按迹取之得其故石創業二千七百尺用工二十萬三百六十而東部之田始有蔽障其西

部之謝家塘王家塘和尚塘悉爲紹熙五年秋濤所决於是復度爲石堤三千尺鄉民趙明檡子行球董其役約費甚重縣不足供列于府監司提舉常平劉公誠之首助穀三百斛勉爲之凡所陳請率應如響邇守王公介幹辦公事王君柄左右尤力今得展布而隄用告成其高一丈石厚一尺爲一層用石三萬尺縣出緡錢四千三百有奇縣之士大夫與其鄉人助工三百萬費尤未足也然則茲役亦甚重且大矣思其重大而慎於守護縣之官分季臨眡廟山三山兩寨官月遣十兵廵之鄉豪仍伺察焉稍損缺即白諸邑補治之復議刮上林海沙田二百三十餘畝及汝仇湖外之地六百八十三畝桐木廢湖七百四十五畝凡爲田一千六十八畝又將益求曠土以足二千畝之數築倉於縣酒務之西儲其歲入以備修隄之用歲省重費民遂息肩而劉公復請諸朝乞以其田準常平法一毋他用仍禁官民户之請天子輙報可吏民祗拜明命刻之堅珉

元陳旅記 當宋爲縣時慶曆七年知縣事謝景初自雲柯至上林爲隄二萬八千尺慶元二年知縣事施宿自上林至蘭風爲隄四萬二千餘尺中右堤四計五千七百尺餘盡累土

耳旛令以土累者易敗當每歲勸民縻財乃請於其上之人置隄田二千畝以得於田者時其敗而治之而寶慶中民淪於海者亦百家土隄雖僅治不足恃也海壖自是内移大德以來復益衝潰今壖去舊涯之塹海中者十有六里歲棲木籠竹納土石潮輒齧去之謝家塘南爲汝仇湖大將千頃餘支湖連之其大強半州西北田悉受灌注海既迫湖奪爲斥鹵而潮勢卬於平地鹹流入港遂達内江田失美溉故連歲弗穫而殫民力隨農功與風濤抗而卒不勝蓋四十年矣至元再元之四年四月方成隄六月復大壞紹興路總管府檄委州判葉君恒治之君視壞堤自開原至蘭風見凡土爲者皆闕惡愀然曰是則爲民禍也有窮已乎遂與其鄉老人議爲石隄則又曰攻石費鉅出錢大農當煩文書遲歲月比得請州其沼矣若等能與我共爲之乎今費雖鉅常歲之費則省而若與子孫奠居無虞也聞者咸曰民志則然白於府府亦聽民所爲於是有田者願計畝出粟或輸其直以力至者亦喜於服役君屬民高年與正於里者掌出納以率作又請於府免民他科徭以悉力是役宣閫亦下書毋以他事使葉判官輒去州君先使人

浚河渠復廢防蓄湖水伐石于山以舟致之分衆作爲十有五所所有程督君往來莅之其法布杙爲址前後參錯杙長八尺盡入土中當其前行陷寢木以承側石石與杙平乃以大石衡縱積疊而厚密其表隄上側置衡石若比櫛然又以碎石傳其裏而加土築之隄高下視海地淺深深則高丈餘淺則餘七尺長則爲尺二萬一千二百十又一也其中舊石塘之危且闕者亦皆治完之

王沂記 餘姚濱海之田歲墊潮汐判官葉君恒作石隄以捍之爲尺二萬一千二百十有一既告成而他土隄之差可緩而未甃以石者則所未暇也時宋公文瓚守紹興嘉葉君之功而惜其將代請於江浙行省丞相及部使者俾得終其役而葉君謝事矣未幾完者都來代宋公因督完者都成之繼宋公之後者爲泰不華公其督成是役亦竊究心焉乃又作石隄三千一十有四尺總爲尺二萬四千二百二十有五自是以往民不病海而歲入倍地壤

楊維楨詩 天吳蜚精衛啼娥江之北蛟門之西大禹東來朝會稽九河一疏錫玄圭寒寒三千載桑田幾滄海洚水日橫流我思訴眞宰相門子葉大夫莅政三月初海如瓠子決鹽瀕遡紅濤黑浪爭吞

碧元光白馬有祭璧羽山黃熊無玉書蛟眼赤射目蠶民不寧居葉大夫海砥柱驅鬼鞭運神斧五丁一力萬夫一語新甫取栢崑山取石金椎築土手鎖陽侯之咽脚踏支祈之股玉繩永奠三萬六千尺陳公隄自公渠無足數石人夜語魯以仙河泊血面上訴天葉大夫囬狂瀾障百川海不波石不穿河清海晏三千年

官塘跨山會二縣在山陰者又謂之南塘西自廣陵斗門東抵曹娥亘一百六十里即故鏡湖塘也東漢永和五年太守馬臻所築以蓄水水高於田田高於海各丈餘旱則泄湖之水以溉田潦則泄田之水以入海沿塘置斗門堰閘以時啓閉有十一堰五閘然今堰閘或湮或塞或爲橋徃徃爲居民填佔　明嘉

靖十七年知府湯紹恩改築水滸東西橫亘二百餘里遂爲通衢

山陰官塘即連道塘在府城西十里自迎恩門起至蕭山唐觀察使孟簡所築　明弘治中知縣李良重修甃以石

界塘在府城西五十里唐垂拱二年築與蕭山分界

昌安塘在昌安門外直抵三江海口三十里洪武二十年築三江城因爲堤置鋪舍焉

西小江塘在府城西北三十里宋嘉定間太守趙彥倓築以禦小江潮汐

大江堤在府城西南一百餘里每遇江水漲漫則溢入爲山會蕭三縣之患或者謂宜幇堤内砌椿閣木砌巨石而高築之

蕭山西江塘在縣西南三十里邑之盡處也塘外爲富陽江受金衢嚴徽四府之水其上源高勢若建瓴蕭山在其下流獨賴此一帶之塘捍之嘉靖十八年六月水大發塘壞山會爲巨浸無論蕭山三邑大困延及山會邑人黄進士九臯以書上廵按御史傅鳳翔傳爲感動移文藩臬行府縣大興塘役山會二邑協力築之基濶七丈收頂三丈身高二丈有奇南起

傅家山嘴北盡四都半爿山橫亘二十餘里自是邑人始免水患（黃九臯書）切觀蕭山地方紹興府之西北隅錢塘江之東南濱也傍江爲縣堤東南是桃源十四都臨浦而至四都褚家墳南北四十里所以防上江之水在縣之西謂之西江塘江至四都則折而東矣故自四都而至龕山東西六十餘里所以禦大江之潮在縣之北謂之北海塘皆沿浙江爲之也浙江上流蓋自三衢之水東流龍游經蘭谿嚴州桐廬富陽直抵蕭之地名漁浦而滙于錢塘此上江之經流也其所受支流尤多金華溫處之水自蘭谿入徽州之水自嚴州入新城分水之水自桐廬入皆東注之漁浦之南則縣浦江也受諸暨浦江義烏之水經臨浦磧堰而北注之漁浦受江經流又合諸府山水曲折而北經四都西北十餘里則又自北而東滙於錢塘是謂浙江蕭人呼爲大江蕭山正在其東南轉屈之間此江流之曲逆水勢所必衝其害一也大江兩涯相去一十八里江面汪洋水有休息則左右游波寬緩而不迫上江之面不盈一里則窄隘而不容泛濫而難洩此上江之不寬水勢所以

必溢其害二也蕭山在江東南地頗低窪杭嚴徽信金衢温處八府在江之西崇山峻嶺凡遇溪頭山水奔騰而東俯視蕭山若建瓴然此地形之高卑水勢所必趨其害三也方山水之初漲也西江塘面去水無幾杌揑之勢惟恐不支然山水自上而下海潮自下而上朝潮夕汐應時而至勢如排山遡於犇馳東風駕濤一息千里時方小信猶有落水之候若遇大信潮水有升而無降山水有加而無已上下衝激彼此怒號頃刻之間沸湧尋丈塘土幾何而能當此此際既無洞庭彭蠡之匯則必有潰決橫出之勢此潮信之加漲江塘之反甲其害四也　國初上江洪流在漁浦西北十餘里東北入大江若夫槩浦江之水經臨浦麻溪是謂小江東至三江入海大江在縣西北小江在縣東南縣以二江為界素不相涉成化年間浮梁戴公琥來守紹興見山陰會稽蕭山三縣之田歲被小江之害且小江兩涯皆斥鹵之地萑葦之場可以田而耕也相度臨浦之北漁浦之南各有小港小舟可過其中惟有磧堰小山為限因鑿通磧堰之山引槩浦江而北使自漁浦而入大江由是槩浦江與大江合而為一乃大築臨浦之麻溪壩使槩浦

江之水不得由小江而下，以爲山會西北蕭山東南之害。又于濱海之地修築三江、栢林、夾蓬、扁拖四所㪷門，節潮水之上下。由是附近小江之民反籍小江爲利，而兩涯之斥鹵者今民居矣，萑葦者今桑田矣，戴公之功也。小江居民實受其福，而西江水患從此滋甚。考工記曰：善溝者水齧之，善防者水淫之。蓋謂上水湍流峻急，則自然下水沙泥齧去矣。戴公之矜心惟恐漁浦磧堰之沙不能一朝齧去，以通樂浦江之水而瀦滌之，尤拳拳焉。豈知數十年來，日漸月沈，決齧流移，漁浦江塘屢被衝壞，日徙而東，擴爲巨浸，里冊之珊江不知凡幾，貧民之陪米了無紀極，戴公豈知自今日哉。漁浦受累蓋亦久矣，是以上江洪流亦徙而南，混爲一區，以漁浦爲滙。　國初洪流之在北者，漲爲高沙，乃在錢塘縣之境，今之所謂新橋嘴，俗呼爲米貴沙，即此地也。此磧堰之旣開，江流日剥而東南，其害五也。受此五害，蕭民日以西江爲患。蓋嘗訪之江濱，西江之塘，從古有之，不知其始。自四都至漁浦十五里，古塘也。古塘之式，崇高二丈，基濶五丈，其面半之，間有內外溝港，抵塘之處，甃以巨石，輔之木椿，樹之榆栁，聯之民居，歷代雖久，尚有存者。若漁浦而至臨浦麻溪壩二十五里則磧堰既開之後江水泛濫所以戴公彷古式而爲滸崇廣之數一如古焉是皆謂之西江塘也夫何時平法玩歲久不修而塘之三蠹生焉一則蠹於私靈之穴竊也二則蠹於削墉以通貨也三則蠹於上都之偷掘也盖近塘高田凡遇旱乾則掘塘甃竅以通車戽汲引江水以灌田禾苟辦目前之急不虞身後之患江流漲時竅穴通水涓涓之泉勢將滔天禾固無收而家亦蕩覆矣此爲塘之蠹者一也在臨浦義橋倪家壩則有木簰引鹽之出入在汪家堰楊家浜聞家堰則有薪柴磚瓦之出入射利商人削去塘土以便搬運凡此之地不知幾所客貨既過而塘土不增但知用時而不顧後患矣此爲塘之蠹者二也久雨之後西江水漲大信之後江濤沸湧時有桃源鄉田在西江之西爲水注瀦計出無柰則百十爲群負夜偷掘江塘使水從內而灌桃源始得蘇息不知一鄉之害雖去而三縣之害無紀極矣此爲塘之蠹者三也凡此三蠹塘長知而不敢言告諸官而不加禁一經淫雨三蠹畢生即出不意踰塘而入自正德已外大水入嘉靖元年水再入六年丁亥水又入十二年癸巳水又入今

年六月大水又入凡江漲也必以梅雨水之入也多以六月自巳卯至巳亥首尾剛二十年而爲大水漂流者五度矣是豈水之罪哉地勢卑而不振堤防缺而不修三蠹集而不知人心懈而不守遂使滔天之勢排空而入不惟巨浸蕭山而且流毒山會若無根岸連爲一壑流徙我桑田漂泊我廬舍沿溺我士女損蝕我農功斯民之不爲魚鱉者能幾何哉惟時蕭山山會三縣洩水之處惟三江斗門而已連年斗門久閉海道湮塞我府尊篤齋湯公移置三江城外建應宿閘多張水門二十八洞賴此而水有所歸始易疏洩然是閘也本以蹶內河之水非爲洪水而設民懼不保計出無奈則決北海塘許家缺二都蘆康河三都股堰大堰等處分殺水勢俟旬月然後水落土見降丘宅土幸未即死而一年之生理去矣交秋之候買苗插田而佈種失時必無西成之望旱濕迭作疫疾繼發而無和藥之需待哺嗷嗷羣聚爲盜而無恒墉之蓄家無儋石野無青草服食之物腐爛一空啼哭之聲遍於四境目擊其害誰不痛心然則此江無塘蕭民難保其生塘之崇廣猶無塘也十年之前憲副丁公沂僉憲蔡公竑相繼來督水利慨然動

慮加志窮民乃準近年之水痕尋先朝之故迹謂塘非高三丈不足以當江漲也謂基非闊五丈不足以爲巨防也乃出舍於江皋責山陰之助役又作樣塘十餘所制準架一座預期塘成之後使人挽曳而前有不如式即治其罪甚盛心也民方樂於赴功擬觀厥成不意二公陞秩繼去執事之人不皆二公之心竟托空言良可嘆也嗣後張侯選王侯聘相繼來尹蕭山愷悌之心民豈可忘而工役繁浩非邑可辦措置艱難而錢糧有限督理心勞而民力易窮是以塘之高廣不如古式而補塞罅漏終非永圖故曰不一勞者不永佚不暫費者不太寧然則大興工役必何如而可蓋西江之害小江之害移之也然西江塘決朝浸蕭山而夕達山會脣亡齒寒裘破而毛無所傅害實相因竟未嘗免蕭山既爲山會而受害則山會當爲蕭山而築塘近聞小江新漲之田年來三縣從輕科糧漁浦之民欲將此糧奏抵西江之堈江今非所及也亦且未暇以小江之利爲辯近年湯侯之築三江塘閘也本在山會之地而蕭山水利亦賴疏洩是以民皆樂從而助費助工未嘗有失今西江之塘雖在蕭山而山會之民向其休戚然則築西江塘之

費應做三江閘之故事而行之夫豈不可蓋三江閘三縣之下流也水患所由洩西江塘三縣之上游也水患所由來水脉流通本同一地利害相因事同一體防江捍海罔非民功我往彼來罔非已事請以蕭山山陰會稽三縣連年庫存息塘銀兩雇倩築塘丁夫幷力合心共興大役分授地里各效其能在山會所不能辭在蕭山亦不爲泰理所相應情所必至也恭惟明公在上俯念斯民之窮彌縫天地之缺尋按舊跡講明古今利害之原相度原隰務爲萬世永賴之利以三縣之田丁與四十里之工役秉獨斷以致决而百堵皆興禁三蠧於將萌而五害屏息是謂逸道使民雖勞而不怨慎終于始不惡而自嚴其間經畫區處之方明公自有成算奚俟於贅辭哉謹將地啚一幅幷作答難一篇以獻惟明公留神幸甚幸甚

諸暨家公堤在長官橋邊宋縣令家坤翁築　明胡學詩浣東城外家公堤春風冥冥花滿蹊青山淨黛淨於洗白波縈練清無泥利塘人烟渺不極桑麻雨露深如織百年耕播樂居民始信家公著奇績道旁碣石樹穹崇題名欲與長官同輕塵一騎雨初歇勸農太守行

花驄

上虞江塘自十都百官抵七都會稽延德鄉横亘一萬五千六百丈利害與海塘同

横塘二一在白馬湖東一在十八都溪水注焉

上塘在十四都水經注白馬湖之南即江津也江南有上塘陽中二里隔在湖南常有水患太守孔靈符遏蜂山前湖爲埭埭下開瀆直指南津又作水楗二所以合此江得無淹潰之患

新昌東堤在縣東袤延三里初溪水直逼邑聚民常患水宋知縣林安宅始築堤以捍水勢後知縣趙時

佺吳均佐趙師同樂經相繼修之　明正統間水決虎隊嶺壞民田成化時淹沒縣治毀學宮門廡爲患尤甚知縣李樨謀修未果弘治間知縣唐夔築大堤起自龍山按舊堤高廣視昔爲倍而邑尚書何鑑時爲御史實持其議未幾復壞於水知縣楊璨累石塞之增築子堤高廣視昔且三倍而尚書何鑑又與方伯維某相贊成之嘉靖間水復決邑給事中俞朝妥署印通判江軾白於上官委推官陳讓知縣吳希孟董其役因舊址增築未竟知縣萬鵬成之後少壞知縣蕭敏道捐俸金三十兩募工修築而邑尚書呂光

洵潘晟亦恊贊焉

後溪堤在縣西十里近爲洪水所衝知縣田琯修築之

壩

蕭山臨浦大壩小壩在縣南三十里乃西江之内障正德以來商舟欲取便乃開壩建閘甚爲邑害嘉靖十三年知縣王聘綦之十五年蕭敬德繼王因建民造亭作記勒石

民造亭記

民造亭何重民造而作亭也重民造而作亭何亭據要害之地作亭民造關焉鈞轄於蕭莫匪地也而獨作亭之地爲要害何蕭週遭阽海北築塘禦鱉子門之潮今剥床以膚矣西築塘禦臨浦捍湍雨滛洪漲金衢嚴上流之水灌臨浦港襄陵而入挾海之鹹潮彭湃演溢滄民居盪穡場民用昏墊穡事弗登壯者散老者轉死民之造關水之害厥惟甚哉故築黄樓以捍

河流而彭城之民奠厥攸居若今臨浦之小壩是已壩廣不踰三尋外通港港通大江內防浜浜通合境故壩塞則洪漲暨鹹潮俱不能爲之害民用安焉曰塞壩特百人之力一勞永逸而膺愬其事何曰蕭人之壩徼人之利也故錢之泉勝於海之患蕭兀於浙東魚鹽木植與夫諸貨之貿遷必繇於蕭西來自西輿而達運河東來自東闕而達運河鮮弗四通矣蕭人非必障而厲之也商人取捷徑必欲繇江入臨浦港繇港決壩衝腹心以直遂雖蕭人胥溺僅利厥載亦忍爲之矣曰是鈞商人也而必曰徼人何曰魚鹽木植之大賈十九爲徼人徼人培厚貨錢本神徼人文神其術故牧民者不暇計大禹胥溺之心而惟通徼人恐緩曰臨浦之人亦若是恝乎曰臨浦之人衣食於徼徼人且樂爲之囮媒曰吏茲土者豈無蘇東坡之憂勞者乎曰有之而念未皇耳東皐王子以司諫貴判太倉遷蕭令涖任即歎曰蕭之利害莫有大於海潮者北巨塘西臨浦其要害之最者乎遂峻禁商人百計壞之而申請於憲臣者益懇誠有如己溺之之心因得允命立亭勒碑以爲永禁事未成而東皐擢南京地官正郎去任蕭子以承乏至歎曰予每過

彭城登黄樓而羡東坡曰茲殆非禹之徒與東皋茲舉雖謂之迸續民命可也爰爲之立亭勒石以濟美焉因名其亭曰民造使人知重民造必不至於毁亭矣不毁亭則壩吾知其無恙矣壩無恙民造其有永哉商人雖有吕不韋之知之貲不復於此居其貨焉

會稽曹娥壩在曹娥江西岸舊有閘又有斗門宋曾公亮宰邑時所置曾南豐鑑湖序云湖有斗門六曹娥其一也舊時縣之水東流入江今斗門廢而爲壩水遂却行入官河同諸堰北注之水達諸鄉滙玉山放應宿閘而朝宗于海

上虞梁湖壩在曹娥江東岸風潮衝損移置不常元後至元間怒濤嚙潰邑簿馬合麻重建　明嘉靖年

間江潮西徙漲沙約七里知縣鄭芸浚爲河移壩江邊仍舊名

蒿壩在十一都近蒿山長十丈紹興台州二府往來必經之地知縣朱維藩曰語云天下無難事又云天下有治人茲兩言者余竊惑焉蒿壩界會嵊二縣之中爲紹台往來之所一切送迎隷之上虞夫役何諉第此地孤懸去縣治四十里每遇上司往來夫馬至彼交割相計百里往回共計二百里夫馬之力馬能不疲迺往則必候日未可期夫馬之食其誰能給且迎送用官各役隨之佐貳出候正官間往馬甚至海巡並至則東西奔命縣邑空虚庫獄奚守余初補茲邑曾建議欲津貼會嵊二縣然彼亦以道路遼遠爲辭大都惡勞畏難人有同情去難就易策難兩利事之難處無踰比者必也有經濟夫方斯爲虞人去此患乎姑存其議以俟

橫涇壩在南門外稍西舊有壩萬曆五年縣丞濮陽

傳重修甃以石附郭水利之最要者也

中壩在縣東十里亦石湫壩也宋時在急遞鋪側名通明北堰　明洪武初鄞人郊度建言開浚移鄭監山下又名鄭監山堰嘉靖初有奸民私置幽窪洩水知縣楊紹芳廉知之遂鳩工堅塞焉張文淵贊吾邑有河亘四十里貢賦由茲田疇賴此東土奸民每竊斯水午夜決溝一洩見底萬頃荒蕪頻年饑饉恒訟于官官弗爲理叩閽無階籲天不已偉矣楊侯侯展也君子群囂弗從獨斷於已發擿幽窪窖釘樁扯上廣詹楹下廣基址惟此有溝亦前之比侯命更張遠離河涘實土昂昂釘椿齒齒緄此弊源頌聲滿耳紀德千碑用垂千祀王穉登客越志夜過中壩水高一丈雨晴微月磧聲怒激若千雷殷作石樞爲水衝落壩人烈炬築栈數十

裝轆轤易以新絙又益添舟人邪許沸地夜分乃上信矣如升天也王穉登詩月裏輕舟上急灘空中瀑布捲簾看無風自覺衣裳薄始信瞿塘六月寒

通明壩在縣東三里宋嘉泰元年置海潮自定海歷慶元南抵慈溪西越餘姚至北堰幾四百里地勢高仰潮至輒回如傾注鹽船經此必需大汛若重載當徙則百舟坐困旬日不得前於是增此壩分導擁過通官民之舟而北堰專通鹽運宋蔡舍人肇明州謝上表云三江重複百怪垂涎七堰相望萬牛回首盖自浙江抵鄞有七壩茲乃第五壩也

餘姚下壩一名新壩亦石甃西去中壩十八里東至縣四十里左江右河河高於江丈有五尺明越舟航往來所必經然壩高舟難猝上又俟夜潮乃行卒夜半始舉至壩下至則各登涯爭先絙纜毋相持或竟夜不車一舟遇雨雪之夕衣服濡濕饑寒傴縮股慄不禁盡死力爭之嘗有鬪而死若王穉登客越志灘聲下磧怒如驚濤船從枯堤而下木皮如削爲之毛髮森聳何必瞿塘峽方知蜀道難也

閘斗門 山陰三江應宿閘在三江所城西門外嘉靖十六年知府湯紹恩建凡二十八洞亘堤百餘丈蓄

山會蕭三縣之水三縣歲共額徵銀若干兩爲啓閉費其上有張侯祠祠後爲湯侯生祠歲久閘稍壞萬曆十二年知府蕭良榦增石修之改其近岸傍四洞爲常平閘用洩漲水又置沙田九十二畝草蕩一區徵其租銀於府備異日修治

陶諧建閘記

紹興屬邑惟山陰會稽蕭山土田最下霖雨浸霪則陸地成淵民苦之昔之明守置玉山扁拖二閘以泄其水水遼盛昌又權宜設策決捍海塘岸數道以疏其流其爲水慮悉矣然二閘之口石硤如疊水卻行自瀦出浸數百里而田卒汚萊決岸則激湍漂缺決齧流移而田亦淪沒其功未全也迺嘉靖丙申蜀篤齋湯公紹恩由德安更守茲土下詢民隱寔惟水患於是相厥地形右走三江江之滸山嘴突然下有石磯然其西北山之址亦有石隱然起者公圖其狀以歸議諸寮屬皆往相視之掘地取驗丁及數尺餘果有石如甬道橫亘數十丈公曰兩

山對峙石脈中聯則閘可基矣遂毅然排衆論而身任之白於廵按御史周公汝員暨諸藩臬長貳僉曰俞如議公於是祭告海瀆諸神又書土方屬賦役規堰瀦授之吏而訪諸同寅孫君全周君表朱君侃陳君讓而周董事實嚴復命三邑尹方廷璽牛斗暨丞尉等處財用簡大數屬功義民百餘十人畫事期仍厚薄陳番揭分任効勞命石工伐石於山輦重如役尸授以方畧使用巨石牝牡相銜煑秫和灰固之其石激水則剡其首使不與水爭其下有檻其上有梁中受障水之板板横側捽之石刻水平之凖使啓閉維時堤築以土其淖莫測先沒以鐵繼用箘簵發北山石投之兩旁甃石彌縫峭格周施堤厚且堅水不得復循故道其近閘磬折參伍之使水循涯以行其財用出於田畝每畝科四釐許計三邑得貲六千餘兩其丁夫起於編氓更番事事部序既定乃即工工方始月夕向晦有神燈數十往來於堤若爲指示區畫之狀既役工堤再潰決復有豚魚百餘比次上浮衆疑且懼奔告於公適拾遺錢公煥在坐曰是易之中孚豚魚吉利涉大川之義也閘其殆成矣乎閘經始於丙申秋七月六易朔而告成洞凡二十有八以

應天之宿塘始於丁酉春三月五易朔而告成以丈計長四百丈有奇廣四十丈有奇仍立廟以祀玄冥計其費數千餘兩其贏羡又於塘閘之内置數小閘曰經漊曰撞塘曰平水以節水流以備旱乾嗚呼偉哉繼是水無復邪行之患民無復决塘築堤之苦矣閘之内去海漸遠潮汐爲閘所遏不得止漸可得良田萬餘畝堤之外復有山巽之淤爲浮壤可稽田數百頃其沮洳可蒲葦其瀉鹵可鹽其澤可漁其疆可桑其途可通商旅噫公之舉匪直水患是除而利之遺民者溥矣〔張文淵湯侯治水利民碑〕稽陰蕭山地勢界積霖不用旬雨只一夕百萬膏腴須臾沒溺舉目望洋徒興嘆息白屋啼饑朱門告糴郡伯湯公睹此隱惻生建遠謀立畫長策鑿山開雲載土輦石作閘三江廿有八隙旱則畜儲潦則放逸耕始有秋饑始得食行始貽舟眠始貼蓆此勞此功承自開闢此德此恩垂於罔極〔季本詩八首〕水防用盡幾年心只爲生民暗溺深二十八門傾復起幾多怨謗一身任〔又〕苗田水漲勢洶洶開閘須籌閉閘慵三邑驗權先倚直不勞百姓自畚舂〔又〕雇役無錢力尚勞重科誰念竭脂膏東巡若肯求民隱先把傭錢問水曹〔又〕閘

上傭金十百餘自行收貯自開除年年借力多乾役文案分明總是虛文三江水發昔嘗排啓閉惟看則水牌今日閘成翻久閉汙菜已及莫嬰懷又橋下開關任水流水流一去勢難收漁人日欲張魚網不到乾時不使休又戒石膏腊舊有名欲令當面一留情歲支俸米非常自忽見農功歲不成又只道逢梅春事新如何梅謝竟無春共看今日無生意應恨當時始種人知府蕭良榦三江閘見行事宜一閘之啓閉以中田爲準定立水則于三江平瀾處以金木水火土爲則如水至金字脚開十六洞至水字脚開八洞夏至火字頭築冬至土字頭築閘夫照則啓閉不許稽延時刻仍建水則于府治東佑聖觀并老則水牌上下相同以防欺蔽一閘務俱屬三江巡檢帶管遇水消長即驗則督令閘夫以期啓閉一閘兩旁二洞向來設不開蓋二十四洞自足洩水近岸衝壞故也今築爲常平閘兩邊各二洞以水當蓄處爲准水過則任其流庶有雨而水不漲一閘夫山陰八名會稽三名每名工食三兩遇閏加銀二錢五分水洩後閉閘用土築塞每築一洞工食銀入錢凡放閘務到底不許留板凡築閘務堅密不許

滲漏違者扣其工食仍究治一漁戶往時率通同閘夫暗起閘板致洩水利及爭執洞口致有磕損今定漁戶籍名在官止許於大閘裏河扳罾不許近閘口磕損及暗開作弊違者漁戶閘夫並治罪仍責令修理漁戶定有名籍每名輸銀一錢五分貯司以備整修金板之用一附閘沙田一百二畝二分三釐九毫坐落山陰四十四都二圖才字號除撥十畝與湯祠僧種收食用外餘俱與閘夫佃種每年納租二十五兩三錢七分五釐三毫於內納糧差八兩外淨銀一十七兩三錢七分五釐三毫又草蕩一所每年納租五兩共銀二十二兩三錢七分五釐三毫徵收府庫另貯一匣以備異日修閘之費積有多餘止供塘閘水利取用不得別支

張元忭修閘記

前太守富順湯侯紹恩之閘三江也盖舉三邑之水而節宣之其爲利甚大語具陶莊敏記中至於今幾五十年無以苦潦告者膠石以灰秫久而剥水日夜震盪石漸泐水並走罅中勢岌岌且就圮民始歲歲以苦旱告矣萬曆癸未同年宛陵蕭侯良榦以戶部郎來守越凡諸興革先所大後所小故忭得以閘告侯亟往觀悉得所當舉狀白兩臺報可遂以通判楊君莊董其事而

佐以縣丞鄭日輝千戶陶邦發銀千三百兩有奇役夫若干人始築堰以障水乃視舊甃所罅沕沃以錫今固其內已又發巨石凹凸其兩顛凸以當上流令殺水怒凹以銜舊甃令水不得內攻石每方丈自下而上以次哀之又竅石及其底悉爲牝牡相鉤連令水不得外撼又覆石其上令平衍可馳盂視湯侯所建如車益輔如齒益脣倍壯且久總其費費於築堰者十之六於石若工者十之四侯時時挈小艇往督勞凡予直毫髮必躬吏不得有所侵牟衆說而勸時值久不雨工旦夕起凡三閱月而事成成而記謁竹者山陰令張君鶴鳴會稽令曹君繼孝也余固頗有說也蓋聞父老言曩湯侯時以民若潦甚故役三江及役而民又爭以病告此猶可諉曰初不知其利若此也而今則知之矣最可諉又不過曰湯費則課畝役則緊發丁民未覩其利先嘗其害也而今蕭侯費則括餘羨役則民日予直三分役兵兵已受直則予二不課一畝發一丁矣而尚有以不急議蕭侯者然則居室者棟已撓矣必待其盡頹而後葺之其可乎甚哉下之難調也如麛裘繼袞衣始病楮伍繼美誦殖蓋自昔然矣閘潦而啓不時則海畝者竊決塘竊

則罪故海民謗無閘則海漁入潮河魚出汐閘則否故內外漁灑閘者謗宅則宅是者謂閘阻潮汐吐吞改水順逆關廢興故宅是者亦謗非是三者而謗則又或以私臆揺其喙而無意於民瘼者也夫誠有意乎民瘼即百口謗且不避況異日必萬口頌也大謗安足言也而或者謂閘啓閉故有準乃萬不可爽爽有徵甚則敝害亦視之此其敝在掌啓閉費者或靳與私則然其致涸以害敝則外漁賂掌閘者乘公啓以滯閉則然茲二者誠有之則非謗之類矣噫斯亦可謂下之難調耶夫造物之生人也勞矣生而病則資醫無醫猶無生也故醫之勞與造者等今閘造者誰湯侯也醫者誰蕭侯也病雖已不可廢醫繼蕭侯而醫者知爲誰勞則等也醫之劑凡幾室漏於甃一也靳而滯啓賂而滯閉者痛砭之二也凡記者爲頌而已矣蕭侯曰吾太守視民所疾苦而時療之奚頌焉其已之雖然醫者既已療疾必有案以詔來者余之記是也直

頌也歟哉

戴知府原定水則種高田水宜至中則種中高田水

宜至中則下五寸種低田亦宜至下則稍上五寸亦無傷低田秧已旺及常時及菜麥未收時宜在中則下五寸決不可令過中則也收稻時宜在下則上五寸再下恐妨舟楫矣水在中則上各閘俱用開至中則下五寸只開玉山斗門匾拖龕山閘至下則上五寸各閘俱用閉正二三四五八九十月不用土築餘月及久旱用土築其水旱非常時月又當臨時按視以爲開閉不在此例也

玉山斗門在府城東北三十三里唐貞元元年觀察使皇甫政建計八門北五門隸山陰南二門屬會稽

泄三縣之水出三江入巨海

扁拖閘在府城北三十里小江之北其閘有二北閘三洞成化十三年知府戴琥建南閘五洞正德六年知縣張煥建

推官蔣誼記 山陰會稽蕭山良田千萬頃一遇霪雨則溪水横流遂成甕形浮梁戴君廷節以御史出守茲土深恤民患以爲小江決不可復閘磧堰決不可再築故於山陰新竈柘林各置一閘以泄江南之水又於扁拖甲蓬各置一閘以泄江北之水復於蕭山之龕山山陰之新河各置一閘以泄[illegible]湖及麻溪之水而後水有所歸無復向日之漫漶[illegible]二縣之田可以望秋成矣其有利於民豈淺淺哉

王鑑之記 山陰面山而負海四鄉之田視水之盈縮以爲豐凶正德戊辰泰和張侯主奎出宰吾邑謂農事莫重於水利恒切究心以三邑之水皆宗於玉山扁拖二閘旱則備之以資灌溉潦則決之以防浸淫然環郡之地亘數百里溪壑暴漲二閘豈能速退故於涇瀆之區倚玉山爲固增置水閘以分

泄玉山斗門之水則三江之至柘林患可除矣復於
爲橫故閘左右增置斗門六洞以泄小江南北暴漲
而三邑居民亦
可均受其利矣

涇溇閘在玉山閘之北正德六年知縣張煥建

撞塘閘在玉山閘之東北嘉靖十七年建

平水閘在三江城西門之南嘉靖十七年建

會稽蒿口斗門在曹娥江西五里今廢爲堰

蕭山鳳堰閘在縣東百步許閘水舊自鳳堰徑入廟橋河築城後水由運河出東門南經城濠始入廟橋河又經東塘河至徐家閘東流以達螺山閘並入于江

林家閘在縣西百步許西受夏孝長興諸鄉之水南受新義苧蘿諸鄉之水會于西河達于運渠東經于錢清又東入于江

長山閘在縣東北二十里東北禦海西南節由化由夏二鄉之水龜山閘在縣東北三十里東北禦海西南節鳳儀里仁二鄉之水歲澇並以出諸鄉之水東北入于海二閘並成化間知府戴琥建今歲久築塞不力漸就廢

吳寬龜山閘記　紹興地介於江海之間潮至則海沙漸壅而水不通故雨霪則江流暴漲而田皆沒其患豈無自而致者嘗考之郡志有漁浦有磧堰凡水自山陰天樂慈姑麻溪而來與金華義烏諸暨之水合流於江者足以障之入海而不使分殺其勢則沙涸不能湍悍矣夫水道無阻

則澇易泄而旱有濟其爲利也莫大於是自堰之廢農人始以爲病久之莫有爲民慮者浮梁戴侯廷節由監察御史出守紹興之三年政既有成益留意水利既相山陰境內置五閘以洩江南北之水矣他日行蕭山問民所苦縣令陳君瑶亦以苦水對侯遂與之行水指龕山斷處曰是獨不可置閘乎乃以委陳君陳君召父老沈珪董經度材用而命司稅淩禎宣義郎汪雷督工工既訖因名之曰龕山閘仍設卒守之相時旱澇以爲啓閉自是水有節宣田無污萊農人復以爲利閘之制爲門二中施横木深若干尺廣若干尺傍列石柱上架石梁各四爲樁三百石爲丈六百灰爲觔三萬五千其工四千五百六十

霪頭閘在縣北十五里節由化鄉之水北注于運河

村口閘在縣西五里清水閘涸水閘在縣西八里資福閘在縣西十里並以瀦湘湖之水防夏孝長興二鄉凡歲秋三日則謹守之

徐家閘在縣東南十二里元邑人戴成之建景泰間縣丞王璉重修螺山閘在縣東南二十里天順間知縣梁昉重建並以禦小江之水防昭名崇化二鄉凡旱南引江水澇北決渠行之於江

新河閘在縣東三里澇湖閘在縣東十里昭名崇化由夏諸鄉之水會焉一入于澇湖一入于山北河會于長山閘又北入于海

麻車閘在縣東三十里節鳳儀鄉之水南注于運河

許家閘在縣東三十五里捍北海之水南溢于里仁鄉

餘姚李家閘在通得鄉之三都慈谿石門三十六舉之水會焉一分於慈谿之長溝一分於楊溪宋建隆三年置閘于楊谿西北以節水

石堰閘在龍泉鄉之一都西南受姚江之潮灌于龍泉諸鄉其東受橫河游涇之水注于江實餘姚東北水道之咽喉而水門窄隘潮水無大出入司閘者或射利啓閉不時鄉縉紳嘗言於司河渠者乞闢廣之縣已計植利諸鄉田畝科銀入公矣而役不興近日鄉民慮無柰盜洩者何乃以木爲戶作樞關於下向上掩潮至自開退則水推之閉百人力不能啓也亦

可謂巧矣

南湫閘節燭谿湖下源之水使不傾于江東横河閘節燭谿湖上源之水使不傾于下源俱在龍泉鄉一都

匡堰閘在梅川鄉之二都節游涇及上林湖之水水門亦頗隘不能洩游源諸澗暴水又有水窰閘今廢

白石堰閘在上林鄉一都節上林上嶴二湖之水

雙河閘洋浦閘在上林之二都東界于慈谿之鳴鶴鄉水自上林西南行六十里經四堰四閘始達于江東注鳴鶴地界易流不十五里已趨于海唐景隆元

年乃創二閘於樣塘之南曰雙河北曰洋浦洩上林暴水宋乾道開禧間元天歷間皆修治之以故上林諸鄉無水患　明永樂初奸民閘雙河下土石阻鹽商規利然水即決之已而西發上林之岑家埭宋時嘗置北埭以絕梅川游涇之水東發鳴鶴之黃泥埭置松浦閘水東行益利慈谿之奸利者輙不肯決雙河之土石梅霖雨水暴至盡淹上林諸鄉田廬正德十一年上林人毛鳳何明孫俊始白其事于御史臺慈谿人忿爭之積歲不解更巡按御史成英劉廷簠檄台郡守顧璘杭郡同知丁儀臨治之於是觀地形考便宜咸謂雙河

置閘有利餘姚無妨慈谿其踵唐宋以來之蹟復爲石閘餘姚人世守之且與慈谿併力疏浚洋浦使永無填淤反壞之害隆慶間二邑人復興訟久之會官勘明仍舊

上虞清水閘孟宅閘俱在縣城東泄運河之水于江清水閘圮宋嘉泰元年尉錢績修建厥後二閘頹圮尤甚縣白于府府檄築海塘府史王永修之永視舊閘小且窄不足防水儀就故址更加深廣顧工費浩繁莫能舉永與監邑傑烈圖尹張叔溫簿列占沙等勸各寺僧出三年助役之費得中統鈔六百餘錠命

等慈慶善寺僧大逵質直司之併邑人管壽等於大逵處支價買灰乞椿木委耆民張德潤董役先清水次孟宅不數月迄工至今不圮

陡門閘在梁湖南

孔涇閘先年新橋灣有河半里許久雨則泄水注曹娥江由是大小坂之田無水患自水道堙塞近境多澇新橋後舊港猶存浚治甚易也

四水閘在縣東南宋令袁君儒分殺玉帶溪水

永濟閘在四明西港計五洞每洞濶一丈五尺

堰 各邑堰甚多不可勝載大率用以蓄水

砩會稽亦有砩而嵊新昌在萬山中尤多用砩渠引水舊置一長領之水利官親董其事農隙時督田戶通力修濬灌溉賴焉邇來砩頗壞水道多淤而豪強之徒率曲防裝碓以專利焉

新昌孝行砩在縣南一里宋知縣林安宅所開自虎隊嶺導流入東洞門遶南門而西由大砩橋達于三溪砩長十餘里溉田一萬三千餘畝附郭居民咸仰給焉　明正德嘉靖中水決虎隊長渠或淤或壞知縣涂相宋賢相繼修之然水利不均民莫肯修築砩日就崩頹農夫惟仰賴雨澤萬曆三年歲旱知縣田

琯乃諭民協力修濬且爲之均分其利五年復相度碶源溪水比碶爲低因教民採木石築長堺堰溪水入碶又延碶加上堅築甃以石板於大佛橋洩水之處設巨閘建竇伉立流水牌以時旱潦均灌溉由是水利溥矣

水碓　諸暨嵊山家多有之藉水之力以舂有三制平流則以輪鼓水而轉峻流則以水注輪而轉又有木杓碓碓榦之末刳爲杓以注水水滿則傾而碓舂之唐白居易詩雲碓無人水自舂是也又水磨以水轉輪以輪轉磨又水車置流水中輪隨水轉周輪置大

入口則管皆滿及轉而上管中水乃下傾用

[illegible]桔槔制皆機巧韻書水碓曰轓車

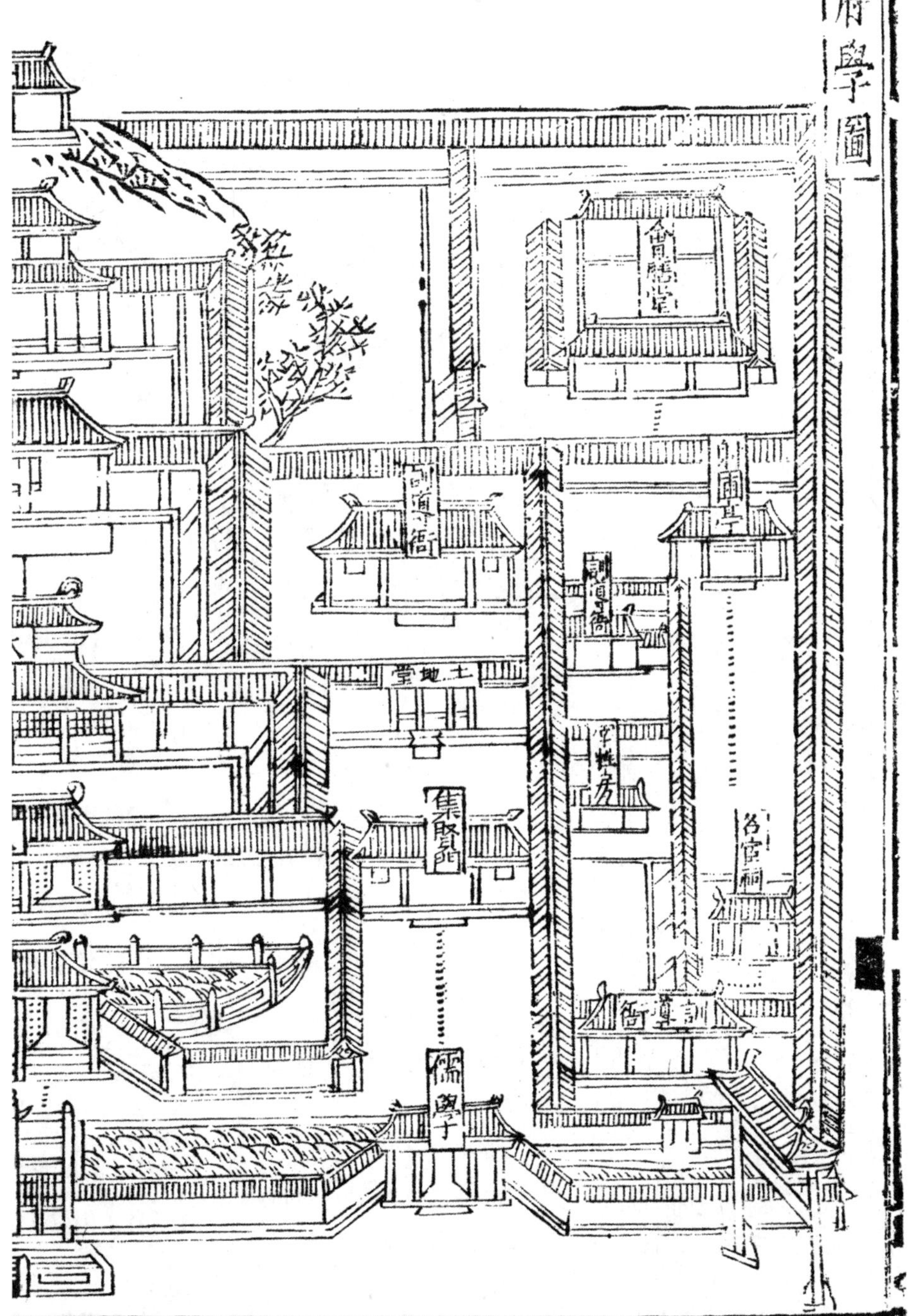
府學圖
會饌堂
土地堂
集賢館
名宦祠
訓導衙
儒學

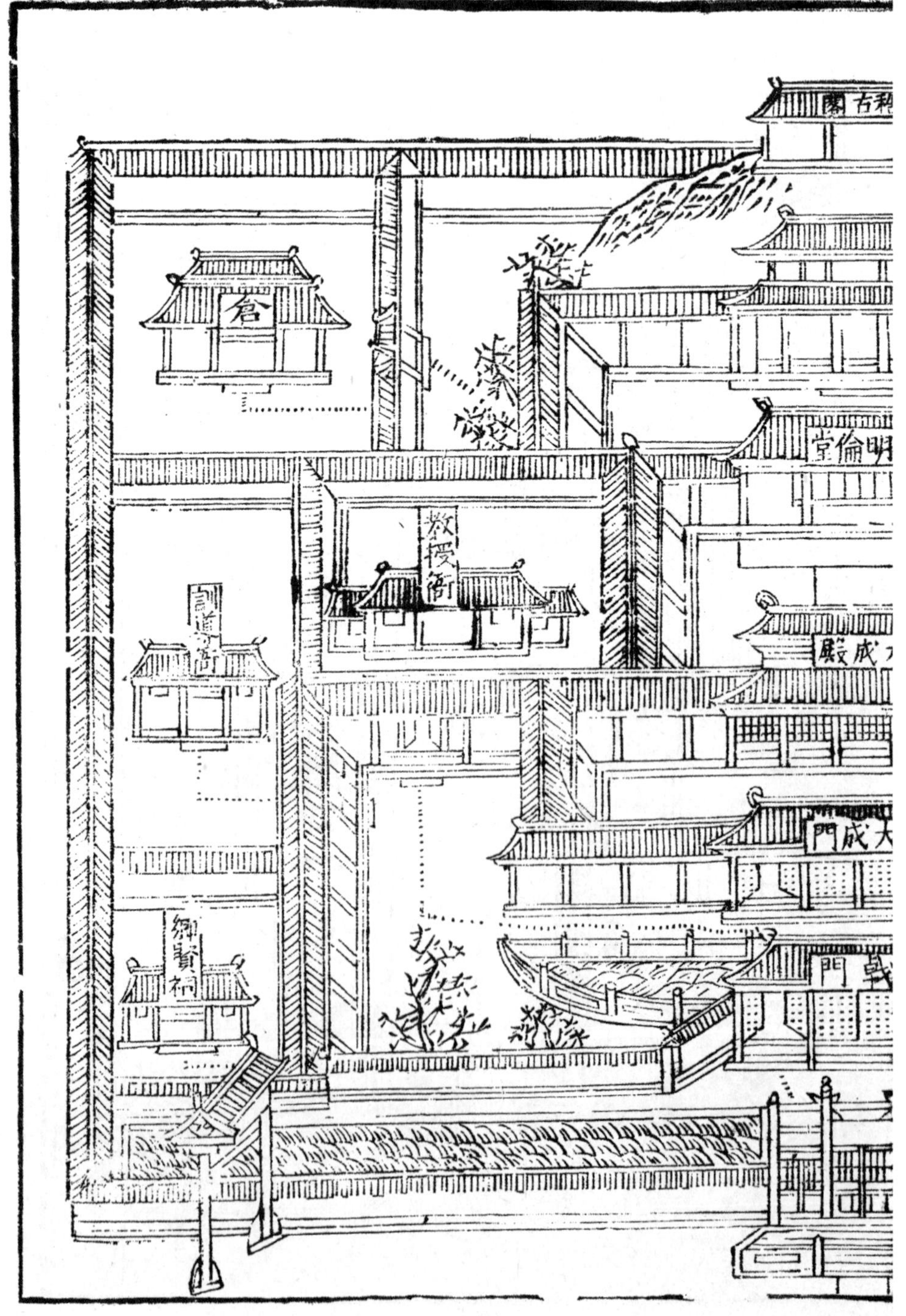
稽古閣
倉
明倫堂
教授衙
訓導衙
大成殿
大成門
戟門
鄉賢祠

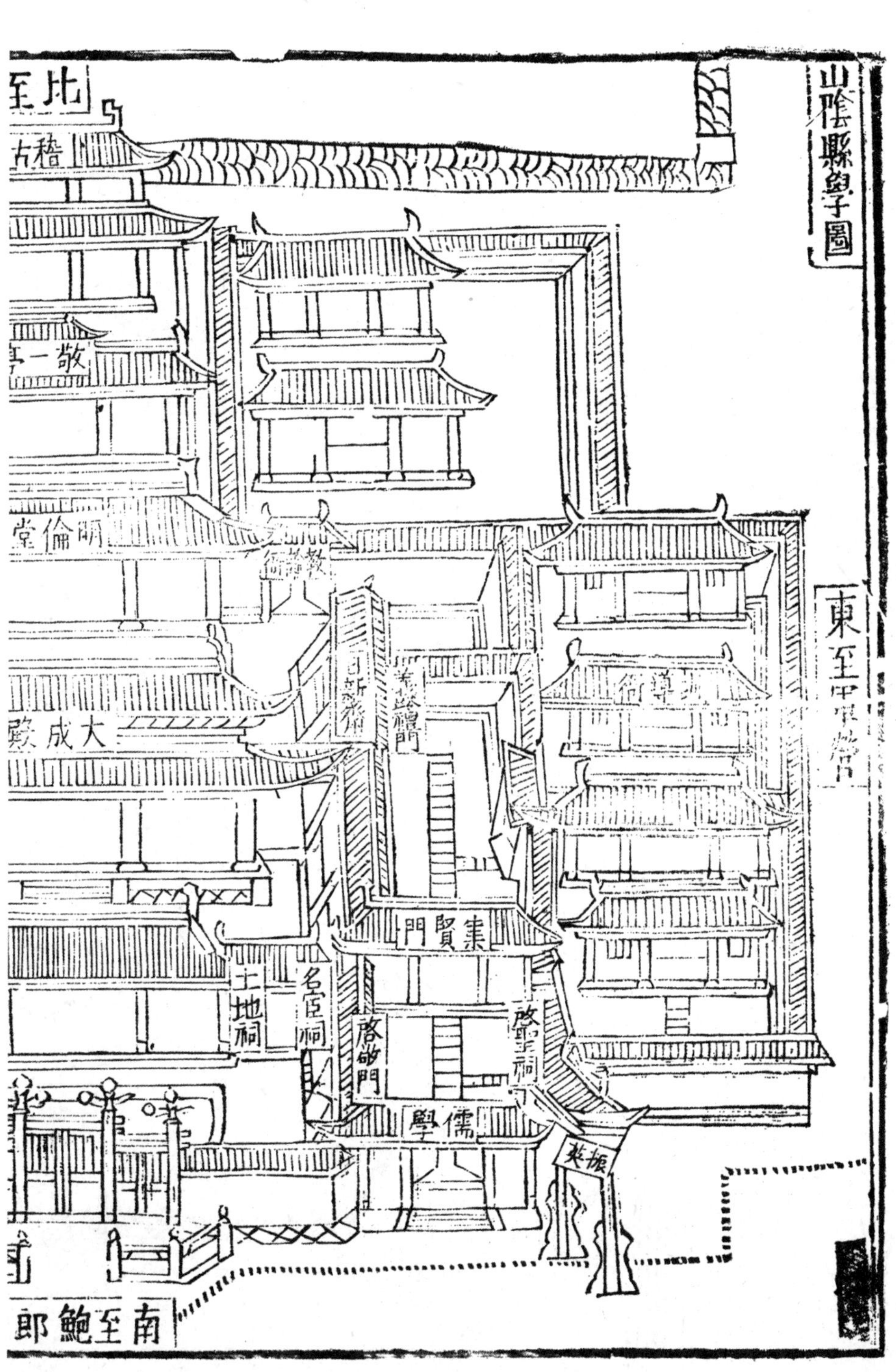
山陰縣學圖
北至
稽古
敬一亭
明倫堂
大成殿
集賢門
土地祠
名宦祠
儒學
南至鮑郎

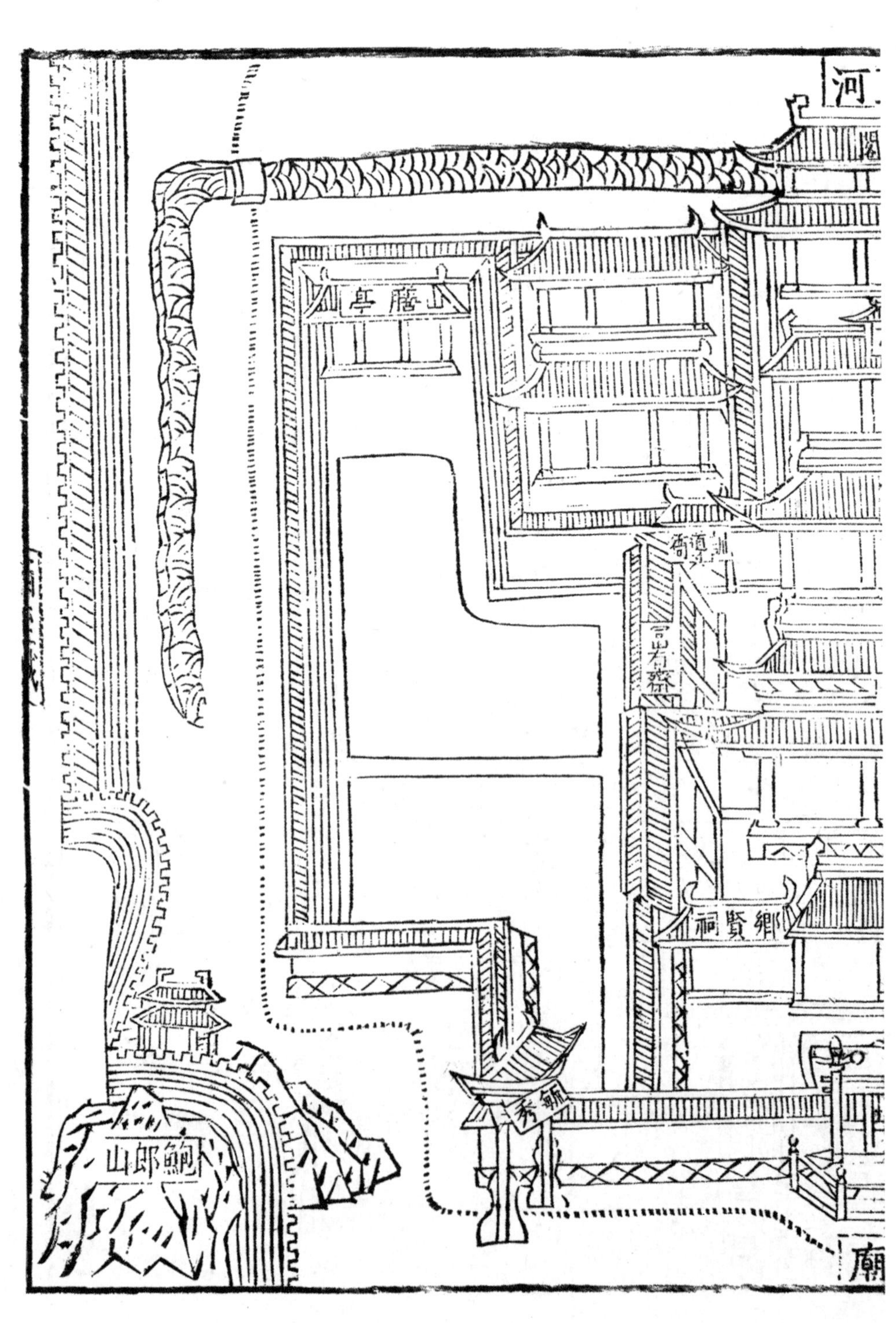
河
閣
山藤亭
鄉賢祠
毓秀
鮑郎山
廟

會稽縣學圖

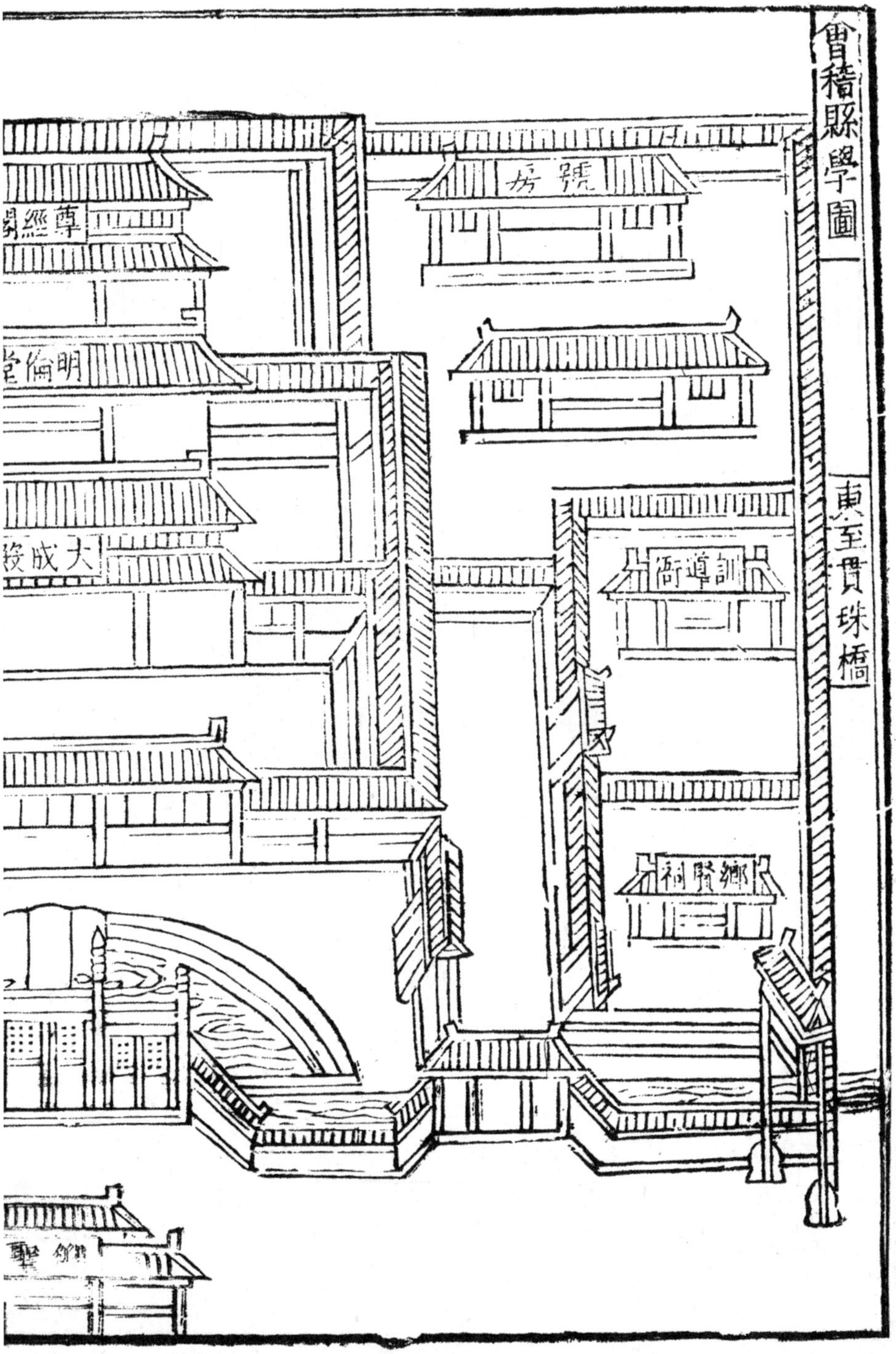

東至貫珠橋

號房

尊經閣

明倫堂

大成殿

訓導衙

鄉賢祠

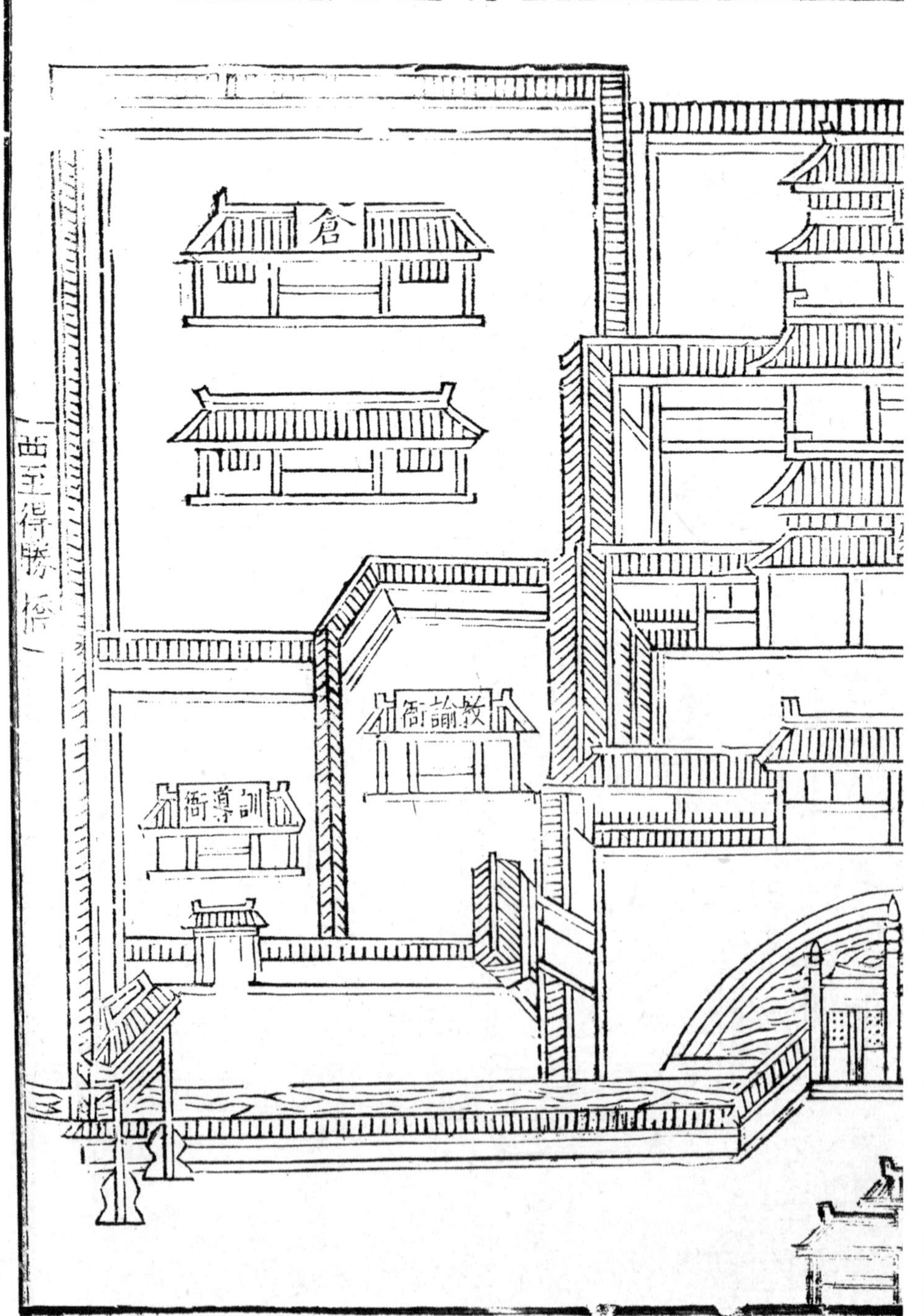
倉
教諭衙
訓導衙
西至得勝橋

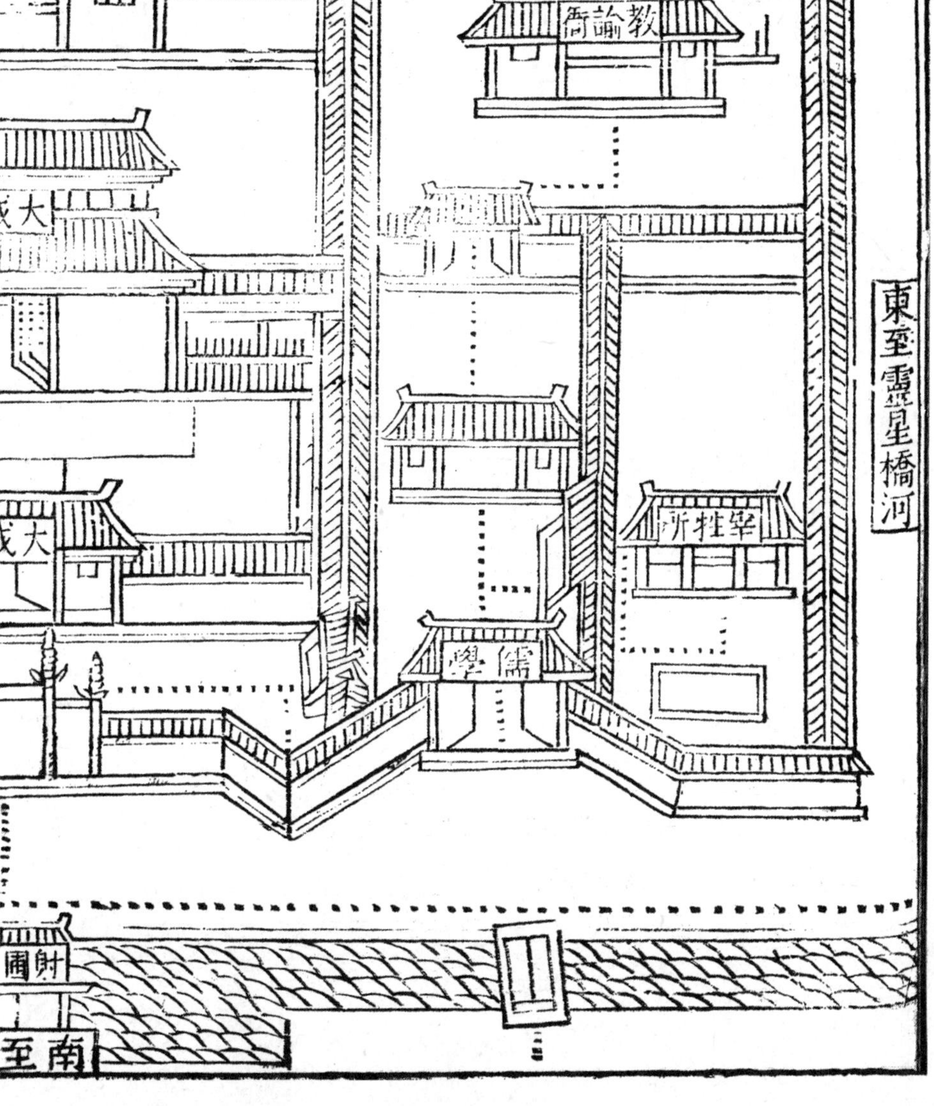

餘姚縣學圖
北至
東至靈星橋河
教諭衙
宰牲所
儒學
明
大
大
射圃
南至

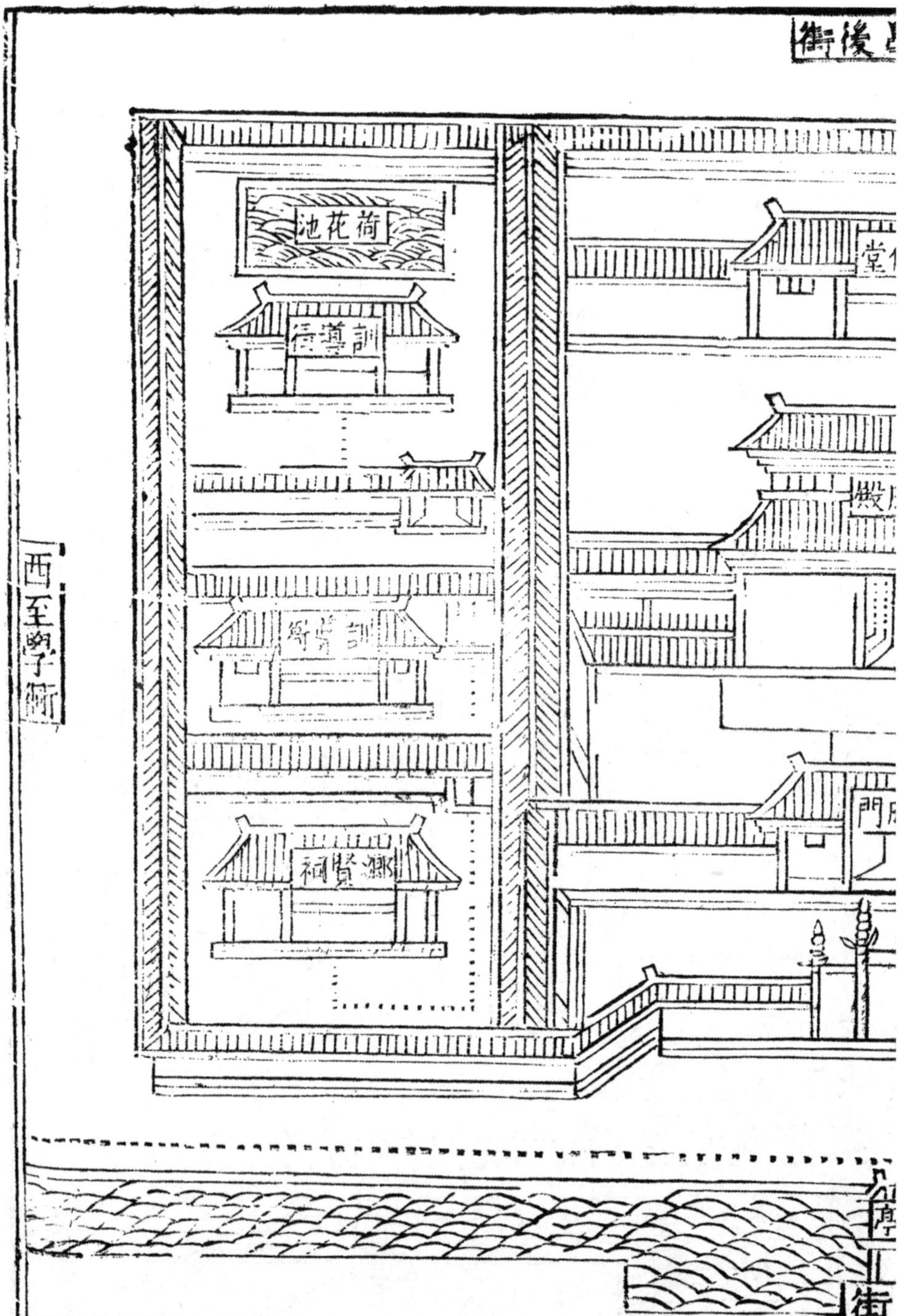

後街
荷花池
訓導衙
堂
殿
訓導衙
鄉賢祠
門
西至學衙
街

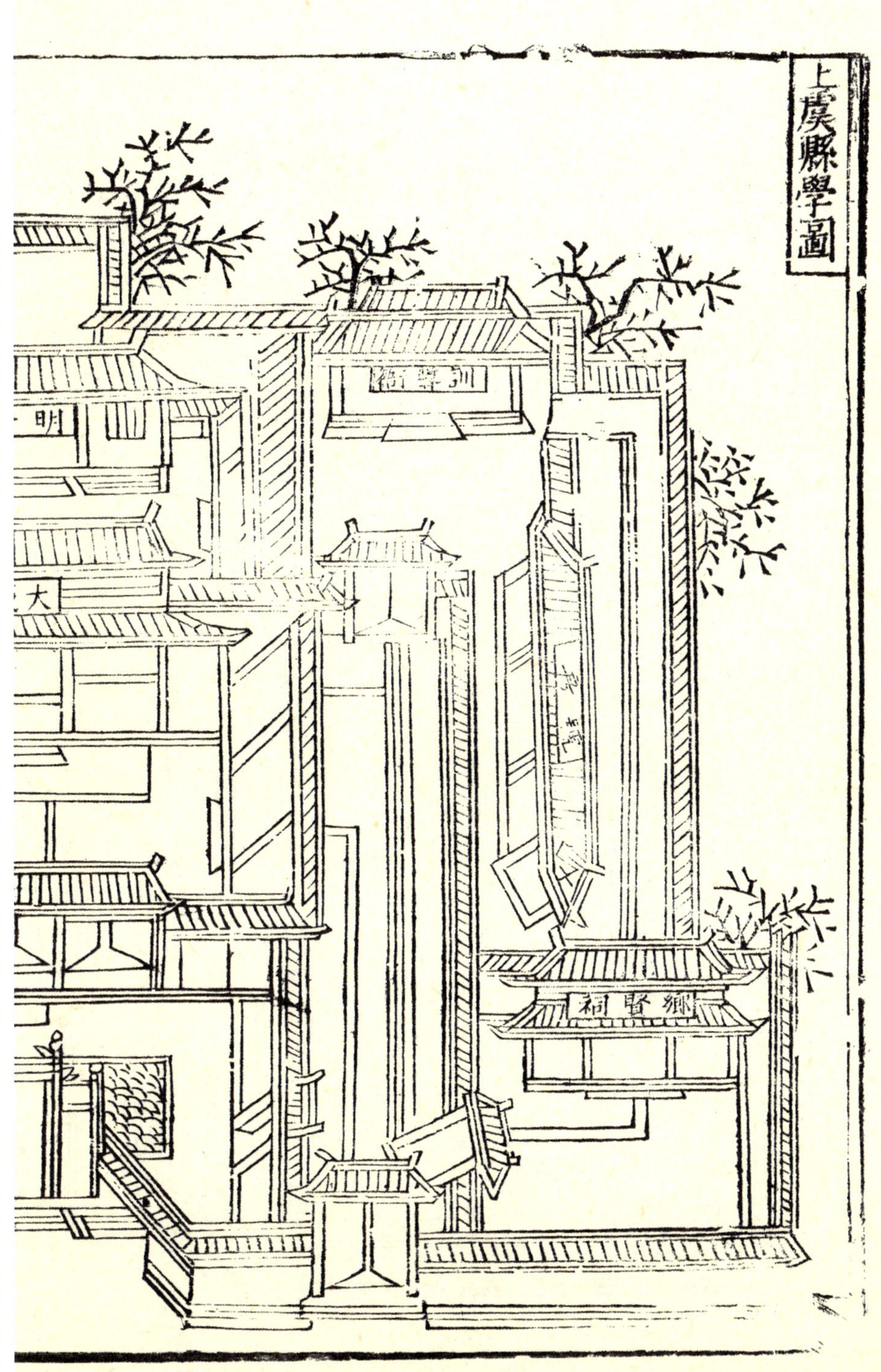
上虞縣學圖
訓學衙
明
大
鄉賢祠

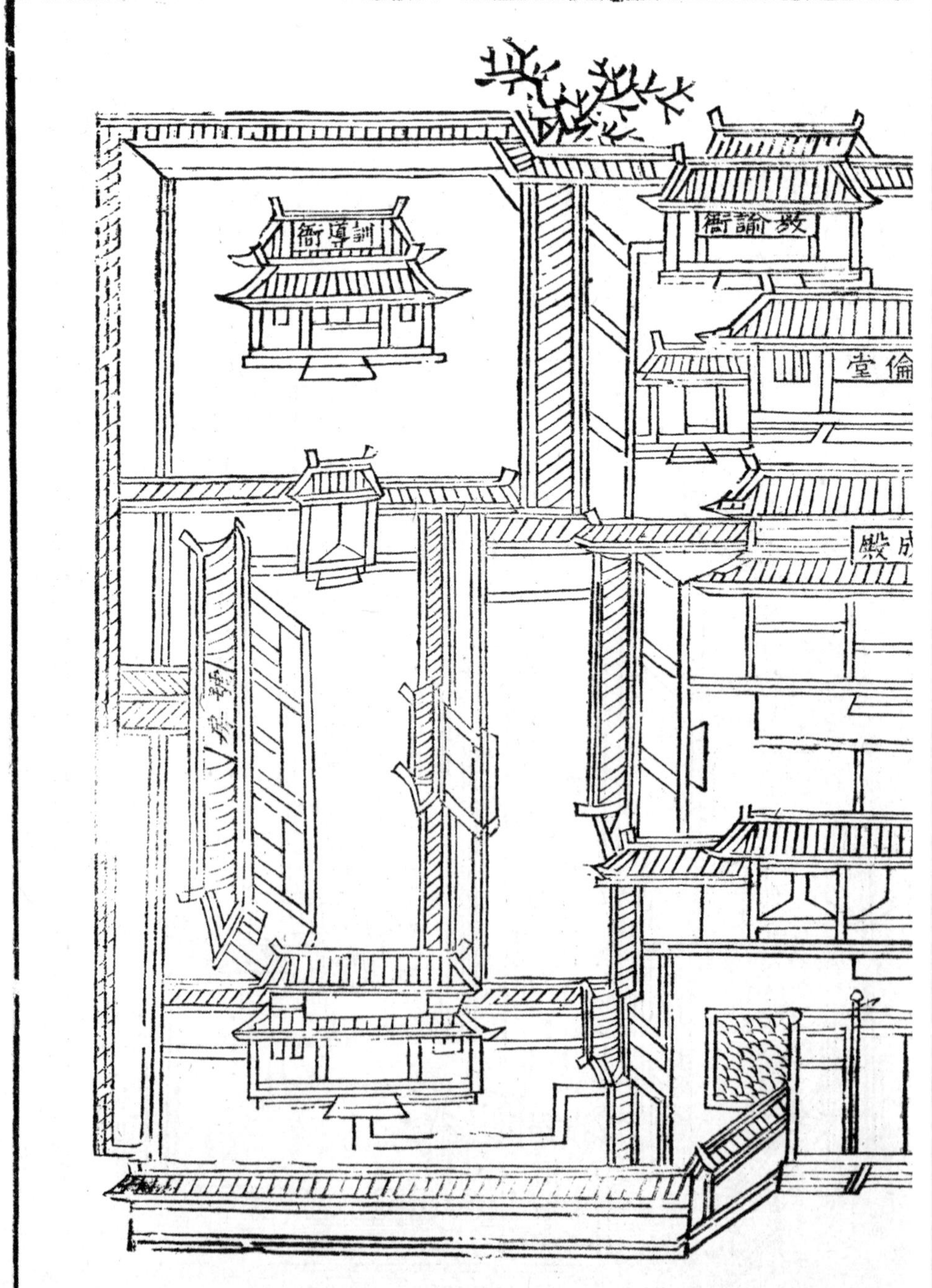
訓導衙
教諭衙
倫堂
成殿

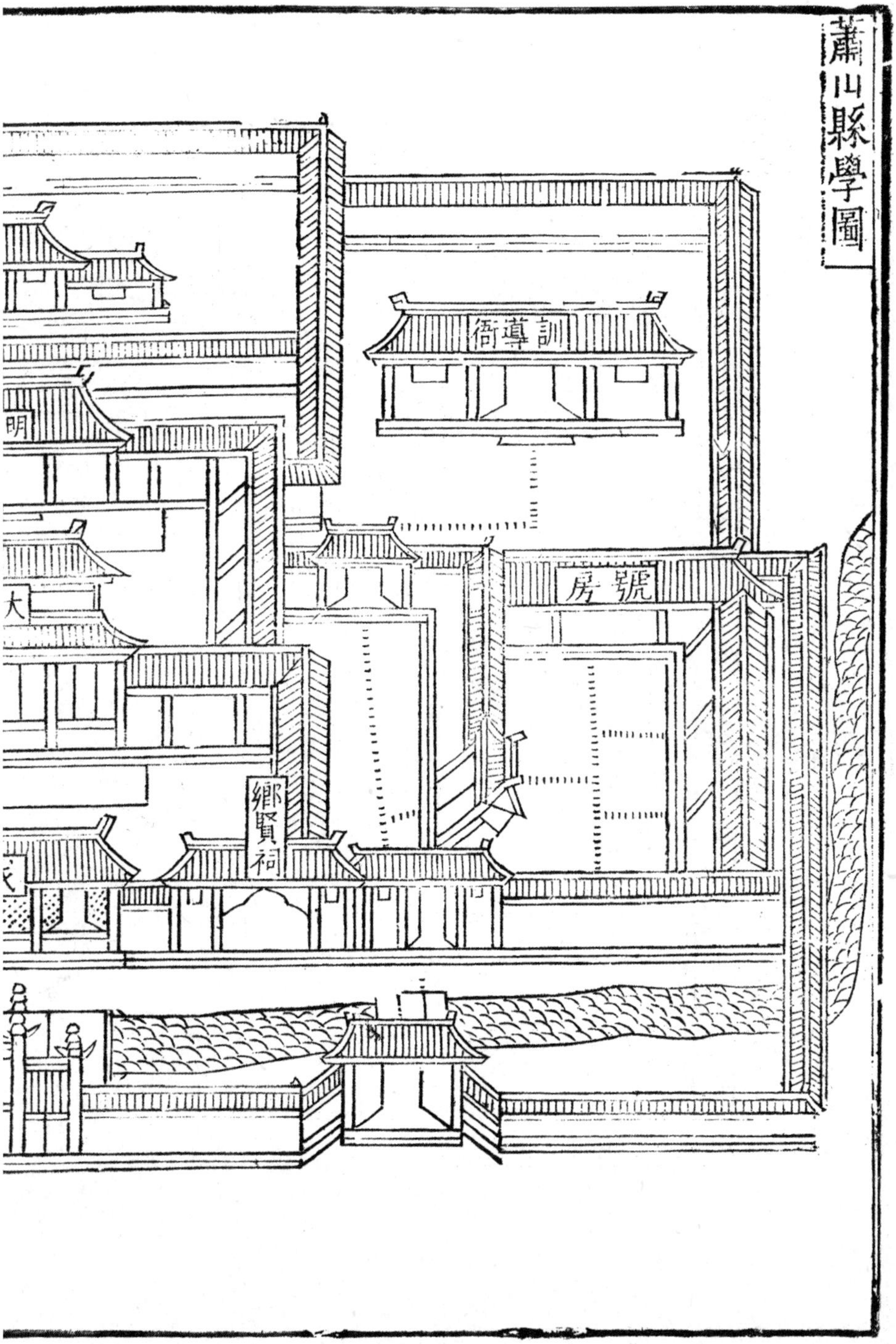

蕭山縣學圖

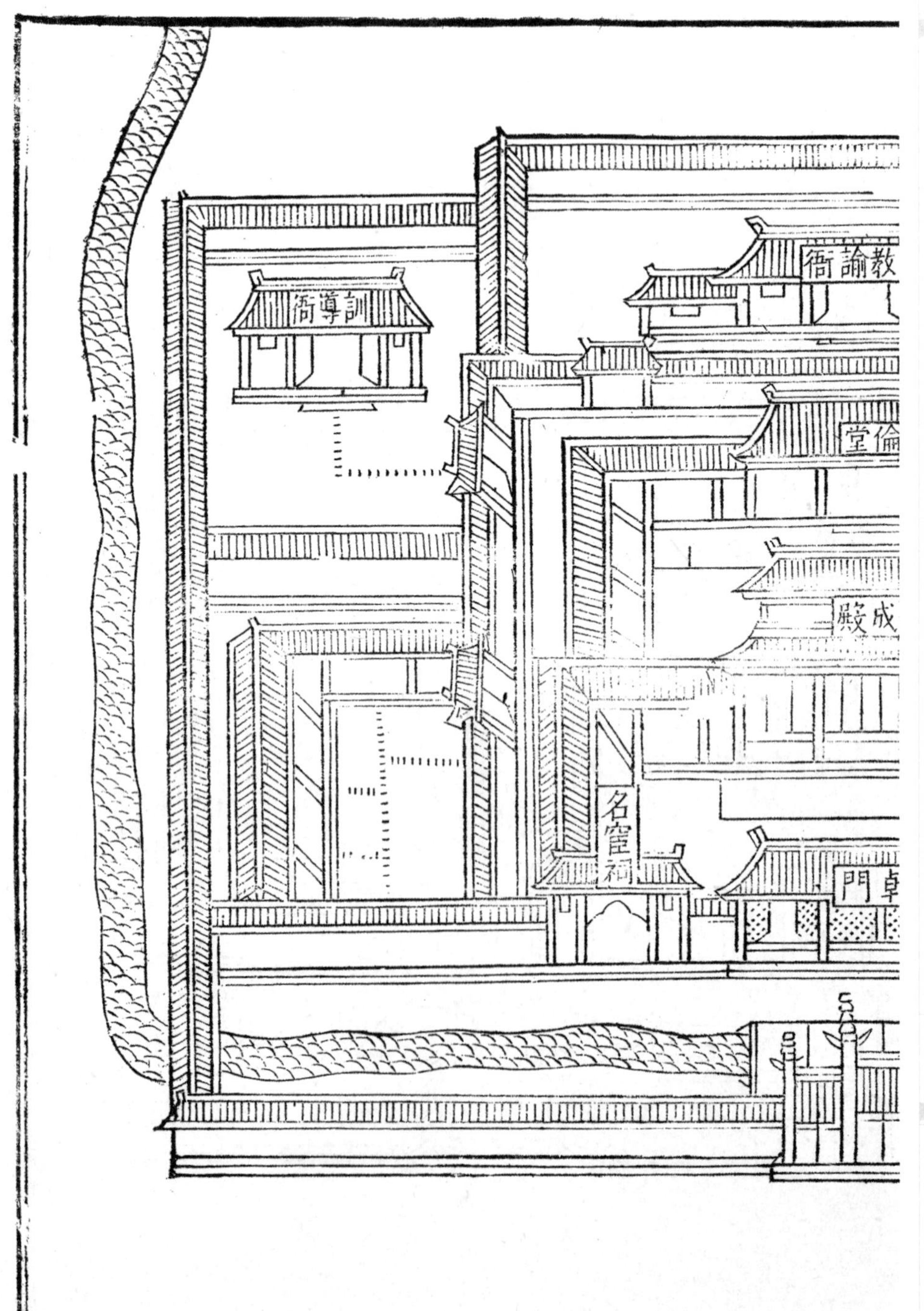

訓導衙
教諭衙
倫堂
成殿
名宦祠
門

諸暨縣學圖

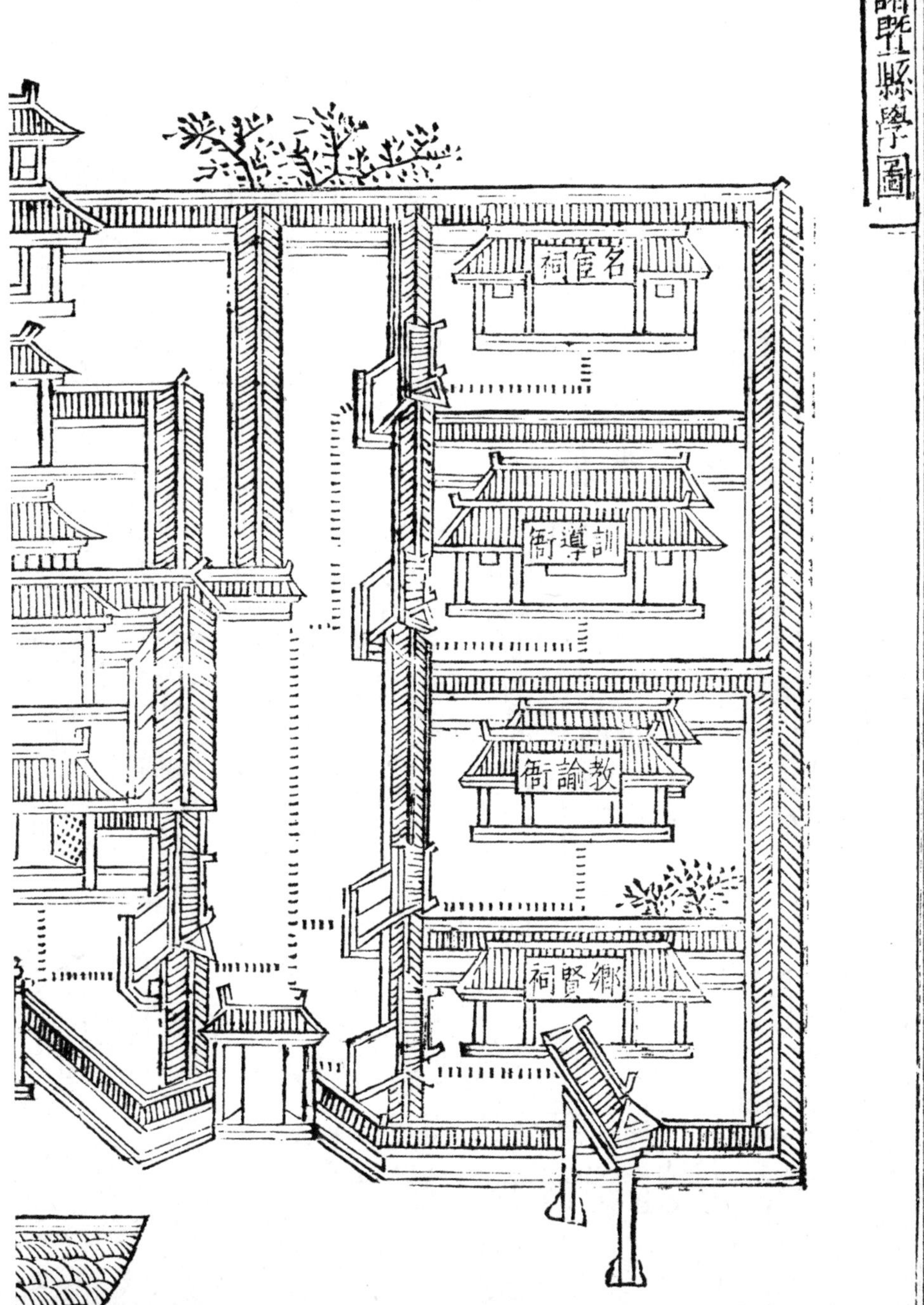

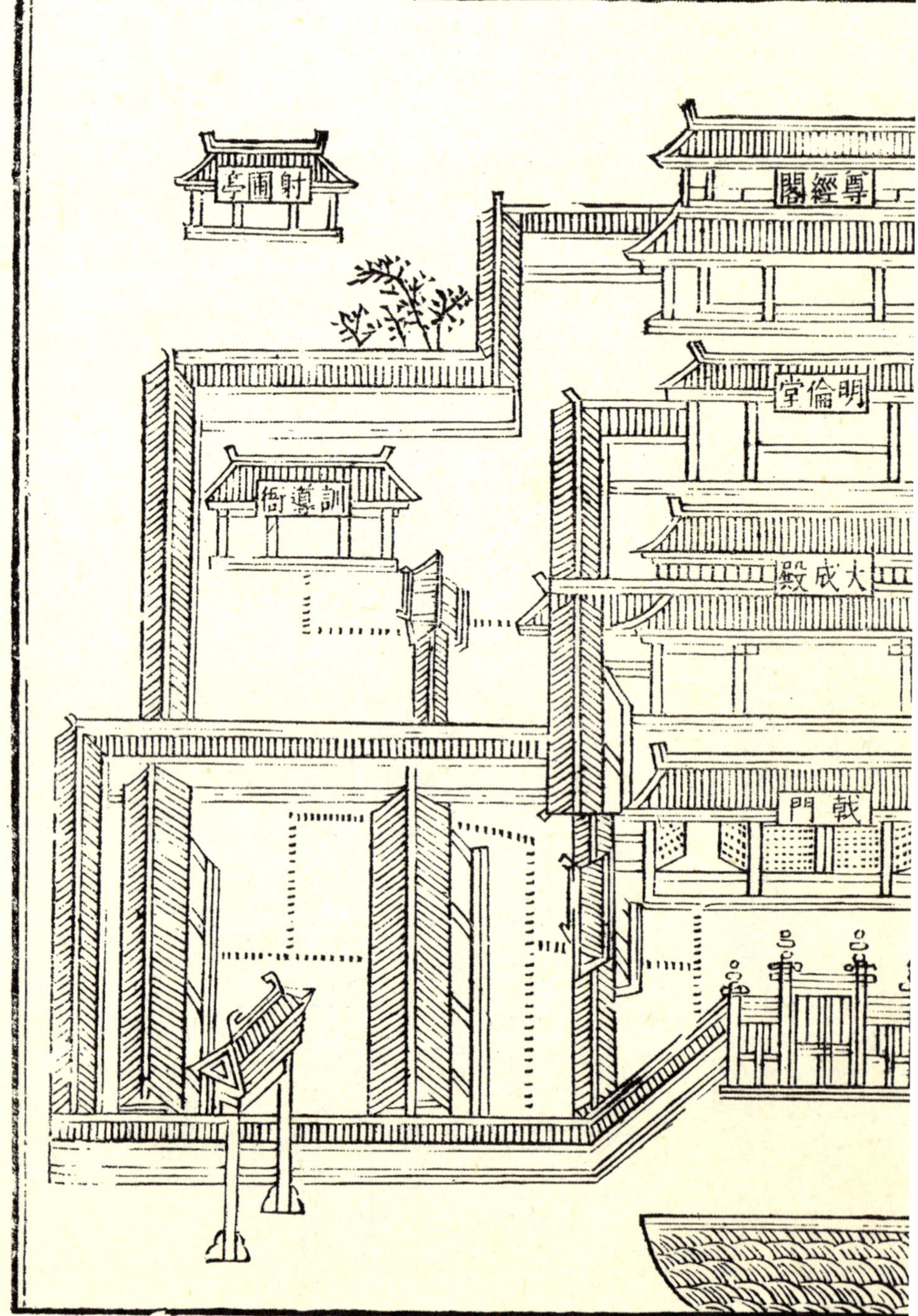
射圃亭
尊經閣
明倫堂
訓導衙
大成殿
戟門

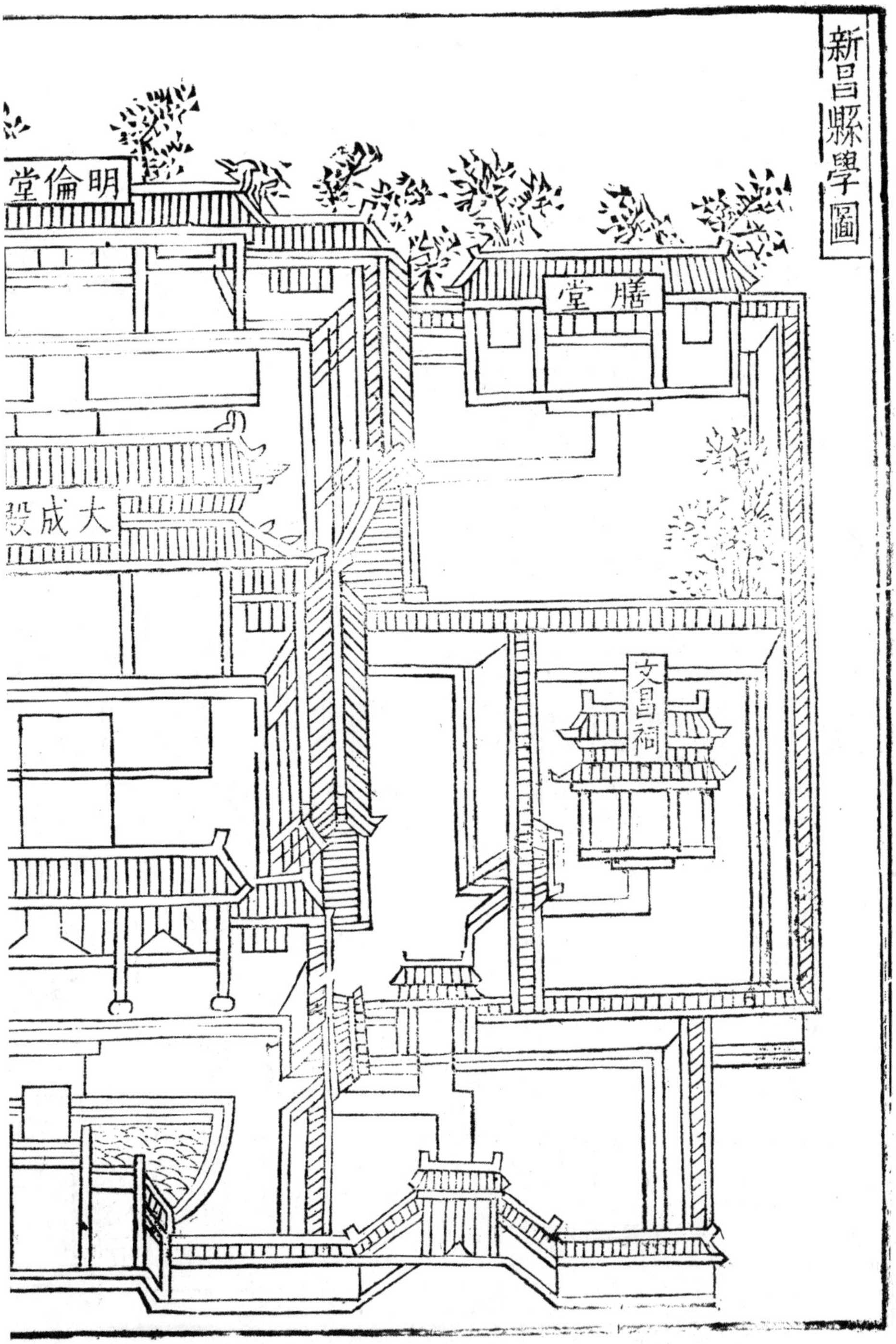

新昌縣學圖

明倫堂

膳堂

大成殿

文昌祠

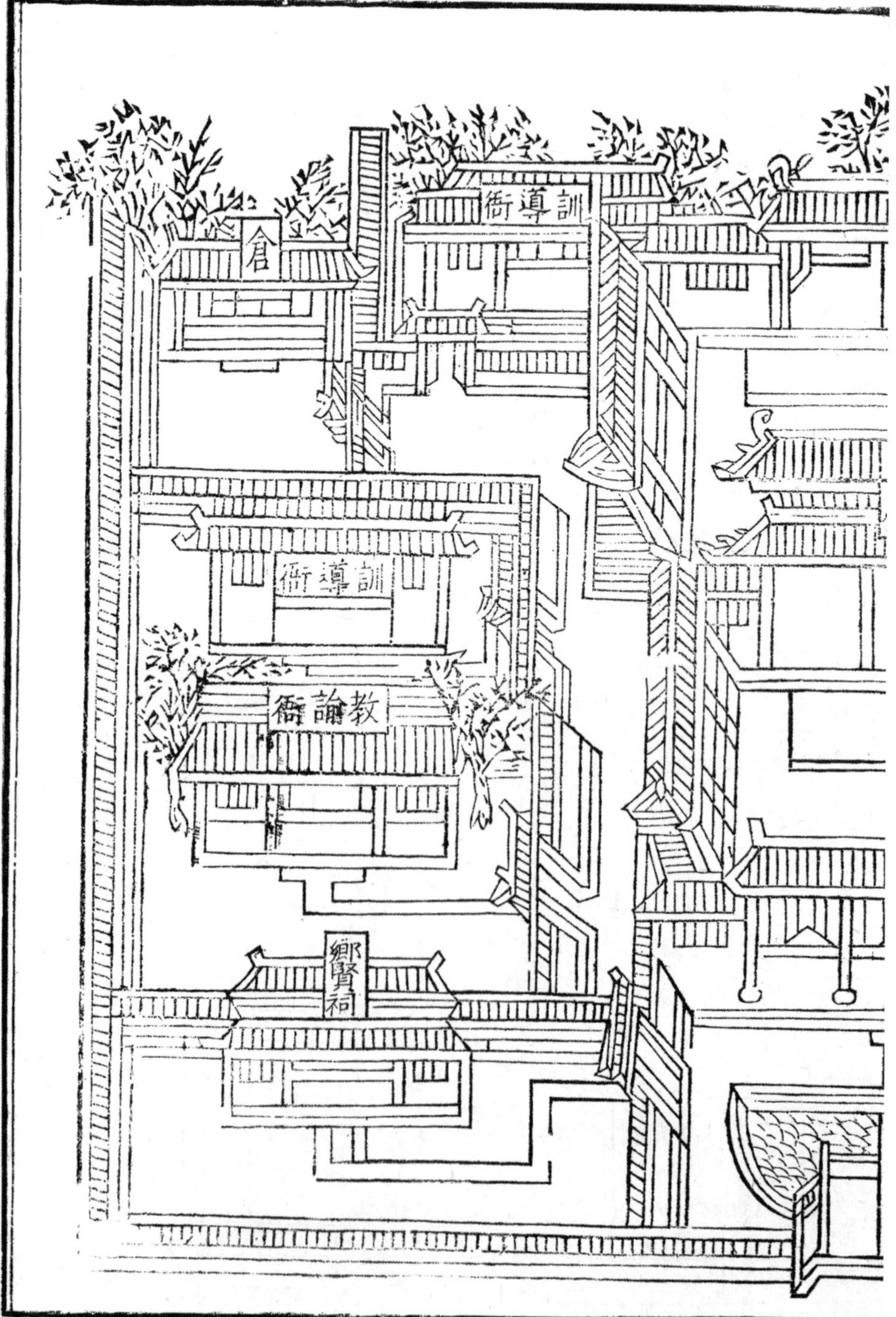
訓導衙
倉
訓導衙
教諭衙
鄉賢祠

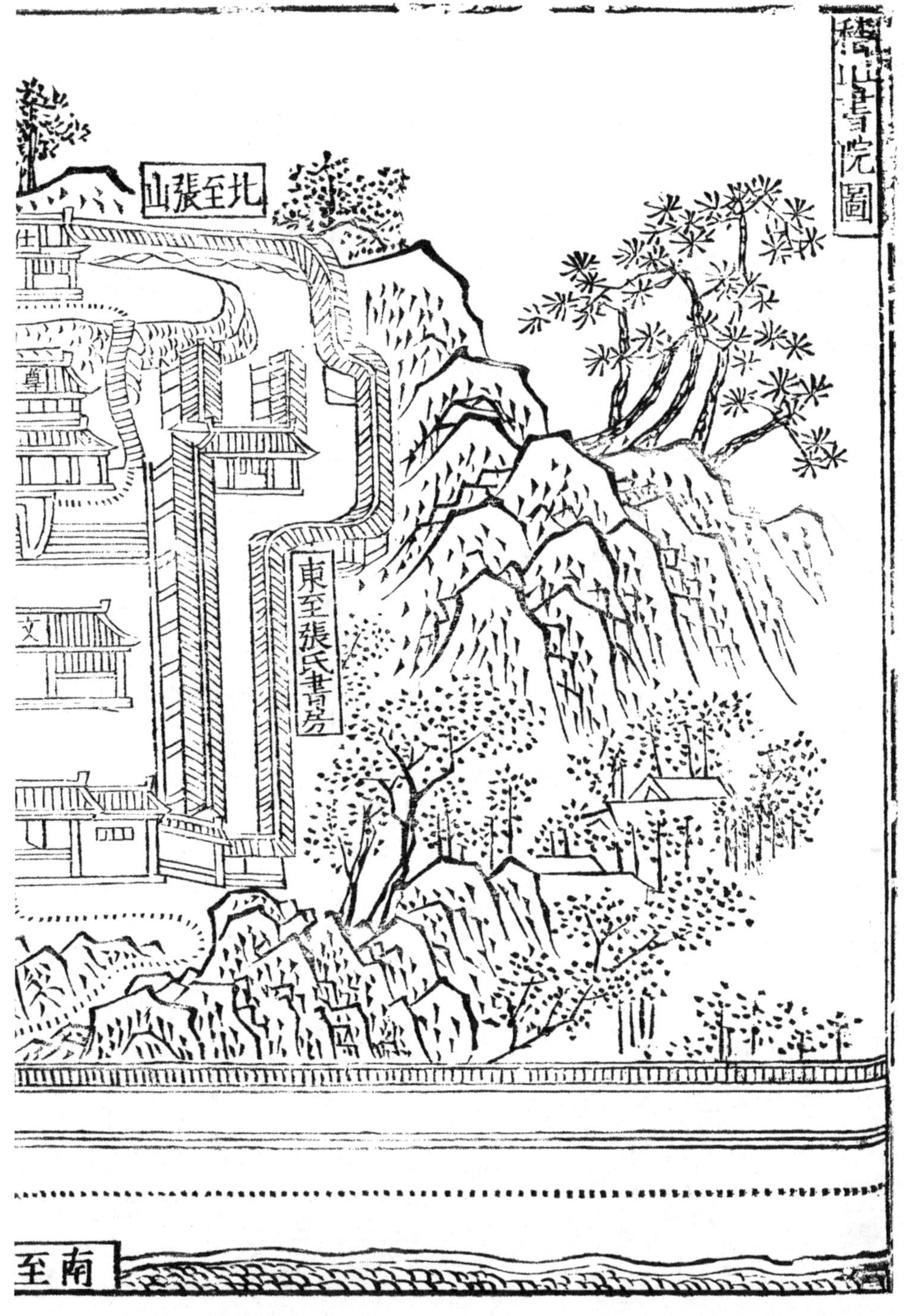
稽山書院圖
北至張山
東至張氏書房
仕
尊
文
南至

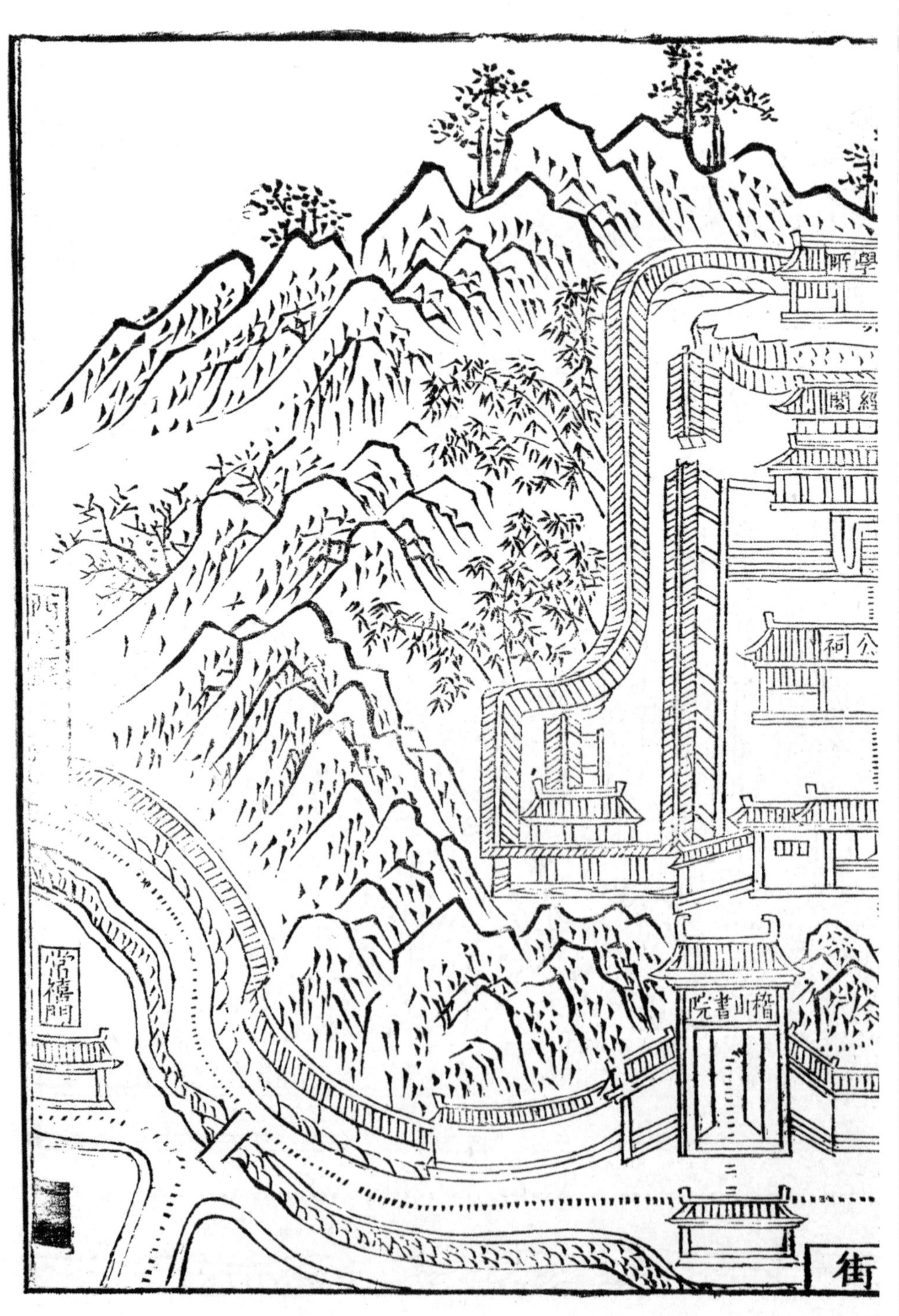
經閣
公祠
稽山書院
常德門
街

紹興府志卷之十八

學校志

府學　縣學　學田　社學　鄉學　義學

書院

府學　嘉泰志云越州學舊址未詳齊賢良唐上成度支書云東南方國禹會爲大歲籍貢舉僅百餘人學校不修生徒挑闥比年二千石未遑斯制誠因農隙考制度庀工徒新先儒之宫東南士子豈不佩執事訓以風鄉黨乎以時攷之成度支悦守越天聖六年以汔九年也賢良前以進士起家首率其里人裒緡

錢得二十餘萬欲市書入學以講肄之所未完故以此書諷之方是時學貢雖不廢其陋已甚慶曆四年詔諸路州府軍監各立學越大州其奉承詔令宜也今驗諸故府載籍文書則無所見按沈少卿紳撰越帥沈公生祠記云嘉祐六年吳興沈公大興學教新其宫居而尊勸之又張侍郎伯玉撰新學記云始州將渤海刁侯擇地卜築繼以紫微吳興沈侯勇爲之又易地于杭凡三年君侯至而成之今以題名參訂渤海刁侯乃景純也以嘉祐五年至吳興沈侯乃文通也以嘉祐六年至君侯乃章伯鎮也以治平二年

至伯玉踵文通後以嘉祐八年至明年徙郡去而伯
鎮繼之蓋伯玉二年於此經理繕造亦有勞焉第落
成不及其在官之日爾又按吴監簿事實云監簿名
孜嘉祐治平間捨宅為學君子以為賢於賀監一等
今學相傳乃監簿之故居也然則章伯鎮所成之學
宫即監簿所捨宅爾以歲月較之正合伯玉記不自
書其功謙也然不及監簿捨宅則闕文爾
孔子殿嘉祐六年建先乎此者未詳沈遘撰永福寺
大像贊嘉祐六年長輿公來治是州大治學宫取寶
積舊殿為孔子殿按太守題名碑長輿公即沈文通

也教授直舍在學之東

戴新志云府學自唐時置於城北隅至五代而廢宋嘉祐中始遷南隅筆花橋今學卽舊址正統成化間知府自王吉惠重修葺之移教授及一訓導宅於西北其後置學倉移膳堂射圃於東卽舊倉址建鄉賢祠廟堂齋舍爲之一新而舊制亦變易盡矣弘治中叅政周木知府游興復更加營構萬曆九年知府傅寵移名宦祠入焉前爲儒學門與櫺星門並入爲集賢門右爲戟門戟門後爲泮池爲廟門又後爲大成殿東爲土地祠明倫堂直

大成殿後傍列日新時習興賢達道四齋後爲稽古閣其東爲啓聖祠又爲膳堂直稽古閣後北山巔上爲敬一亭明倫堂之西爲教授宅文廟東西廡後爲號舍五十餘間教授宅前門與土地祠東西相直出前門即爲西號舍俱在集賢門内集賢門之東爲名宦祠過戟門西爲鄉賢祠隔泮池遥相並焉訓導宅四一在鄉賢祠後一在名宦祠東一在名宦祠後二又在後而前爲綠鰲池又前爲宰牲房適隔二宅之中其東爲射圃有亭曰射圃亭倉在教授宅西北久廢

縣學山陰學宋崇寧中建在縣南柴場坊　明弘治正德間知府戴琥知縣李良顧鐸相繼買民居拓之戟門前舊有鮑府君祠嘉靖十八年知府湯紹恩移置他所

會稽學宋崇寧中建在縣南一里竹園坊久漸為民所侵　明天順八年知府彭誼以城中隙地易還之仍出俸餘為遷徙費弘治五年知縣陳堯弼又通神道自櫺星門南抵馬梧橋嘉靖中知府洪珠知縣王教復買旁地拓之教諭宅有綠竹堂

蕭山學宋初在雷壇東距縣東南一里許今芹泮橋

存焉紹興間縣令陳南始移於今南門内地苦隘而後尤卑下邑人新安太守張稱孫捐地數畝益之復築崇岡於後以壯形勢　明嘉靖十八年御史張元德買民田增拓之崇岡久廢三十八年提學副使畢鏘建尊經閣於後增高其地八尺萬曆十三年知縣劉會又建三元閣於學東

諸暨學唐初在縣西天寶中令郭密之遷於長山下唐末學廢惟孔子廟存五代天福中縣令趙諟移於縣東宋景祐四年劉述乃重建學慶曆四年寇仲温因增拓之淳熙間李文鑄以有水患乃遷於縣西百

步提刑王厚之又以緡錢易民居廣之跨湖築堤作橋達於官道元末兵燬洪武初知縣田賦重建城中地位惟學得其正石山蹲其後湖水環其前

餘姚學唐時在縣西二百步宋元豐元年邑人將仕郎莫當出私貲市爽塏之地在縣城外江之南稍東一里許縣令黄鑄遷廟建學莫當仍開四衢於左右前後曰其以來四方學者紹興中尉史浩買學前地作射圃　明永樂七年教諭林觀奏新之縣新志曰漢書黄昌居近學宮而昌故址在今黄橋之旁則學又疑嘗在江南矣今江南建新城學在城中萬曆十

一年知縣丁懋遜復新之
上虞學在縣東南六十五步宋慶曆中建紹興中令葉顒斥而大之　明景泰四年知縣唐肇重修
嵊學舊在縣西一百步而文宣王廟在縣東南一百步宋慶曆中令丁寶臣遷于縣西南五十步嘉定中令史安之病其湫隘又遷西南二百步繼錦坊剡山之麓今因之　明洪武暨弘治嘉靖中次第增建教諭陳炟編藩爲南園有孔氏泉陳公石鳳尾竹虎鬚蒲胭脂桃翠絲柳王帶水寶塔鈴八詠訓導王洪構書房前爲竹林蘭砌甚幽雅

新昌學舊在縣之東與縣廨連亘宋紹興十四年知縣林安宅遷縣東南一里面書案山　明洪武宣德成化間知縣周文祥鍾虛毛鐩先後修之

學田嘉泰志云故丞相魏國史公鎮越之明年實乾道戊子始捐已帑置良田歲取其羸給助鄉里賢士大夫之後貧無以喪葬嫁遣者附于學而以義名之爲規畫十許條刻諸石凡有請而應給與給而舉事多寡遲速皆有程覈實委之鄉官錢糧屬之縣主簿不歛散則隨鄉俗錢出納則均省計歲稔及給助有餘則就復增置教授學職亦與其事然雖養士不許

移用府帥前後繼而成之蓋非一人所以久而不廢也總之會稽山陰餘姚三縣共湖水田二千七十一畝有奇地三十六畝有奇山篠地一百一十六畝有奇廢岡六十四畝有奇蕩一畝二角五十一步屋一十六間

府學田嘉靖十五年陶侍郎諧學記云太守楊公塈田一區以贍諸生後復增置今共田一百八十三畝六分二釐一毫內山陰田三十五畝二分七釐會稽田一十二畝八分一釐四毫諸暨田一百三十五畝六分

山陰田三十四畝四分七釐一毫

會稽舊田一十七畝七分八釐弘治五年知縣陳堯弼置其後漸失六畝二分八釐嘉靖九年知府洪珠教諭陳驥盡鬻之用以買拓欞星門外地二十六年知縣王教復置田七十九畝二分九釐二毫四絲地六分三釐七毫立石以記近復增置共田一百三十三畝四分五釐七毫

蕭山自嘉靖十九年知縣林策創置學田以山爲之凡二百五十五畝未幾還之於民隆慶四年教諭雷沛率諸生醵金五十兩置田五畝九分立有碑記知縣許承周復給入官田二十畝萬曆三年教諭黄時

濟募工開田一畝一分四年知縣王一乾又給七畝
九分六釐共三十五畝
諸暨田九十三畝五分一釐四毫山一百畝
餘姚山七十三畝六釐三毫六絲
上虞田七畝五分又朱文公祭田七畝零亦屬學萬
曆十二年知縣朱維藩復泳澤書院乃以沒入澄照
寺田五十畝給學供書院祭祀修理費兼贍諸生舊
又有山三千八十五畝久爲人所侵嘉靖二十三年
教諭嚴潮清理還學立石碑記之無何奸民賄囑管
山人復沒

嵊舊田六畝三分嘉靖四十年庠生尹紹元以易官山若干畝隆慶元年耆民鄭廷詔捐田十畝

新昌舊田六畝嘉靖中紹興推官陳讓給金庭觀田九十畝又邑民俞則時捐田十六畝

社學 府城內社學一在如坻倉西嘉靖四年知府南大吉即倉之隙地爲之其後知府洪珠創古小學於捨子橋下乃更其地爲射圃今爲察院一在謝公橋南亦洪所建即越王廟故址一在西光相坊越王廟西

蕭山在鳳堰市舊申明亭址嘉靖中知縣林策建

諸暨在南門内舊紫陽祠址今廢

餘姚社學久廢不得其址

上虞在縣前西偏舊爲惠民藥局弘治中邑人韓日誠請佃之嘉靖三年知縣楊紹芳諭令還官其族監生沇淞等仍不受價遂建社學十四年火重建今扁曰古小學

嵊舊新志俱無載

新昌社學惟基址存縣志云成化十年知府戴琥令庠生張琰爲師選民生俞鏕等集石佛寺訓誨提調官每月考督嗣後或舉或止

鄉學　國初縣隅都各有置今皆湮沒舊志或載或否大抵即今蒙師寓館耳

義學　山陰湖門義塾在府城西北五十里元至正初邑人孫敏中建

周氏義學在錢清鎮邑人周廷澤剏嘉靖十四年其子給事中祚復購廢驛地廣之有屋八間田三十畝

諸暨白門義塾在白門元方鎰立延金華吳萊爲師宋濂王褘俱受業焉

餘姚呂氏義學在城內東北隅宋呂次姚建禮致名儒湛若爲師遠近就學者常數百人次姚日饍之紹

興中其裔仲應重建有屋五十間田五百畝有司李光有碑今學久廢碑剥落不可讀

新昌石溪義塾在石溪鄉宋石待旦教授之處中爲三區號上中下書堂使學者迭升之人以此勉勵成名者衆傍又置議善閣占山水之勝又有萬卷堂傳心閣

書院

府城内稽山書院在卧龍山西岡山陰地宋朱晦菴氏嘗司本郡常平事講學倡多士三衢馬天驥建祠祀之其後九江吳革因請爲稽山書院歲久湮廢　明正德間知縣張煥改建於故址之西嘉靖三

年知府南大吉增建明德堂尊經閣後爲瑞泉精舍齋廬庖湢咸備時試八邑諸生選其尤者升于書院月給廩餼

王守仁尊經閣記

經常道也其在於天謂之命其賦於人謂之性其主於身謂之心心也性也命也一也通人物達四海塞天地亘古今無有乎弗具無有乎弗同無有乎或變者也是常道也其應乎感也則爲惻隱爲羞惡爲辭讓爲是非其見於事也則爲父子之親爲君臣之義爲夫婦之別爲長幼之序爲朋友之信是惻隱也羞惡也辭讓也是非也是親也義也序也別也信也一也皆所謂心也性也命也通人物達四海塞天地亘古今無有乎弗具無有乎弗同無有乎或變者也是常道也以言其陰陽消息之行焉則謂之易以言其紀綱政事之施焉則謂之書以言其詠歌性情之發焉則謂之詩以言其條理節文之著焉則謂之禮以言其欣喜和平之生焉則謂之樂以言其誠僞邪正之辨焉則謂之春秋是陰陽消息之行也以至於誠僞邪正之辨也一也皆所謂心也性也命也通人物達四海塞天地

亘古今無有乎弗具無有乎弗同無有乎或變者也夫是之謂六經六經者非他吾心之常道也故易也者志吾心之陰陽消息者也書也者志吾心之紀綱政事者也詩也者志吾心之詠歌性情者也禮也者志吾心之條理節文者也樂也者志吾心之欣喜和平者也春秋也者志吾心之誠僞邪正者也君子之於六經也求之吾心之陰陽消息而時行焉所以尊易也求之吾心之紀綱政事而時施焉所以尊書也求之吾心之詠歌性情而時發焉所以尊詩也求之吾心之條理節文而時著焉所以尊禮也求之吾心之欣喜和平而時生焉所以尊樂也求之吾心之誠僞邪正而時辨焉所以尊春秋也昔者聖人之扶人極憂後世而述六經也猶之富家者父祖慮其産業庫藏之積其子孫者或至於遺忘散失卒困窮而無以自全也乃記籍其家之所有以貽之使之世守其産業庫藏之積而享用焉以免於困窮之患故六經者吾心之記籍也而六經之實則具於吾心猶之産業庫藏之實積種種色色具存於其家其記籍者特名狀數目而已而世之學者不知求六經之實於吾心而徒考索於影響之間牽制於文義之末硜硜然

以爲是六經矣是猶富家之子孫不務守視享用其產業庫藏之實積日遺忘散失至爲窶人丐夫而猶囂囂然指其記籍曰斯吾產業庫藏之積也何以異於是嗚呼六經之學其不明於世也非一朝一夕之故也尚功利崇邪說是謂亂經習訓詁傳記誦沒溺於淺聞小見以塗天下之耳目是謂侮經侈淫詞競詭辯飾奸心盜行逐勢壟斷而猶自以爲通經是謂賊經若是者是并其所謂記籍者而割裂棄毀之矣寧復知所以爲尊經也乎越城舊有稽山書院在卧龍西岡而荒廢久矣郡守渭南南君元善既敷政於民則慨然悼末學之支離將進之以聖賢之道於是使山陰令吳君瀛拓書院而一新之爲尊經之閣於其後曰經正則庶民興庶民興斯無邪慝矣閣成請予一言以諗多士予既不獲辭則爲記之若是嗚呼世之學者得吾說而求諸其心焉其亦庶乎知所以爲尊經也矣

萬曆七年奉例毀書院遂爲吳氏所佃賴尚書允持之不遽毀十年知府蕭良幹來始復而修之改名朱文公祠又卽瑞泉

精舍址建一堂題曰仕學所宋朱文公先生以常平使者至吾越僅數月而講學敷政士若民交德之始爲祠祀於稽山既又爲紫陽書院元人吴衍記之詳已歲久且圮嘉靖初太守渭南南侯重新之祠之後爲尊經閣則文成王先生記之海内之所傳誦者也頃年執政以新法罷諸書院盡墮斥其所有於是稽山祠亦在罷中承斥者爲邑人吴伯氏其弟大司馬時爲侍郎數過余朊頓曰他祠可毁文公祠可毁邪弟主者方鋭甚不可撓吾已報伯氏令完屋與像待之矣久之忭以使行而同年友户部郎中蕭侯出知吾郡侯涇産也舊嘗學於水西而卓然有聲者司馬公曰可矣遂以屬侯侯既至會司馬公亦謝事歸而忭又還自楚得繆相從史乃以狀白兩臺兩臺謂司馬衛道義甚高又謂侯初視郡能知所先焉亟嘉可之侯復以原直歸司馬役遂舉首新文公祠次尊經閣又以其餘屋五楹仕學所時時以政暇集諸生講肄其中工既竟謂忭與聞始末宜有記且曰額則不復以書院以祠矣忭喟然嘆曰嗟乎道之廢興果盡係於天哉方其將廢也苟有其人調護於其間則不

至於大壞而不可振及其將興也苟無其人焉亟為之圖拘攣於已事玩愒於歲時時既易失跡益易泯然則其人之所係蓋甚重矣雖然祠之興也匪直崇賢抑以倡學也夫興祠易興學難興學易學而會于一難祠興矣儻學於其地者周孔其譚而蹻跖其行又或出口入耳漫焉無當於身心辟之百工日居其肆而呰窳不事事其若主人之意何且祠以祀文公也而文成之記尊經乃其指稍別世之論者目文公之學篤於行不知外心無以為行文成之學求諸心不知外行無以為心是惟善學者即日用而著察本妙悟以修持則為朱為王雖途徑不同其至於道也一而已矣不然百工各挾其勢務以相角而不務相濟又豈主人之心哉忭既幸道之將興而又懼學者之忘且惑故申告之若此蕭良幹仕學所記越故有稽山書院王文成所記尊經閣在焉頃中廢予守越復修葺之語具張太史記中予時以朔望集諸生其間相與究文成之緒頗集且衆弗克容也已行視闈後歷級而上有地一區業為蔬圃矣亢爽夷曠四顧欿然詢之則前守南公大吉所建瑞泉精舍遺址也亟命工庀材為堂五楹於其上前為軒翛廣視堂而

移諸生卒業焉扁之曰仕學所諸生請曰今之名堂也何居君子無一息不學學無時也無一處非學學無所也今之名堂也何居無亦取諸子夏氏仕優則學之義與夫必仕優而後學是仕與學爲二也是學爲有間也非學之旨矣予曰否否子夏氏之言未爲失也夫子夏氏固謂學與仕非二也學而優焉即仕也所謂居仁由義大人之事備是也仕而優焉即學也所謂載之空言不如見之行事是也斯仕學合一之旨也乃予則固有取爾焉始吾之學於家也嚴憚有師切磨有友日箕其身於聖賢載籍之間而世故無所入其胸臆然且作焉輟焉若或恣焉今之仕也肆於民上所頤指而氣使皆畏我也者所奔走而趨承皆順我也者利祿榮名之私日眩乎其中而讚毀譏讒榮辱得喪之故又時時相尋于其外吾於此其能無忽心乎能無羨心乎能不惡怒而動搖矣乎吾雖時覺之而倏忽與作莫能自必者豈少也吾茲進而與諸生聚講於斯也吾心惕焉若寐之醒焉豁焉若滯之決焉向之忽者羨者惡怒者動搖者不俟規誨不煩言說毛竪骨竦與汗而俱出也已一會聚則一警策愈警策則愈凝定慎斯以往而無間可幾也

故吾孳孳進諸生而會也若將以化導諸生而豈知吾實藉諸生以爲鞭影哉翺於斯望於斯舍政事而趨會之恐後若以爲迂緩而不切於事情而豈知吾之不可一日輟哉吾之名堂也蓋以自況也諸生曰其然哉聞諸文成雖軍旅匆劇中不廢講學曰吾於諸生猶魚之有水也斯固其學之緒也夫是所也先生以仕學吾將以學仕一也無寧仕實藉斯而學焉者可獨綴乎吾知免矣請書其語以爲記

五雲書院後改雲衢書院在東雙橋東會稽地亦萬曆七年廢十二年知府蕭良幹重修改名五雲館

山陰蘭亭書院在府城南二十五里本晉內史王逸少脩禊之所元時置書院設山長今廢

陸太傅書院宋陸軫也在府城西六十里牛峯寺側歲久廢　明正德間郎中周初重建

會稽和靖書院在王笥山元置山長今廢

蕭山道南書院在德惠祠右成化二年知縣竇昱建

諸曁紫山書院在西門内嘉靖十四年本府推官陳讓建有廢寺田一百七十四畝供費四十二年掌教事者與一二生盡鬻之圖以遷儒學而學不果遷田則亡矣

餘姚高節書院在客星山南嚴子陵墓左宋咸淳七年劉黻爲沿海制置使邑人何林請建有夫子祠義悅思賢二堂絲風亭嘉定十七年郡守汪綱建高風閣宋曁元並置山長生徒甚盛養贍田至八百餘畝

明興罷山長書院如故洪武中有千戶劉巧住取其廢材營三山所演武廳遂湮廢天順成化以來監司屢行府縣興復皆不果明陶安記高節書院奉子陵嚴先生之祠在餘姚州東北十五里重山環合巒飛嶂躍邃林豐草蒼翠眩目書院乘山腰隨地勢前低後崇葺理嚴潔門屋四楹中建大成殿兩翼短廡殿後爲子陵祠塐衣冠像祠東西室列秩鄉賢祠下左右爲四齋講堂四楹居祠後漢書逸民傳稱先生會稽餘姚人畊於富春釣於嚴瀨年八十終於家今其墓在書院右蓋書院因墓而立以祀先生也登墓道上東望山凹處如吻仰張天日晴朗凹外隱隱見海初余以職在長教奉祠欲即書院齋居訓徒上類咸謂山谷荒寂不可居時老儒趙君埠與圓智長老乘鐵舟善勸掃一室留余有法性寺住持悅白雲者穎慧能文章每訪余聽談易未幾浙東西學者踵至僧舍隘不能容遷姚江北官舍每朔望向晨肩輿赴書院率士子拜謁具饍而退春上丁前期詣祠下行事余每往書院則出郭循

田間小路行十里許有石梁跨溪水溪陰有纍風亭以先生嘗釣遊焉故名循溪緣山有石磡闌三尺而修曲過三里當路有石基方可八丈苔蘚斑斑昔人建亭摘雲山蒼蒼之歌名蒼雲亭又二里石路盡遂登山由土徑崎嶇盤折抵書院陰雨徑輒泥淖或阻潦水行者告病時新用直學潘國寶者年少好學與其二弟咸來從遊以錢五百緡脩贄余拒不受因諷其甃土徑潘生慨然出錢買石隆壤於徑而甃之下接石路上徹院門環舍茂樹尤多楊梅學產歲利供朔望丁祀敎官得祿強半余始視事當癸巳九月二日所與交者前守郭彥達省椽李元中判官程邦民學正劉中可及士人仕者劉彥質鄭學可李文衍楊季常暨其弟元度趙維翰宋無逸維翰君瑋子也文士則鄭元秉趙養直師史王國臣漕史高仲實方外則四明山宮王茅石田餘所識不悉載

怡思書院在四明鄉宋脩職郎孫一元建別有文會之所曰爐溪文社今廢

古靈書院在縣北屯山之陽今廢

上虞月林書院在清風峽是朱子講學之所宋潘時

建

泳澤書院元至正間剏于西溪湖之濱方樞密移金

罍山東以朱文公弭節講學於此立院祠之前橋曰

來學橋歲久廢　明萬曆十二年知縣朱維藩既復

西溪湖併復書院

嵊二戴書院在縣北一里元元禎二年浙東僉事完

顏貞縣尹佘洪建二戴者晉戴安道及其子顒也

淵源堂在東蠡門外宋周瑜建别有細論堂蘊秀軒

同襟館蘭馨室永嘉王十朋居師席台溫秀士多在

館塾

新昌石鼓書院在西石鼓山宋太傅石𡌴之建後廢

明嘉靖中知府洪珠復建宋樓鑰序書堂葛蔓百年聆太傅之絃歌丹竈永成尤轉服仙人之藥餌

紹興府志

之一八

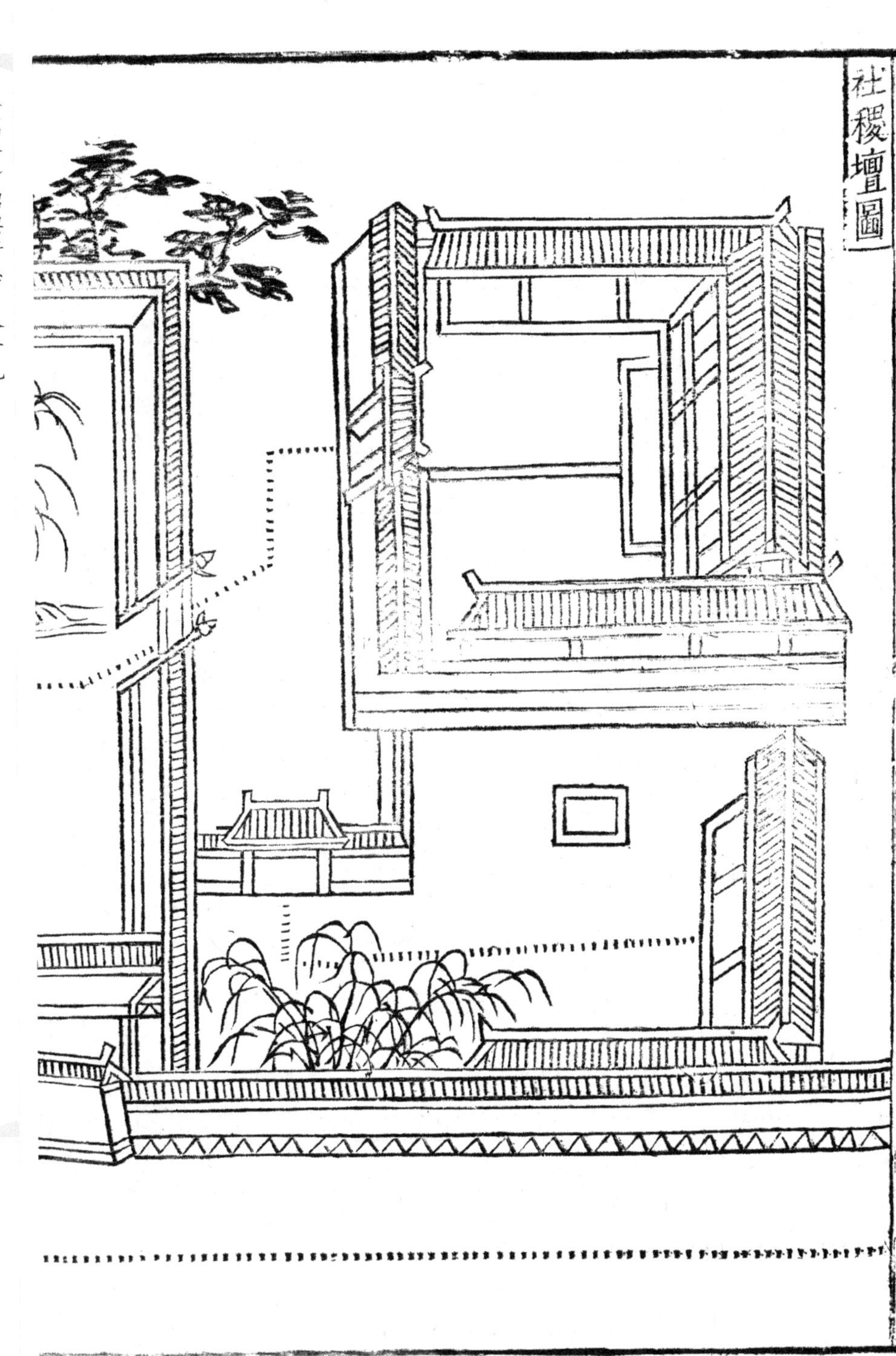
社稷壇圖

風雲雷雨山川壇圖

三十四

會稽山

山川壇

厲壇圖

厲壇

厲祠

宰牲房

昌安鋪

昌安門

城隍廟圖
玄帝殿
雷神殿
文昌祠
城隍廟

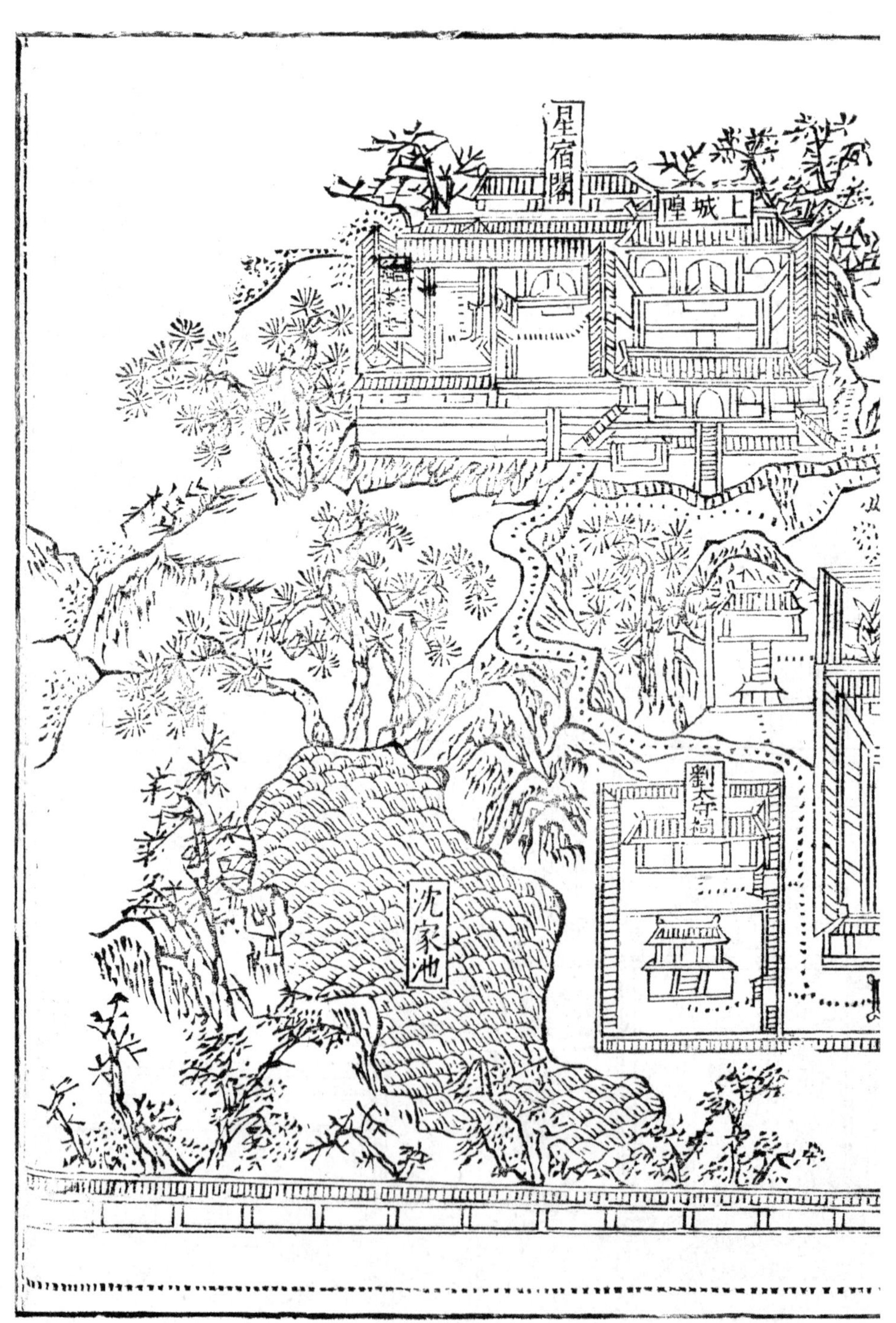
星宿閣
上城隍
劉太守祠
沈家池

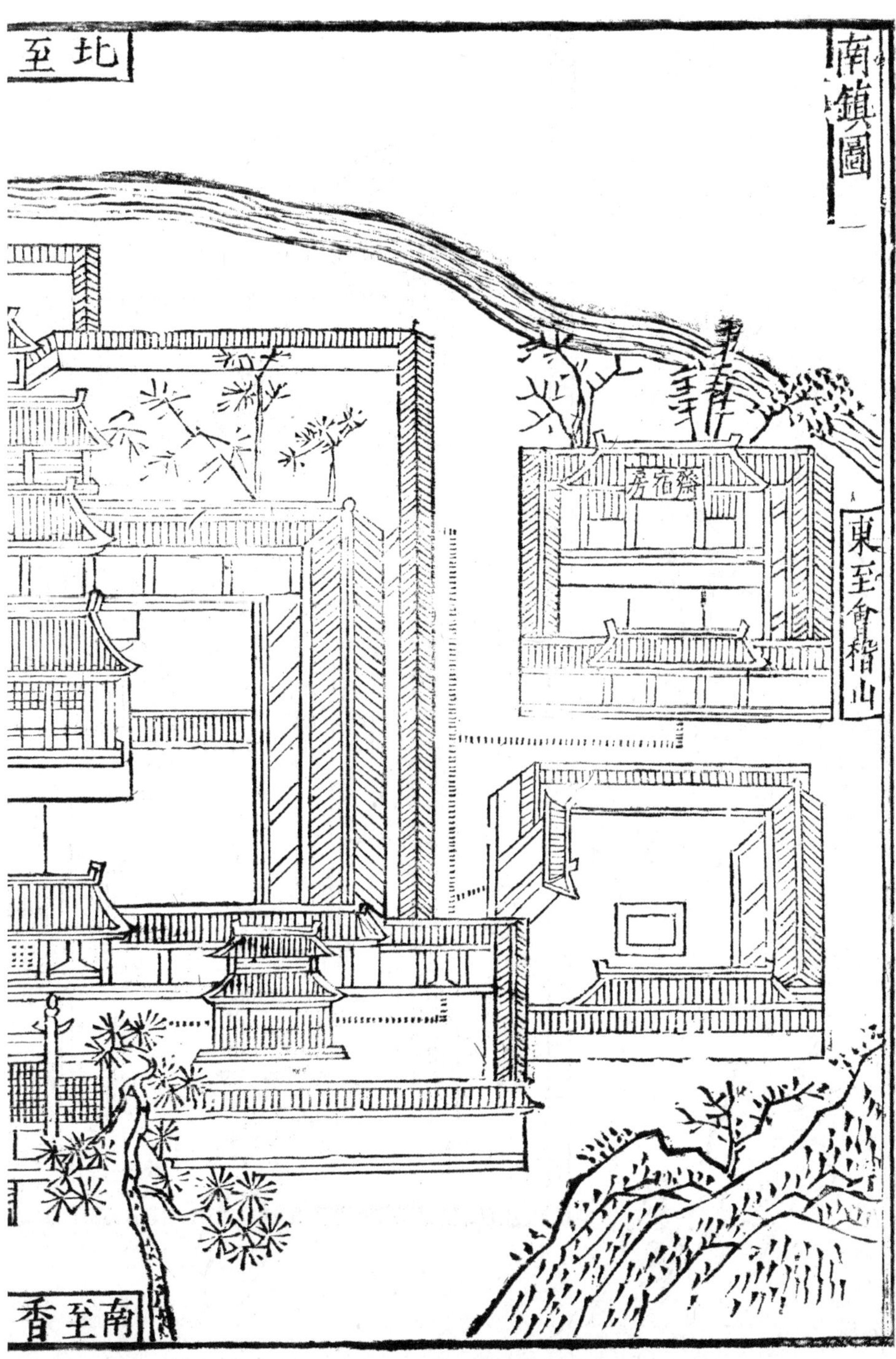
南鎮圖
北至
東至會稽山
南至香
齋宿房

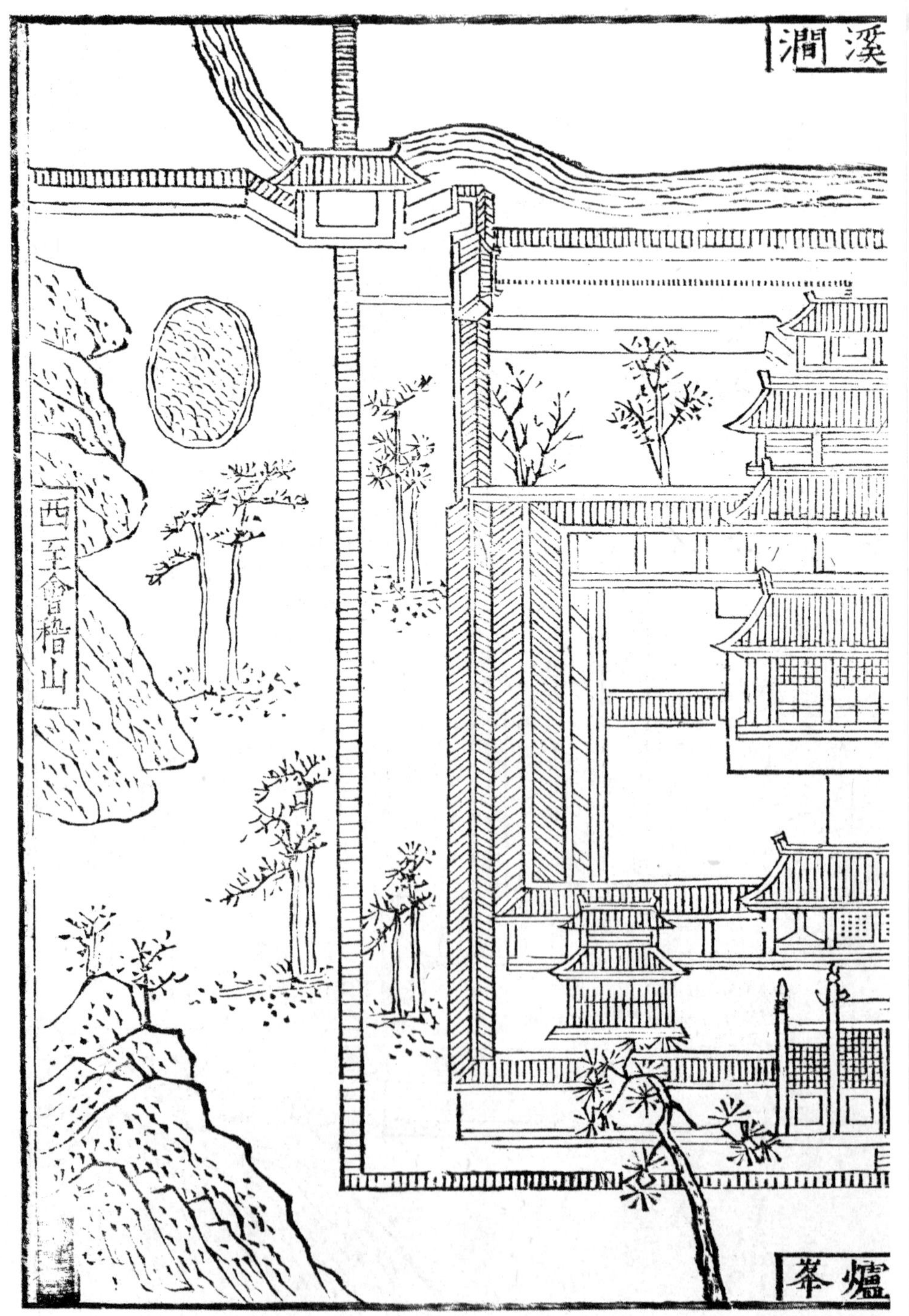
溪澗
西至會稽山
爐峯

[illegible]合祠圖

楮林舖

德惠祠圖

望湖亭

愍孝祠圖

南府

宰牲房

宰牲房

愍孝祠

北大路

弘濟橋

東官

山
忠孝祠
玉泉書院
徵愛祠
南府街
文武忠孝
火神廟
河

王右軍祠圖

昌安門

官房

浴鵝池

蕺山亭
右軍祠
上殿
書院
西方殿
中殿
僧房
戒珠寺
流硯池

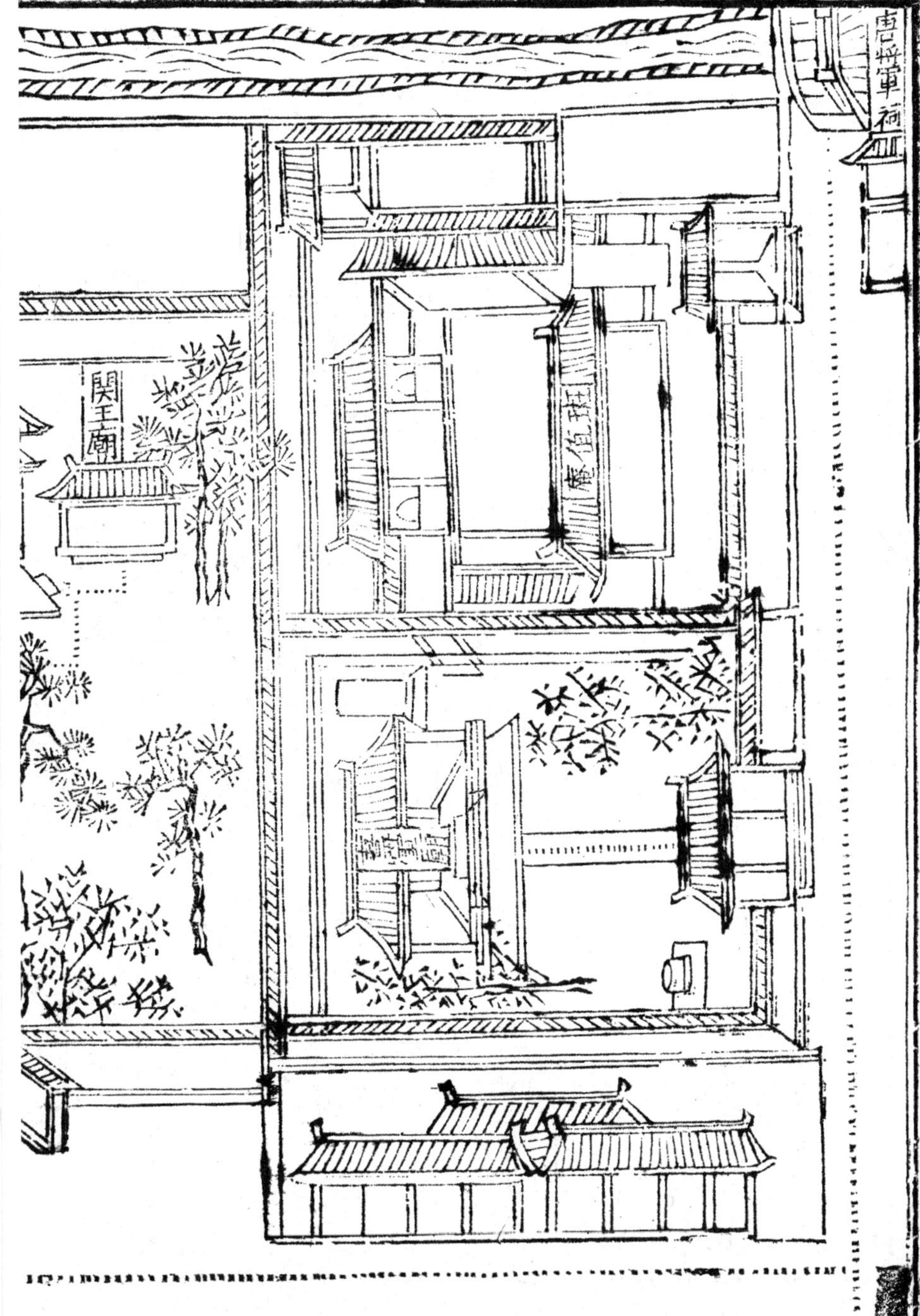
唐將軍祠
關王廟

旗纛廟

劉侯廟圖

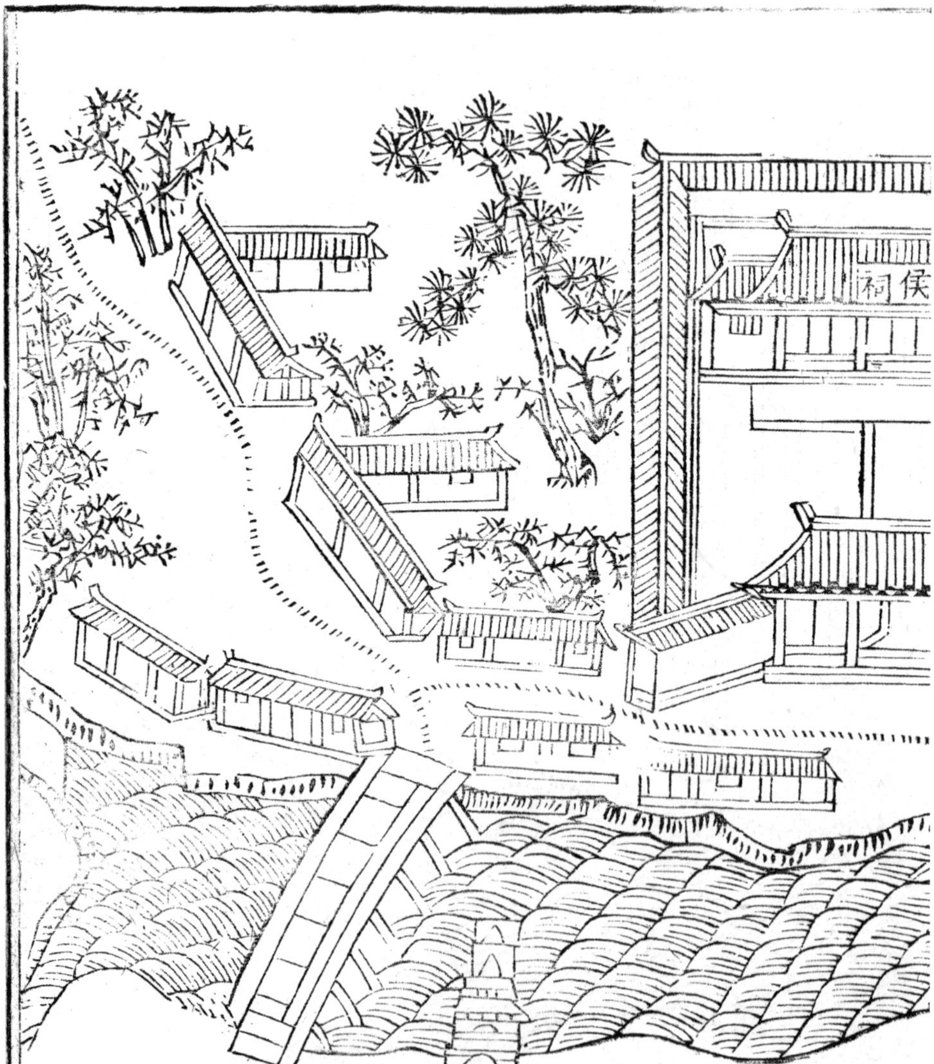

侯祠

紹興府志卷之十九

祠祀志一

壇　廟　祠　堂　亭

【壇】府社稷壇五季以前不可考宋時在城南二百九十步元遷昌安門外今在迎恩門外數百步運河之南山陰會稽之祭附焉其規式儀注則天下郡邑所同不列也地隷山陰

縣社稷壇宋志山陰在柴場坊會稽在禮禋坊今制凡縣附郭者俱陪祀於府壇舊壇廢宋陸游會稽縣重建社壇記古者侯國地之別三爵之等五皆有宗廟社稷奉黜封建置郡守縣令於是古之命祀惟社稷尚存陵夷千

餘載士不知學古吏不知習禮其祀社稷徒以法令從事議封壇壝服器牲幣一切苟且取便於事無所考法宋興文物寖盛自朝廷達于下州蕞邑社稷之祀畧皆復古不幸中更犬戎之亂兵氛南被吳楚中典七十年郡縣之吏往往惟餉軍弭盜簿書訟獄爲急及吏以期告漫應曰如今至期又或移疾弗至雖朝廷所班令式或未嘗一視況三代之舊典禮乎會稽之爲邑實奉陵寢且在安撫使提點刑獄提舉常平治所有將迎造請之役有符檄期會之煩敎使內家及宗室近屬一歲屢至亭傳道路舟車徒役一有不治責在會稽者十居七八故令於祀事尤不遑暇縣社在禮禋坊曰社曰稷曰風師曰雨師曰雷神凡五壇皆廢不治祀則芟舍以爲次凡祀之費一出於吏雨則寓於吳越王祠之門承議郎四明王君時會之來爲令始至周視壇所喟然歎曰幸爲政于此得有人民社稷事孰大於是者乃卽其地爲垣八十丈築室四楹有門以時其啓閉有庫以儲其器物用宋之櫟豊之杉揄故事甃松五十又稽合制度槀秸莞席幣篚樽俎豆籩簠簋勺冪莫不如式粢盛酒醴牲牢莫不共給獻有次祝有位齊有禁省饌食爵奠幣

飲福望燎望瘞有儀祝事各以其日王君祗敬齊栗與其僚從事禮成而退無違者會稽歲比不登及是雨暘時若歲以大豊民歌于塗農抃于野皆曰吾令致力於神神實饗答吾其可忘於是父老子弟相與告予請記其事予曰爲政之道無他知先後緩急之序而已王君設施知所先急如此雖欲不治得乎雖然是朝廷以班郡縣者王君特能舉之爾後來者顧獨不能耶故予詳記始末所以告無窮也慶元二年五月二十日中大夫提舉建寧府武夷山冲佑觀山陰縣開國男食邑三百戶陸游記

蕭山在縣西二里諸暨在縣北三里餘姚在西門外一百五十步上虞在縣西一里嵊在繼錦門外西嶺之上新昌在縣西北一里

風雲雷雨山川城隍壇府祀在會稽山之陰山會附馬蕭山在縣東三里諸暨在縣南四里餘姚舊在江

之南一百五十步今新城内嘉靖三十四年移於新

城南門外一里上虞在縣西南二里嵊在縣南五里

新昌在縣南百步

厲壇及山會共祀者在昌安門外蕭山在縣北一里

諸暨在縣北二里餘姚在武勝門外十步上虞在縣

東北二里嵊在縣北二里新昌在縣東北一里以上

各壇俱有司春秋祭惟新昌厲壇清明中元下元三

祭

里社壇鄉厲壇洪武禮制每里立一所今或存或廢

南知府大吉曰昔予在總角時日從鄉里諸小兒遊

明星皎月之夕夜分歸寢也外戶不閉而牛羊

亦優游以休矣當是時春祈秋報之禮里皆以時而舉焉品物儀文甚侈縟也而人未嘗言貧既而從我先大夫宦遊宛鄧宛鄧之俗猶夫吾鄉也後七年歸至鄉里則見夫閭巷蕭條已非昔日矣既乃登仕版遊四方者又九年再歸鄉里則見夫景象寥落少壯者傑傑然老弱者奴奴然昔日祈報之禮蕩然盡廢里社之壇悉就荒穢而莫之或蹟矣是故三尺之童皆就農務而貧不能免日未及入戶已堅閉而猶致夫寇也回首昔時每撫心一太息焉乃今又分符來守茲土茲土之俗其不如昔時者亦猶夫吾鄉也是故里社鄉厲之壇荒廢過半而莫之有考是又可爲一長太息者也夫守一邑則以一邑爲一家守一郡則以一郡爲一家吾家日就衰頹而吾子弟之貧也乃至是焉惻然而傷惕然而警焦然而思吾不能已於懷矣

廟　府城隍廟舊在卧龍山西南之顛自昔紀載皆云神姓龐諱玉爲越總管惠澤在民既卒郡人追懷之

祠以爲城隍神梁開平二年吳越王錢鏐奏封爲崇福侯宋紹興元年詔以駐蹕會稽踰年妖祲不作賜額顯寧封昭祐公三十年顯仁皇后靈駕渡江無虞加號忠順乾道五年加號孚應八年加號顯惠淳熈三年封忠應王後又加號昭順靈濟孚祐元時增置下殿於山之麓　皇明洪武三年詔去前代封號稱紹興府城隍之神專祀於山麓下其上存爲古勝既馬下廟殿之東有思敬堂今改爲文昌祠其前有凝碧池池上爲石橋上廟前大門下臨絕壁右有星宿閣下有池池之前有堂今爲佛巖右又有會善堂今

易名豁然堂坐攬諸勝爲卧龍山奇絕處萬曆十一年下廟殿災知府蕭良榦重新之視舊加壯麗焉又

府城西三十里柯亭北有城隍行祠按唐書忠義傳神龐堅四世祖也京兆涇陽人魁梧有力明兵法仕隋爲監門直閤李密據洛口寖逼東都王以關中銳兵屬王世充擊之百戰不衂煬帝崩乃率萬騎歸唐時唐室新造諸將起於行伍高祖以王隋之舊臣久宿衛習朝廷制度拜領軍武衛二大將軍俾爲諸將模楷秦王尤所親倚常從征伐薛舉寇涇州扳高墌舉死子仁杲勢益張秦王命梁實營淺水原賊將宗羅睺攻之甚力王於是會擊士卒殊死戰秦王以勁兵擣其背羅睺大敗遂擒仁杲平隴西尋爲越州總管威望甚著盜不敢犯其境武德二年召還巴山獠扳除梁州都督悉討平之仍爲監門大將軍卒太宗爲輟朝贈工部尚書幽州都督[錢鏐記]若夫冥陽共理之規人神相贊之道傳於史冊今昔同符切以浙東地號奧區古之越國當舟車輻湊之會是江湖衝要之津自隋末

移築于壖因遷公署據卧龍之高阜雉堞穹崇對鏡水之清波風煙爽朗緬惟深固宜叶冥扶故唐右衛將軍總管麗君諱玊須握圭符首臨戎政披榛建府吐哺綏民仁施則冬日均和威肅則秋霜布冷堵墻愛戴黔庶謌謡尋而罷軍典嗟餘芳不泯衆情追仰共立嚴祠鎮都雉之岡巒宰軍民之禍福殿堂隆邃儀衛精嚴式修如在之儀仰托儲靈之廕往載釁生劉氏妖起羅平于躬禀曆諶恭行天討數年擐甲兩復越墻皆資貺賚之功以就戡平之業特爲重增儀像嚴潔牲牢邇來四野無塵重門罷柝丁卯歲揚旌東渡巡撫軍民躬奠椒漿目瞻靈像每暢吳風越俗共欲道泰人安昔爲兩鎮之疆今作一家之慶遂馳牋表請降封崇所冀朝恩與漢牧齊標美稱共泰巒對聳尋蒙天澤果賜允俞頒崇福立嘉名昇五等之尊爵其所奉勑命具列如左嗚呼人惟神祐神實人依爰自始建金湯肅陳祠宇奠茲中壘三百年來雖享非馨未登列爵今則值予佐國連統藩維啓吳越之雙封爲東南之盟主况遇金星應籙梁德克昌道既泰於君臣澤遂加於幽顯獲申奏薦遽降徽章今則象軸煥新龍綸遠至表勲名於萬代昭靈感於千

秋固嘗永荷皇私長垂幽贊保我藩宣之地遐清炎沴之源共泰斯民永安吾土烜矣赫矣永作輝華令嘗吳越雙封一王理事亦仗土地陰騭冥力護持神既助令日之光榮予亦報幽靈之煥耀但慮炎凉改易星歲徂遷不記修崇莫源事始聊刊貞珉以示後來

[梁開平敕]鎮東軍墻隍神龐玉前朝名將劇郡良材頃因剖竹之辰實有披榛之績刱修府署綏緝吏民豈獨遺愛在人抑亦垂名終古況錢鏐位隆三鎮功顯十臣能求福而不回致効靈而必應頗加懿號以表冥符宜旌岌業之功用顯優隆之澤宜賜號崇福侯仍付所司

[宋紹興勅]朕展義東南駐蹕都會宮室城郭之必葺殆歲之周氛祲妖孽之弗興繄神之祐是用錫上公之尊爵加二字之榮名不顯其光庸示無窮之報自今以始常儲有美之祥宜特封昭祐公

[明王誼詩]懸崖幾轉路如梯闌楯憑虛俯澗湄高閣逈臨飛鳥上層城半遶卧龍西雲籠疊嶂修蛾偃烟靄遥空匹練低無限夕陽憑遠景重來看我向年題

[謝遷詩]迤邐岡巒隔市塵嵯峨臺殿集高真天低象緯先分曙地接蓬壺獨貯春大府建牙森棨戟仙壇煮石足荆榛潚前多景真奇絕老眼于今又一新

蕭良榦重建城隍廟記 今制郡邑皆有城隍廟云越城隍神者相傳唐厯王鎮越有惠政卒祀以爲神最靈應而其廟枕龍山之麓尤據形勝爲浙東冠嵗甲申九月守者不戒廟胥以燼越之民皇惑奔走若弗克寘厥居也守憂焉圖所以新之吏白工大費鉅當請諸公帑守曰公帑方詘即用之將必取盈焉吾何請爲然則當括諸民財守曰民財方匱吾不欲以煩公而顧忍於剥民乎第興工吾徐計而銖累之耳於是首捐其俸之餘五十金以屬山陰丞市材庀事而以次第營度之蓋十閱月而工告竣前堂後寢庭臺翼然其高廣視舊倍三之一而閎壯堅固遠過之左右爲兩廊前爲重門最前爲大門以堪輿家忌縮八十餘武外爲屛垣堦庵舍咸與維新諸凡煥然備矣僉謂宜有記守惟自昔有國家者莫不以事神治民爲首務我 太祖於守令尤拳拳告戒若曰慢神害民國有常典夫民則吾所治也神道幽遠而並舉之何也易不云乎聖人以神道設教事神亦所以爲民也守之蒞斯土也善者得而賞之不善者得而罰之而陽操其賞罰之權於明維神之相之也善者得而福之不善者得而禍之而陰持其禍福之柄於幽民

之情於其明而可見者常玩而於其幽而不可測者常若有所畏而不敢肆故夫神也者所以濟守之所不及也越俗狡健易玩法顧獨敬事神祠宇櫛比在在處事其於城隍神尤崇祀惟謹蓋猶有懼心焉是亦可與爲善之機君子所爲因民而牖之者其將在斯也茲廟之役所不容已與是役也費凡若干緡出於守之助者十之一出於各邑之助者十之二出於民之助者十之一出於守之所注措者十之六其工則罰諸遊民之不事生業者其所注措則取諸滑民之麗於法而不可解者使之自結於神而動其遷善改過之念亦所以因以爲教也郡與事者爲同知桂林張君廷熙通判桂林徐君雱史君著勳推官沔陽陳君汝璧邑同事者山陰知縣張君鶴鳴會稽知縣曹君纘孝督工則山陰丞鄭日輝耆民薛部陳縉王元春俞紀爲守而紀其事者宛陵蕭良榦也

縣城隍廟山陰舊在縣東五步靈承坊久廢嘉靖二十一年知府張明道知縣許東望新建於太淸宮側

與鎮東閣對會稽在縣東二十餘步按城隍神者以城及隍而立今兩京有都城隍廟其府若縣不聞別有祀也山會二縣既係附郭則與府同一城隍乃復有此二廟所不可曉蕭山在縣南一百五十步諸暨在城西北隅餘姚舊在縣西二百步許宋末移今處在縣東北可二十步上虞在縣東一百步剡自後漢嵊在縣西五十步神舊稱陳長官新昌在縣西一百步蕭山新昌宋時俱祀崇福侯盦即府城隍神也後乃改立今廟云

先師廟九在府縣學有司春秋祭

府城内崇善王廟在卧龍山西麓

火神廟在寶珠橋側嘉靖四十四年府城多火災知

楊兆建又一在會稽縣東

鮑府君廟舊在陽堂山輿地志鮑郎名蓋後漢鄮人爲縣吏縣嘗俾捧牒入京留家酣飲踰月不行縣方詰責之而得報章果上審究實然既死葬三十年忽夢謂妻曰吾當更生盍開吾塚妻疑不信再夢如初乃發棺其尸儼然如生第無氣息耳冥器完潔若日用者冢之四旁燈然不滅膏亦不銷郡人聚觀咸神怪之立祠以祀號永泰王嘉靖十六年知府湯紹恩改建於能仁寺西

都土地廟在如坻倉東又一在戒珠寺前

龍口廟在鎮東閣側

祠山大帝廟在府橋東神張姓名勃漢神雀中人禮斗橫山有禦災捍患功或云佐禹治水有功其賽禱盛於廣德州常以二九月降至日必風雨有請客風送客雨之說不知何時流行於越以上隸山陰

紹興衛旗纛廟洪武初征南副將軍廖永忠建在衛西南隅後民人錢阿金移於會稽縣東南法濟里臨山衛則在衛西北八字橋側觀海衛在後堂東俱衛官以霜降日祭

徐相公廟在會稽縣學西弘治中有老人自禹廟歸

言遇神事甚異知縣陳堯淵爲立碑於廟而神少時嘗役於獄獄亦祀神

明徐渭碑神姓徐名能佛世鳳陽人宋端平三年三月十三日生當父官會稽學時嘗從道上拾鷄外腋之得白鷄以聞莫有敵者父母憎其俠遂去家爲縣獄長未幾改行讀書歸事其父母以孝聞發而爲神至動人主咸淳三年詔封神白衣頂聖人

明人爭奉之天順成化間再拓其居於故所稱學西閘鷄塲所至弘治初乃有沈潤王世威事潤曰我嘗夜半膠舟淺水鬼火熒遶忽失楫我迷怖號神忽聞空鷄遂獲楫以歸世威曰我爲老人隨祭南鎮夜歸忽一白衣告虎至已而果赤虎至我怖不能號白衣詫虎虎云翼我以歸及别問爲誰曰老夫會稽學西徐姓者也於是益趨信始請鄉先生陸建寧記於石而獄有衆以祠神神之蹟顧漫不知也其繫之六年始删次建寧記復碑於此而舉其義曰今世之祠神者因以神神也顧問其所以神神者何則徒知口不神神胡獲封於人主又安能振二男子於鬼窟虎口中以余按建寧記神之得爲神與其得封直云相傳耳而二男子事亦僅

出其口有無不足據又烏足以證神之神不神哉獨鬪鷄有塲則直非無據者鬪鷄而出於烑腋烑腋而從直道上無故獲之此則真神者事耳意當其時用愽用獄以自擲弄必有詭呼東縱於鬪塲中絕奇特異可以動天而宰幽者端平咸淳終神之世僅三十年正南渡時宜典籍之不備也今獄既祠神不宜絕無所識又不宜以無據者充也故余取於神烑而腋且捨者以存信

金家廟在府學東以上隸會稽

山陰大禹廟在塗山南麓宋元以來咸祀禹於此國朝始即會稽山陵廟致祭茲廟遂廢又一在三江廵檢司北一在餘姚東山宋王十朋詩蠡甘英雄吞四海血祀初期千萬載稽山木像棄長江逆遡波濤鬼其餒鳥啄辛勤十九年平湖覇越世稱賢故國無人念遺烈山間廟貌何凄然馬守開湖湖利源迴歲沃黃雲九千頃年來遺跡半湮蕪廟鎻湖邊篆煙冷吳越國王三節還盡將錦繡

褭江山自從王氣息牛斗廟比昭王星一間廼知流光由德厚祀典誰能如夏后九年洪水滔天流下民昏墊堯心憂帝懼萬國生魚頭錫禹洪範定九州功成執玉朝冕旒奔走訟獄歸歌謳有塗會稽覲諸侯書藏甓穴千丈幽蟬蛻壟冢不肯留千古靈廟依松楸吾皇盛德與禹侔菲食卑宮惡衣裳思禹舊績祀事修小臣效職躬薦羞仰瞻黼冕懷遠猷退惜分陰慙惰偷嗟乎越山高兮可堙而疇惟有禹貢聲名長不朽告成世禮無時休禹廟詩甚多茲詩似詠茲廟者故附焉餘俱載禹陵廟下

朱太守廟在昌安門外文應橋西漢太守朱買臣守郡有破甌越閩境土之功民立廟祀之

梅福廟在梅里尖之麓久廢嘉靖間知府張明道即梅山寺立像祀之

唐張喬詩二首

梅真從羽化萬古是須臾此地名空在西山雲亦孤井痕平野水壇級上春蕪縱有雙飛鶴多年松已枯

又

一自白雲去千秋壇月明我來思往事誰更得長

生雅韻磬鍾遠真風梅殿清
今來爲尉者天下有仙名

靈惠侯廟在秦望山之麓

㭬姑廟在府城西十里胡桑埭之東前臨鑑湖蓋湖山勝絶處也宋陸游詩客路風塵化素衣閑愁冉冉鬢成絲平生不負月明處神女廟前聞竹枝明王埜詩㭬姑廟前楊㭬青㭬姑廟下春水生漁郎放舟入湖去斜日短歌無限情

靈玏侯廟在錢清鎮

葛玄廟在靈芝鄉大葛村

昭澤侯廟在府城西南七十里溫泉鄉神姓朱富陽巨族生有神靈成化間溫泉鄉多虎患因建

謝尚書廟在府城西南三十五里離渚埠

虞山廟在府城西七十里夏履橋

項羽廟在項里溪上

景氏廟在府城西九里三山之東山石堰上又有一景氏廟在縣西七里吉宅村俚俗傳以爲二景本伯仲死而爲神能福其民故至今四時祀之吉宅之景氏廟叢木陰翳居大澤中四絕不通或云舊毋爲立廟輙爲菑故至今但露祭而已

會稽南鎮廟在會稽山之陰周禮職方氏楊州之鎮山曰會稽秦倂天下以會稽山爲名山祭用牲犢圭璧晉成帝咸和八年會稽山從祀北郊北齊祀地祇

以方澤其神則會稽鎮諸山隋開皇十四年詔就山立祀且命其旁巫一人主洒掃多蒔松栢于祠下唐天寶十年封永興公歲以南郊迎氣之日祭宋乾德六年以會稽在吳越國乃下其國行祭事淳化二年從秘書少監李至言以立夏日祀南鎮會稽山永興公於越州後加永濟王元大德二年改封昭德順應王　皇明洪武三年詔去前代所封爵號止稱會稽山之神每三歲一傳制遣道士齎香帛致祭登極則遣官告祭災眚則以祈禱祭每歲則有司以春秋二仲月祭後禹陵一日田一百二十九畝七分三毫地

六十四畝一釐陸毫山三百三十二畝六分五釐二毫總之凡五百一十六畝四分二釐

皇明勑祀記

洪武二年命某官張本致祭本作記曰洪武二年春正月群臣來朝皇帝若曰朕自起義臨濠率衆渡江宅于金陵每獲城池必祭其境内山川冋敢或怠邇者命將出師中原抵平嶽瀆海鎮悉在封域朕托　天地宗祖之靈武功之成雖藉人力然山川之神實默相予況自古帝王之有天下莫不祀秩尊崇朕曷敢違於是親選敦朴廉潔之臣賜以衣冠俾齋沐端蕆以俟遂以正月十五日受祝幣而遣焉臣本承詔將事惟謹正月二十八日祭于祠下威靈歆格祀事孔明礱石鐫文用垂悠久惟神豐隆磅礴靜主炎方典禮詎崇綱維斯在尚期保安境土而福澤生民是我　聖天子之望于神明者而亦神明祚我邦家之靈驗也臣張本記

三年詔

自有元失馭群英鬨沸土宇分裂聲教不同朕奮起布衣以安民為念訓將練兵平定華夷大統以正永惟為治之道必本於禮考諸祀典知五嶽五鎮四海四瀆之封起自唐世崇名美號歷代有加

在朕思之則有不然夫嶽鎮海瀆皆高山廣水自天地開闢以至于今英靈之氣萃而爲神必皆受命于上帝幽微莫測豈國家封號之所可加瀆禮不經莫此爲甚至如忠臣烈士雖可加以封號亦惟當時爲宜夫禮所以明神人正名分不可以僭差今命依古定制凡嶽鎮海瀆並去其前代所封名號止以山水本名稱其神郡縣城隍神號一體改正歷代忠臣烈士亦依當時初封以爲實號後世溢美之稱皆與革去其孔子明先王之要道爲天下師以濟後世非有功於一方一時者可比所有封爵宜仍其舊庶幾神人之際名正言順於理爲當用稱朕以禮祀神之意故兹詔示咸使聞之

登極祭文　洪武四年　皇帝御名遣臣致祭于南鎮會稽山之神惟神表正南土奠安民物參贊之功國有賴焉兹于嗣位之初特用祭告神其歆格尚饗

宣德元年　惟神毓秀鍾靈鎮兹南土奠安之功民物允賴兹予復正大統祗嚴祀典惟神歆格永祐家邦尚饗

正統元年　惟神奠兹南土民物育生允賴神化予嗣承太統祗嚴祀禮惟神歆格永祐群生尚饗景泰文同

成化元年　惟神功參造化永鎮南土奠安民物萬世永賴兹承大統謹用祭告神

其歆鑒佑我國家尚饗弘治正德嘉靖元年文並同

災眚祈禱文宣德十年予新嗣祖宗大位統理下民夙夜惓惓養民爲務尚祈神靈陰隆助相雨暘時順災沴不生百穀用成民用康濟國家清泰永賴神休謹以香帛達于至誠惟神鑒格尚饗正統二年朕祗御十民永懷保惜百穀長育惟茲厥時願冀明靈時隆敷佑無災無沴時雨時暘作歲豐穰以穀黎庶尚饗正統九年予奉天育民愧涼于德致茲久旱災及群生夙夜省愆中心惓切神司方鎮憂憫訢同雨農以時宜任其責特茲祭禱尚冀感通弘布甘霖用蘇豐稔匪予之惠時乃尚饗正統十年國家崇重方鎮嶽歲嚴秩祀所期默運神化庇祐生民邇者浙江台州寧波紹興府縣沴氣爲災時疫大作死者相枕病者無已聞之惻然深咎於衷惟神表奠茲土民所倚賴觀茲災沴能不究心茲特遣官賫香帛以告于神尚冀體上帝好生之心鑒朕憫元元之意弘闡威靈禦災捍患民物獲生全之福神亦享無窮之祀尚饗景泰六年恭承大命重付耿躬民社所依災祥攸係志在內省政毋外華或寒燠愆期或雨暘踰度田疇失利麥穀不登憂切民心妨及國計水旱疾疫疊見此

方饑饉流亡殍殣累歲究推所自良有在茲因咎致
災固朕躬罔避而轉殃爲福功孰與鈞特用懇懇祈幸
副懸望謹告成化十三年國家敬奉神明聿嚴祠祀
所期黙運化機庇祐民庶乃近歲以來或天時不順
地道不寧或雷電失常雨暘愆候或妖孽間作疫癘
交行遠近人民頻遭饑饉流離困苦痛何可言邇者
山陰又有雨血之類惕然於衷罔知攸措惟神奠鎮
一方民所恃賴覩此災沴能不究心是用特具香帛
遣官祭告尚冀體上帝好生之心鑒予憂憫元元之
意斡旋造化弘闡威靈捍災禦患變禍爲福庶幾民
生獲遂享報無窮惟神鑒之謹告成化二十年朕承
祖宗大統餘二十年而於奉神子民之道未嘗敢忽
何去年至冬雨雪全無方今春首京師地震廷麥無
收成之望士民懷艱窘之憂惟神育秀鍾靈表鎮南
土覩此災沴能無究心今特遣人敬賫香帛虔告于
神尚期黙運神機參贊化育俾陰陽順序風雨以時
坤維寧靜黎庶安康神之享祀亦無窮矣尚饗弘治
六年伏自去冬無雪今春少雨四禾未能插種黎庶
實切憂惶予甚兢惕因自側身修省虔致祈禱惟神
矜憫下民斡旋大旱造沛甘澤以滋禾稼以濟民艱

庇我有豐稔之休神亦享無窮之報謹告〔正德六年去歲以來寧夏作孽命官致討逆黨就擒内變肅淸中外底定匪承洪祐曷克臻兹因循至今未申告謝屬者四方多事水旱相仍饑莩載塗人民困苦盗賊嘯聚剿捕未平循省咎由良深兢惕伏望神慈照鑒幽贊化機災沴潛消休祥協應佑我家國永庇生民

謹

告

虞舜廟在府城東南七十里太平鄉舜山之陽述異記會稽山有虞舜巡守臺下有望陵祠又一在餘姚歷山一在上虞百官市一在梁湖堰北稱爲行宫〔宋陸游詩〕雲斷蒼梧竟不歸江邊古廟鎖朱扉山川不爲興亡改風月應憐感慨非孤枕有時鶯喚夢斜風無賴客添衣千年回首消磨盡輸與漁舟送落暉

鄭太尉廟在樵風涇〔宋華鎮詩有序〕鄭相起樵風用郡守第五倫之薦致位三公與

倫並列可謂盛矣祠宇之下至今猶有風朝南暮北鳴玉鏘金漢上公當年榮與舊君同故山廟食千秋後來徃猶秉旦暮風

馬太守廟在府城南二里太守名臻築鏡湖遺利於越唐開元中刺史張楚始立祠湖旁元和九年觀察使孟簡復恢大之一在廣陵陡門隸山陰宋王十朋詩會稽疏鑒自東都太守功從禹後無能使越人懷舊德至今廟食賀家湖徐天祐詩澄湖昔在鏡中行總是當時畚揷成莫訝靈祠荒蘚合煙波萬頃已春耕

曹娥廟初屬上虞後改隸會稽在府城東九十二里漢元嘉元年上虞長度尚爲石碑屬魏朗作碑文久之未就時尚弟子邯鄲淳年二十聰明才贍而未知名乃令作之揮筆輒就碑曰孝女曹娥者上虞曹盱之女也其先與周同祖末胄荒落爰兹適居盱能撫

節按歌婆娑樂神以漢安二年五月迎伍君逆濤而上爲水所淹不得其屍時娥年十四號慕思盱哀吟澤畔旬有七日遂投江死經五日抱父屍出以漢安迄于元嘉元年青龍辛卯莫之有表度尚設祭以誄之詞曰伊惟孝女曄曄之姿偏其反而令色孔儀窈窕淑女巧笑倩兮宜其室家在洽之陽大禮未施嗟喪慈父彼蒼伊何無父孰怙訴神告哀赴江永號視死如歸是以眇然輕絕投入沙泥翩翩孝女載沉載浮或在洲渚或在中流或趨湍瀨或逐波濤千夫失聲悼痛萬餘觀者塡道雲集路衢泣淚掩涕驚動國都是以哀姜哭市杞崩城隅或有剋面引鏡剺耳用刀坐臺待水抱樹而燒於乎孝女德茂此儔何者大國防禮自修豈况庶賤露屋草茅不扶自直不斲自雕越梁過宋比之有殊哀此貞厲千載不渝於乎哀哉亂曰名勒金石質之乾坤歲數歷祀立廟起墳光于后土顯昭夫人生賤死貴利之義門何悵華落飄零早分葩艷窈窕永世配神若堯二女爲湘夫人自效髣髴以昭後昆朗至尚以示之朗大嘆服蔡邕聞之來觀值夜以手摸其文而讀之題曰黃卷幼婦外孫虀舂又曰三百年後碑當墮欲墮不墮遇王叵復

魏武帝見之謂楊修曰解否曰已解曰卿未可言試我思之行三十里而喻乃令修解之修曰黄卷色絲也幼婦少女也外孫女之子也虀舂受辛也蓋曰絕妙好辭帝曰吾亦意此但有智無智較三十里碑有王右軍所書小字新定吳茂先嘗刻於廟中後爲好事者持去宋熙寧十年著在祀典大觀四年封靈孝夫人政和五年高麗人來貢借潮而應加封昭順淳熙中皇子魏王判明州亦借潮而應淳祐六年復加封純懿且封其父爲和應侯毋爲慶善夫人墓在廟旁其上雙檜甚古前有亭扁曰雙檜後毀於風嘉定十七年郡守汪綱復建亭且疊石廟前爲堤七十丈又建娥父曹旴君及朱娥祠娥亦上虞人事見人物志俗呼爲救婆廟建熙十年會

稽令董稽以娥配享曹娥共一廟有司春秋祭 明
興因之不改嘉靖四年知府南大吉廓之以合郡烈
女從祀于東西兩廡 宋政和告詞 勑越州上虞縣靈
水求父視死如歸精貫金石人稱至今麗人來享有
禱視下義能體國響應甚明王人有言肆加封號仍
葺廟宇用嘉忠勤嗟爾有靈稱兹休顯可特封靈孝
昭順夫人 潘閬詩 曹娥廟前秋草平曹娥廟裏秋月
明扁舟一夜烟無寐近聽江聲似哭聲 淅助詩 一川
紅日漲晴波黃絹碑文漫碧蘿不止但爭三十里曹
瞞元不識曹娥 王十朋詩 慟哭無尋處長江竟得屍
風高列女傳名重外孫碑荒草沒孤塚洪濤春古祠
懷沙爲誰死翻媿是男兒 元胡楷詩 盡識曹娥孝當
知度尚賢廟庭增舊築文字已新鐫朱范誠宜配王
樓許共傳江山送行客靈爽定依然 韓性歌 承荃橈
兮桂舟弭靈旗兮中流望四山兮何所挾朝陽兮上
浮王笄兮瓊珮馭青蛇兮雲之外采杜若兮江皐芳
菲菲兮未沫渾不極兮海門餞夕景兮江濆吹參差

兮屢舞馳王軑兮繽紛雷填填兮拊鼓檜陰陰兮靈雨波溯溯兮安流神樂康兮終古

楊維楨辭

昔湘纍之狥國兮甘以死而傷生身雖殞而心不懲兮同楚埜爲國殞夫何娥之耿軀兮亦前修之允蹈彼忘死以爲貞兮茲捐軀以爲孝惟娥之烈烈兮曾稚年之末笄當吾父之啻泅兮昔婆娑以戲陽侯忽其不亡兮哀層波之墊溺娥呱呱以哀鳴兮旬七日而罔食扣龍之宮不得其屍兮化精衛而莫爲力儼見父於重淵兮奮輕身於踊躍於乎惟仁足以殘肌兮剛足以固志誠足以開金石兮孝足以動天地風濤爲之折裂兮蛟鼉爲之四奔抱父屍以卬出兮儼膚髮之猶存謼江頭之長老兮泣孤舟之過客抱遺骸以致告兮稟鮑生之刻木嬙完父於傷摭兮婧代父於醉津緹縈氏之上言兮除肉刑於特恩曰予中人之可企兮匪拔俗而絕倫嗟娥之爲教兮習絺葛以爲紅豈師傅之夙詔兮誦烈女之遺風惟純誠之天出兮奮百代而獨立宜廟貌之永存兮表雙阡於江邑迨元嘉之元祀兮得賢長於八厨屬邯鄲以秉筆兮樹穹石於龜趺追古雅以述作兮比西京以莫踰捃石塋之旌語兮信賛美其非譽夫何後宗人之孟德兮

過靈祠以駐馬摩道傍之殘碑兮感外孫與幼婦三十里之較智兮曾何足以爲師咏綱常之大節兮絜長短之廋辭彼小兒之舐犢兮又何尤於德祖酌大江以爲酒兮攬江花以爲脯此英英之孝娥兮及皇皇之墉甫彼主將其可奪兮勁吾秉其莫禦願激清流于東江兮洗遺污於鄰土嗚呼銅雀麋鹿兮西陵狐鼠耿孝魂之長存兮照江月於千古　明楊基詩孝娥有廟臨江側我一登臨倍感傷舊卷尚存唐翰墨斷碑猶刻漢文章日移檜影當階落風捲濤聲入座涼黄絹只今遺古跡令人翻憶蔡中郎

江東廟在府城東北三里神石姓諱固秦時贑人廟于贑江之東漢陳嬰討南越神以捷報此廟祀之始越有廟不知自何時宋賜額曰嘉濟又一在諸暨縣東

孔府君廟在府城南二十五里又稱孔郎廟晉孔愉

也世說孔車騎少有嘉遁意常獨寢高歌自箴誨自稱孔郎遊散名山百姓謂有道術爲生立廟今猶有孔郎廟舊志又云愉隱新安山中改姓孫氏以稼穡爲事信著鄉里後忽舍去皆謂爲神人又一在故宅畔

陳朝公主廟在府城東八十五里

嚴司徒廟在府城東三十五里陶家堰相傳云漢司徒助也按嚴助未嘗爲司徒似誤

興善將軍廟在縣東四十里白塔吳越忠懿王建

的耳潭龍王廟在府城東北十里

防風廟在府城東北二十里馬山相傳禹戮防風氏於會稽其後越築城得專車之骨徙葬於此

樊將軍廟在府城東三十里

青山廟舊名伏虎大王廟在青山下今遷攢宫神路側

顯應廟在攢宫 明李本記 按祭法法施於民則祀之以死勤事則祀之以勞定國則祀之能禦大菑捍大患則祀之非此族也不在祀典祀典不載謂之淫祠然山谷倜夫食貧守正後已急人義孚鄉里雖名姓不登於史冊行能不表於有司而生爲善士死爲明神民有禱祈無不嚮應此其平生正氣凛凛如存而鄉人追思安得不歳時崇祀耶况後世鄉社禮廢鄉先生無復有没而配祭者則其不壇而廟豈非義起之禮哉先王以此教民敬畏亦必順其俗而不拂其情矣會稽上亭鄉上許里爲攢宫攢

宫之西踰泰寧橋爲湯箎山舊有郭太尉廟于祖世家攅宫少時族里中故老猶有存者嘗詢得其由矣公諱紹以行稱紹一父顯本陰牛頭山人贅攅宫包翁之女生公及震而包無後遂以震承包宗震生子夏公無子復以夏爲嗣後亦尋絶公生于元至元六年四月八日卒于永樂二年七月二十七日享年六十葬永陵宫基之側後以地在禁内遷於今所即公所居包氏舊址也公性質直有義氣鄉閭有急每以身先之不求其報家貧以樵爲生毫髮不苟取每至深山窮谷穿虎豹之群而無恐怖或遍歷二十四岡時憇息焉輒夢與神會既覺質所見聞無不符合及卒常依人言禍福歷歷皆有明徵鄉人異之故水旱疾疫必致禱焉禱即有應正統間鄧茂七之反沙尤也浙帥蕭公華領杭越諸郡兵從往征討師次虫巘間水絶公至自言報效日汲供炊軍無告渴問其名則曰我攅宫郭紹一也及事平歸詢始知爲神蕭乃移檄紹興欲爲奏請加封號事不果行民間聞之則皆謟傳公已勅封矣争先踴躍立廟而太尉者古掌兵之職也神具有威靈因僉尊稱爲郭太尉云然太尉尊官自秦漢及元皆列于三公非庶人所得僭稱

者況矯假以爲勑封乎以故仕於上者率指爲淫祠
衆欲按狄梁公故事時則或假夢以曜靈或驅虎以驚
衆父老具言其神異廟因得不發嘉靖丙午之冬士
人欲新公廟而予適至謂勑封太尉之稱於禮非宜
乃議易爲佑民顯應之廟鄉人士相率請卜於公公
告之吉可以見其心安於正矣夫公一鄉之耆士也
禦災捍患之功雖未能及天下而一鄉藉患賴公捍
禦寔多宜鄉人之不忘報祀也況其神未盡則其廟
宜存此理之不可誣者故予備述公之行實與夫立
廟之由而繫之詩曰會稽之東爰有措宮靈氣所鍾
寔生郭公郭公之生其心正直朝樵暮歸惟以食力
義先人急不私其身人亦有言直者爲神凡民所憂
水旱疾疫有禱於神立昭禍福或顯於迹或降于言
厥靈孔應民以弗諼祭則萃人廟則依基雖無子孫
廢幾
永慕

蕭山寧濟廟在西興鎮浙江潮神也宋政和二年賜
今額六年高麗入貢而潮不應有司請禱潮即大至

詔封順應侯淳熙末高宗靈駕來太守張杓躬視漲沙沿御舟入浦處盡護以紅竹詣朝方集萬夫迨潮落沙巳蕩盡水去所揷之竹纔尺許及虞祭畢沙復漲塞先是巳加武濟公於是又加忠應翊順靈祐公慶元四年賜爵孚祐王有司以八月十五日祭

護堤侯廟在縣東北十里之長山縣志曰宋時建不詳其年神爲張行六五漕運官也咸淳間賜額祈禱甚應尤有功於海堤或云神蓋諱夏宋景祐中浙江塘壞神時爲工部郎中受命護堤置捍江五指揮各率兵士四百人採石修塘隨損隨築人賴以安郡人

爲之立祠朝廷嘉其功封寧夏侯二說微不同然觀廟額護堤字謂工部近是五六者其行第乎俗謂之長山廟又云張老相公廟有司春秋祭後又別建廟於新林鋪之北謂之行宮今有司即祭於其所又一廟在山陰三江閘上稱英濟侯王廟不知何代所錫封號其他沿水要害處各立有廟府城中諸坊里民私糾亦甚多士人競爲戲劇以賽神殆無虛夕云神蓋好觀戲製籖投筊以命戲目有疾病災患則以戲劵於神祈福祐謂之戲文願有司屢禁之不能止也

西殿寧邦保慶王廟在縣西三十五里隋大業中有

孔大夫者爲陳杲仁裨將討東陽賊婁世幹降之立廟黄山唐光化二年錢王鏐上其事封惠人侯後加今額

南殿保國資化威勝王廟在縣南五十里漢乾祐元年吳越王建

武佑廟在北幹山舊號北嶺將軍廟宋方臘陷錢塘欲東犯會稽其衆見將軍擐金甲陳兵於西興江岸張大旗有北嶺字遂不敢渡郡守劉公韐上其事賜今額輟耕録至正丙申大旱方士陳希微禱雨于廟祭日俄降筆云吾秦人厲狄也與項羽起山陰雖功

不竟而死然有德於民父老不忘我俾血食於此世代雲變湮我姓名故以相告至今人遂呼爲厲將軍廟

白龍王廟在航烏山宋紹興中建

社頭廟在昭明鄉明張經記廟代祀陳氏歷年逈求莫原其由始然以神之像服驗之弗越乎唐宋之世其王號諂媚妄賫意皆出于巫祝之爲因循已久卒不可革適貽神羞非所謂尊崇也考之鄉鄰別里神兄弟四人伯氏廟于崇化之黃郇仲氏廟于崇化社壇里其叔氏季氏則廟食於斯惠澤之孚於所祀之地而致報享者雖失傳聞其如在之耿靈係民之祈仰亦足以昭神之貺矣昔里有鄉叟戴姓誠之者剏建斯宇于元至大間一時經營之需俱出已有又南築水閘于徐家壩以防旱澇西造石梁于道源里以濟徒涉鄉民懷之歲時侑享于神焉

諸暨范相廟在縣東南五里祀越相范蠡

文應廟在陶朱鄉之松山祀漢朱買臣

孟子廟在縣西三十里夫槩鄉說者曰南宋初有孟載者孟子四十七世孫扈從渡江封爵諸暨流寓夫槩鄉因家焉嘉定中建孟子廟肖像其中　明萬曆四年知縣陳正誼新之

秦始皇廟在縣西一里會稽記云始皇崩邑人刻木爲像祀之配食夏禹後漢大守王朗棄其像江中像乃泝流而上人以爲異後立廟唐葉天師焚之開元十九年縣尉吳勵之再建宋慶曆五年知縣寇中舍

毀之改作廻車院今院側仍有小廟存

烏帶廟在縣東北四十五里烏帶山夏侯曾先地志云梁武帝遣烏笪採石英於此山而卒後人立廟帶笪之誤也

俞柳仙判官廟在縣東南孝義鄉父老傳有姓俞者久寓村媼家病革語媼曰死以兩大甕合以葬我扛折則窆之鄉人如其說復夢俞曰今爲天曹雨雪部判官會野火且至烈日中雨雪冢上遠近異之即其地立祠宋紹興初久旱迎神至大雄寺禱雨立應歲以大稔相傳神喜柳枝邑人致禱必持柳枝以獻因號

栤仙云

栤鮑仙姑廟在縣東南孝義鄉廟召貢山帶溪景趣勝絕丈老以溪聲高下卜雨暘甚驗人皆異之

餘姚緒山廟在龍泉山［宋李泳記］祀典始於東晉咸康中本朝崇寧間徽廟一夕夢禁中火有神人撲滅已而致恭曰臣越之餘姚緒山神也黎明有司不謹炊及内庭得暴雨乃已上驚異有旨下本道捜求靈跡究然邑上其事勅加咸康應感彦之號宣和方臘之叛二浙搖動綠林數千起剡中推致鄰將及境人情洶洶有異雲截道若不可進衆覩雲中儼神兵幟可駭皆號踉遁去

東嶽廟在大黃山宋政和四年通直郎顧復幾捨址知縣廖天覺建建炎間燬市舶使史應炎捨今址復建嶽廟在郡中各邑往往有之而餘姚獨盛春二三

月間每初昏無風雨時遠望有火光數點自廟中出燦爛如星已而跨江南北散漫數十百點若飛若墜參差不定久之至夜分漸隱隱向白山沒謂之神燈如此者幾一月俗謬傳三月既望爲嶽神誕辰此其下降之徵殆近誕然神燈則實有殊不得所以於是時禱謁紛紛輷動遠近有自數十里外且行且拜望廟門則拜愈數入至神坐前極其虔禮乃去鄉村婦女皆出絡繹不絶一邑殆空豪貴因之爲縱遊彩鷁蔽於江

漢高帝廟在白山山形類蛇又產白蛇故祀以厭之

或云蓋信國公建用以斬蛇山王氣

南雷瑞應王廟在雙雁鄉晉咸寧間建舊在大小雷山溪流漂之徙于今所旁有木特大葉繁且數種人莫能名有竅穴容數人旁有小竅龍神居之宋熙寧間歲旱知縣林迪具酒與神對酌禱之有蛇見木杪甘澍隨至後歲旱輒禱蛇輒見即雨邑人請賜廟額曰孚應

千將廟在冶山鄉

西石頭廟在西石山初山矚大江有石入江流多爲舟楫之害故邑人立廟於其所後邑士莫若鑿去

其后今不復爲害

蕭帝廟在竹山又有梁武帝廟在上林湖俱不知始何時

謝太傅廟在東山祀晉謝安

永澤廟舊在儒學傍元州判官葉恒築堤捍海民思其功請于朝廟祀之至我　朝廢謝文正公遷議復之嘗徵貲於官中罷後鄉人私祀於開原鄉之龍王堂

助海侯廟在縣西北二百三十步地名鄧家隩莫詳何人蓋傳云有功海上

石孝子廟在四明山祀石明三

上虞遺德廟一在五夫鎮一在法界 神周氏諱鵬舉東晉時宰上虞後守鴈門念昔上虞曾遊漁浦湖遂乘白駒泛舟全家沒於水自是數示靈響民立祠奉之號仙官廟血食甚盛唐天寶間僧曇德導以慈力自是祭奠唯用蔬茹且願以廟庭爲僧廬鄉人孔澤趙瑗請禱願遷于他所忽大風四起朱紱及香鑪皆隨風而去二人視其鑪紱所止處聞之於官爲奏得旨建梵宇祠堂賜額利濟宋宣和中睦寇犯境有素旗之異者乃五夫祠也祠中藏錢王所賜紫袍犀

帶及鐵鞭之屬唐人遺德廟記原夫太極肇分三才定位佐圓方之化育廼自神祗保區宇之昌寧率由英傑是知神人一致幽顯殊途生則負業負才功名冠世歿則至靈至聖禍福及人代有可稱永存典祀而神周氏諱鴨舉宇禹天東晉時會稽人姬氏分支汝洲啟祚軒裳集慶冠蓋傳芳禀靈亂無匹之資挺天馬不羈之質文戈耀彩早符却日之能智劍騰光自濟決雲之利宏詞登第雅俊成名初宰上虞憂分百里布絲桐之政兼冰蘗之操民仰如神物資厚利趨朝龍闕出牧鳫門纔興庶袴之謡已顯孟珠之譽人安俗阜歲稔時清繼隆竹帛之功適播神賢之美自後心思退讓志務幽閒俄辭建隼之榮遂厭利魚之貴念昔會稽東上虞北曾遊漁浦湖遇春景韶光訪物外之靈蹤尋湖中之勝槩益見澄瀾湛湛分玉鏡之清光翠岫峩峩列雲屏之秀色松篁掩映花嶼幽奇娛資賞眺之情頗愜嬉遊之趣舟泛青瀨車乘白駒全家忽隱於靈源闔邑但驚其神化俄而潛通肸蠁迴布威靈升爲水府之仙超統陰司之職即府聞奏册陛肇建嚴祠敬之者福必生焉犯之者禍當立至牲牢互進籩豆交陳遠近居民

無不畏憚時有明州天童寺僧曇德禪師道高康惠德重圓澄感太白之真星下爲童子登招提之果位即造諸天禪師聞神血食生人由是大垂慈力俾歸正覺經造靈祠禪定身心結跏趺坐顯靈通萬狀變見無方禪師寂若無人湛然不動神乃尋知悔過忽顯真身與三人禮拜歸依受五戒三皈之法祭奠不茹葷血廟庭頗託祇園昔本在湖壖地形窄隘鄉人孔澤趙瑗以謂非立伽藍之所竭誠祈禱咸願遷移啓告纔終狂飇忽起朱紱飛停之處香爐飄落之中民乃上聞於官敷奏於帝續降勅命建置殿宇精崇梵刹安處祠堂院與廟成咸爲利濟會昌五年天下廟庭例行停廢惟此廟宇獨與重存後佛教重興一切仍舊民間祈求應若答響可謂奉天之令安國之禧咸叶庶民乃爲贊曰神道性兮杳冥人神應兮有靈稟一生兮丈夫欽萬古兮留名威光震兮赫奕劔氣上兮衝星仰如在兮享祀感神理兮精誠爇香火兮不絕永表載兮典經利濟侯因天賜仙官咸動民稱

崔長官廟在縣西七里唐縣令崔協値歲旱田租無

徵乃傾巳囊代輸之其卒也邑人爲立廟其基本莫氏地稱莫家廟前有樟當官道名九枝樟甚古

朱侍中廟在破岡湖北廟南二十步有學堂橋西有洗硯池邑人謂買臣遺跡非也縣志曰蓋漢朱儁歟儁上虞人近是又一廟在驛亭

朱娥廟在縣南八里娥既配曹娥廟其後上虞邑人復爲立祠

靈惠廟在仙姑洞側即鳳鳴洞主廟宋乾道中禱雨有應知縣錢似之聞于朝賜今額

握登聖母廟在縣西南四十里握登山祀舜母

嵩城大王廟在縣西北六十里晉隆安中海寇亂袁山松築城禦寇而死鄉人祀之

赤石夫人廟在縣北五里山腰有石夕陽反照其色正赤狀如緋衣婦人鄉人異之爲立祠又一祠在東門

蕭將軍廟在縣東南十四里將軍泰人諱闓與弟閎領兵東之上虞植金鞭於地而自誓曰化爲黄竹吾當血食於此已而黄竹生焉黄竹嶺由此得名嶺去廟甚近廟有斷碑云吳太元二年縣令濮陽興立

嵊東白巖廟在縣東簟山世稱陳長官祠

西嚮王廟在縣西剡源鄉

南天嶽廟在縣南昇平鄉世傳於兵事有功

北嵊浦廟在縣北靈芝鄉以上四廟俗稱四柱神水經注嵊浦廟甚靈行人及樵伐者皆致敬焉若有盜竊必爲蛇虎所傷額曰上善利物侯廟宋樓鑰記剡壯縣也兩火一刀自古記之晉宋名勝遺迹至多地以谿名以谿上之山水俱秀也邑城之北山圍平野谿行其中至四十里所兩山相向愈近剡之水易於暴漲者以此然水口氣聚所以爲壯縣也西曰嵊山巨石突踞水上其下曰嵊浦岩壑奇聳尤爲勝絕溪多積沙深淺不等惟此數里間淵渟澄澈不知爲幾尋丈潭在石下爲群魚淵藪相傳中有神物無敢觸犯亦險絕之地也上善濟物侯廟貌像嚴毅夙著威靈據山瞰谿稱其爲神明之居谿通曹娥大江山爲台越孔道舟車所經無不致敬吉凶響荅求夢尤應遠近以雨暘

祈禱蒙賜爲深時節報謝者相踵畫像以祠于家者皆是也駱氏世爲廟史有吳越時公牒稱陳長官祠嘉祐七年鄉貢進士何淹爲給事郎太子中舍知縣高安世作記云侯姓陳氏爲台之仙居令始過此陰有卜居之志秋滿舟覆于下拯之後溺死馬自爾靈顯民遂祠之天福初有神兵之助而受此封然酈道元之注水經出於後魏已言嵊山北有嵊浦浦口有廟甚靈驗行人及樵伐者皆先敬焉若相盜竊必爲蛇虎所傷則廟以古矣況台州樂安縣五代時改爲永安至皇朝景德四年始改爲仙居不應石晉之前已有此名豈侯實爲永安縣令後人誤承仙居之名耶至如磁州崔府君國家奉之甚嚴會要以爲後漢之崔子玉孝宗皇帝聖德事迹謂賜名從王藎以始生符瑞默契其名而昭陵實錄乃爲唐貞觀中滏陽一縣令也幽冥之事不可究知傳記亦有謂靈祠間有以剛方之士代之者惟其血食有素授職于朝故封爵之報與臣子不殊也建炎虜騎入越而叛兵欲犯邑境以神之威不戰而退乾道嘗賜香茗之奠令丞相大觀文謝公布衣時由嵊丘越南宮神已告之富貴之明是舉登科作尉此邑事之尤謹公既登樞

竟修職魏君必大率邑人以加封爲請慶元改元賜
廟額曰顯應公之力也魏君年及八十爲一鄉之老
旣募衆力新其祠而淪之子潚適爲丞介以請記惟
神之姓字勳績著聞久已潚又能道祠宇祈禬之詳
且將捐私財刻石併爲記之修廟之役劉令君渠先
以十萬錢市材魏君以宰木助之周令君悅取以建
殿宇始于慶元四年十一月成
於六年六月而經始者魏君也

東石鼓廟在縣東七十里西石鼓廟在縣西二十里
大抵剡多石鼓廟村聚往往有之歲常以春秋祭皆
能福其民

黃姥岑廟在縣東二里

顯應廟在縣西四十里永富鄉建於吳赤烏二年按
圖經神嘗爲此邑令有惠政廟食歲久失其名宋宣

和中睦冦起蔓延旁境剡縣尤被焚戮一夕四山旗幟車蓋出入雲間見者咸疑神游而廟不存矣覩之廟果燬燼未幾又復見如前日之異若返旆而來賊衆驚呼曰天兵至矣遂自相攻殺官軍未至賊已殲盡鄉人復築廟紹興十一年詔賜額顯應封靈祐侯

阮仙翁廟在縣南十里阮肇故宅也

新昌止水廟一名捍患祠舊在東堤上宋紹興中知縣林安宅寶祐中知縣趙時俭俱築東堤有功民為立祠　明成化間侍郎俞欽征川貴山賊勢甚猖獗夢二人語曰明午當助風次日交戰果反風克勝大

異之歸即崇飾廟貌以報其功嘉靖二十三年知縣萬鵬築城改遷城内易其額曰東鎮

吳府君廟在二十一都神名玄之仕唐守越後居剡西今爲永福鄉既沒葬于上黄阬斷碑惟公有大臣之量君子之風鎮地山河助天星象雲飛烟水空散月珠

保應廟在十四都宋寶慶二年鄉民楊大春等具狀稱隋諸王避難沒葬其地水旱疾疫祈禱輒應民立廟祠之詔賜今額宋董太初詩廟食空山八百年衣冠猶是李唐前汴河十里垂楊柳何似松陰數畝田陳東之詩投迹空山計已非江都消息亂來稀廟前幾種春香草錯恠王孫去不歸

司馬廟在十九都祀司馬承禎

劉阮廟在十一都採藥徑祀劉晨阮肇〔宋王十朋詩〕澗水桃花路易迷不同人世下成溪自從重入山中去烟雨深深鎖舊溪

〔祠〕名宦祠九在府縣學有司春秋祭府名宦祠舊在紫金街弓張局之右山陰附馬會稽祀於五雲書院隆慶元年知縣莊國禎始移會稽名宦入縣學萬曆九年知府傅寵又移府及山陰名宦入府縣學由是九祠皆在學

府祀四十五人漢會稽郡都尉任公延　漢會稽郡太守第五公倫　漢會稽郡太守張公覇　漢會稽郡太守牟平劉公寵　晉會稽郡內史諸葛公恢　晉撫軍將軍會稽郡內史王公舒　晉散騎常侍左將軍會稽郡內史謝公玄　南北朝宋鎮東將軍會稽郡太守加都督蔡公興宗　南北

朝宋會稽郡太守褚公淡之　唐越州刺史姚公元之　唐浙東觀察使楊公於陵　唐浙東觀察使王公式　宋吏部員外郎知越州將公堂　宋吏部員外郎知越州吳縣范公仲淹　宋資政殿學士右諫議大夫知越州趙公抃　宋給事中充集賢殿修撰知越州程公師孟　宋太中大夫充徽猷閣待制知越州劉公鞈　宋顯謨閣學士中奉大夫知越州翟公汝文　宋資政殿學士左中大夫知紹興府張公守　宋朝奉郎直龍圖閣知越州傅公崧卿　宋寶文殿學士左奉大夫知紹興府綦公崇禮　宋檢校少傅奉國軍節度使兩浙東路安撫制置大使知紹興府趙公鼎　宋左朝奉大夫充集英殿修撰知紹興府吳公芾　宋朝請大夫直龍圖閣知紹興府丘公崈　宋宣教郎直秘閣提舉浙東常平事朱公熹　宋龍圖閣學士太中大夫知紹興府王公希呂　宋煥章閣學士宣奉大夫知紹興府洪公邁　宋朝議大夫集英殿修撰知紹興府王公信　宋直龍圖閣知紹興府沈公作賓　宋朝奉大夫直秘閣兩浙東路提點刑獄公事寶謨閣待制知紹興府汪公綱　宋資政殿學士知紹興府浙東安撫使魏公了翁

宋資政殿學士太中大夫知紹興府吳公潛　宋浙東安撫使常公楙　宋通判越州曾公鞏　宋僉書越州判官陳公瓘　宋僉書紹興府王公十朋　宋通判紹興府黃公震　皇明紹興府知府唐公鐸　皇明紹興府知府李公慶　皇明紹興府知府羅公以禮　皇明紹興府知府彭公誼　皇明紹興府同知黃公璧　皇明紹興府知府戴公琥　皇明紹興府知府南公大吉　皇明紹興府知府湯公紹恩

山陰祀二人皇明山陰令金公爵　皇明山陰令王公偉○按他邑名宦尚多而山陰止二人莫知其故意者山陰名宦舊附于府而祠在通衢居民闌入亡禁木主散逸亡稽耶謂宜覈舊籍而補入之亦當今一急務也

會稽祀四人唐會稽令李公俊之　宋知會稽令曾公亮　皇明會稽縣知縣王公宗仁　皇明會稽縣知縣戴公鵬

蕭山祀五人宋龍圖閣學士前知蕭山縣將樂楊文靖公諱時　宋知蕭山縣郭公諱淵明

宋蕭山縣尉游公諱酢　元蕭山縣主簿趙公誠　皇明監察御史前知蕭山縣事朱公栻

諸暨祀二十八人

漢諸暨縣令張公敦　吳丞相前諸暨長陸公凱　唐諸暨令郭公密之　宋尚書員外郎秘閣丁公寶臣　宋諸暨縣知縣錢公厚之　宋諸暨知縣劉公炳　宋劉公伯曉　宋諸暨知縣熊公克　宋諸暨知縣家公坤翁　元西臺御史前知諸暨州馮公翼　元知諸暨州單公慶　元判官諸暨州柯公謙　元侍講學士前諸暨州判謚文獻黃公溍　元寧國路教授前諸暨州學正俞公長孺　元諸暨州于公九思　皇明諸暨州知州欒公鳳　皇明諸暨州知州田公賦　皇明諸暨縣知縣吳公亨　皇明諸暨縣知縣張公鉞　皇明諸暨縣知縣熊公禮　皇明諸暨縣知縣張公真　皇明諸暨縣儒學訓導李公永　皇明監察御史前諸暨縣學教諭甯公欽　皇明諸暨縣學訓導郭公日孜　皇明大同守前諸暨州判魏公忠　皇明諸暨主簿史公子晴　皇明刑部侍郎前知諸暨縣潘公珍　皇明諸暨縣知縣許公璽

餘姚祀二十一人　吳縣令朱公然　吳縣令朱公桓　梁縣令劉公杳　陳縣令沈公瑀　宋縣令謝公景初　宋縣令汪公思温　宋縣令趙公子潚　宋縣令施公宿　元知州脱脱公　元知州李公恭　元州同知宇公文諒　元知州汪公文璟　元知州郭公文爟　元州同知劉公輝　元州判官葉公恒　元高節書院山長陶公安　皇明縣令劉公規　皇明縣令胡公瀛　皇明縣令張公瓚　皇明教諭譚公璋　皇明縣令丘公養浩

上虞祀八人　漢荆州刺史前上虞令度公尚　唐上虞令崔公協　宋少師前上虞令陳公休錫　宋尚書左僕射前上虞令葉公顒　宋太學錄前上虞尉沈公渙　元上虞尹林公希元　皇明上虞知縣汪公度　皇明上虞知縣陳公祥

嵊祀二人　齊剡邑令張公稷　宋嵊邑令楊公簡

新昌祀一十五人　宋知新昌縣張公珣　宋知新昌縣林公安完　宋知新昌縣丁公

疇　宋知新昌縣王公世傑　元新昌縣達魯花赤火魯公思容　元新昌縣尹李公拱辰　元浙東宣尉陳公恬　皇明新昌縣知縣賈公驥　皇明新昌縣知縣周公文祥　皇明主新昌縣簿曾公衍　皇明知新昌縣事佟公應龍　皇明知新昌縣曹公天憲　皇明知新昌縣宋公賢　皇明知新昌縣萬公鵬　皇明新昌縣儒學訓導石鼓山韓呂公不用

鄉賢祠九亦在府縣學有司春秋祭

府祀八十工人　漢處士嚴公光　漢合浦太守孟公嘗　漢太尉朱公儁　漢河內郡太守魏公朗　漢尚書太尉鄭公弘　漢光祿主事戴公就　晉光祿大夫賀公循　晉處士虞公喜　晉著作郎虞公預　晉吳國內史張公茂　晉散騎常侍尚書孔公坦　晉中書太保謝公安　晉右光祿大夫內史王公羲之　晉右光祿大夫會稽內史虞公譚　南宋孝子郭公原平　晉會稽內史孔公愉　宋太子太師祁國公杜公衍　宋吏部侍郎顧公臨　宋監簿吳公孜　宋兵部尚書石公弼　宋徽

猷閣待詔尹公煒　宋徽猷閣待制姚公舜明　宋
資政殿學士李公光　宋知婺州陳公橐　宋禮部
尚書兼侍讀胡公沂　宋直寶文閣待詔陸公游
宋浙東提點刑獄李公孟傳　宋禮部尚書煥章閣
學士知隆興州黃公度　宋戶部侍郎劉公漢弼
宋太常少卿知臨安府孫公子秀　宋刑部侍郎徐
公希　宋司農丞溫州通判曾公悳　皇明國子監
博士錢公宰　皇明都察院左都御史韓公宜可
皇明河南按察使朱公仲安　皇明南京吏部尚書
魏公驥　皇明吏部左侍郎章公敞　皇明廣西布
政司左布政使胡公智　皇明通政司通政使謝公
澤　皇明國子監祭酒贈禮部侍郎司馬公恂　皇
明廣東布政司右參政胡公謐　皇明江西布政司
左參議張公以弘　皇明貴州布政司左布政使唐
公彬　皇明寧國府知府沈公性　皇明河南布政
司右布政使陸公淵之　皇明河南按察司副使陳
公壯　皇明戶部尚書謹身殿大學士謝公遷　皇
明雲南府知府封翰林院學士董公復　皇明刑部
尚書韓公邦問　皇明南京吏部尚書封新建伯王
公華　皇明資政大夫刑部尚書王公鑑之　皇明

桂林知府張公景琦　皇明貴州按察司副使王公經　皇明巡撫江西都察院右副都御史孫公燧　皇明南京兵部尚書封新建伯王公守仁　皇明光祿寺少卿前裕州同知郁公采　皇明處士顧皇明山西布政司叅政葛公木　皇明興府長史張公景明　皇明吏科給事中吳公舜　皇明處士徐文彪　皇明廣東按察司提學副使蕭公鳴鳳　皇明江西按察司僉事汪公應軫　皇明前軍都督府都督僉事孫公堪　皇明尚寶司卿孫公墀　皇明工科左給事中周公祚　皇明兵部侍郎劉公棟皇明南京禮部尚書孫公陞　皇明刑部尚書何公鰲　皇明雲南按察司副使吳公便　皇明工部右侍郎龔公輝　皇明贈光祿大夫少保兼太子太保禮部尚書武英殿大學士呂公本　皇明翰林院侍讀唐公之淳　皇明興化府知府朱公衮　皇明吏部侍郎諸公大綬　皇明吏部右侍郎陶公大臨皇明贈工部郎中隱士王公碩　皇明泰州知州朱公公節　皇明京衛武學訓導陶公廷奎　皇明江西巡撫都御史周公如斗　皇明南京通政司叅議徐公學詩　皇明南京通政司右通政沈公束

山陰祀二十五人　漢太中大夫陳公囂　漢尚書僕射鍾離公意　晉吳興太守孔公嚴　晉光祿大夫丁公譚　晉徵士戴逵　梁廣州刺史王公琳　宋中大夫知亳州陸公佃　宋國子監祭酒姚公勔　宋資政殿大學士陳公過庭　宋戶部尚書王公佐　宋隱士唐珏　宋知池州錢公緄　宋秘書郎唐公閎　元隱士韓公性　皇明大理寺少卿呂公升　皇明都察院右都御史王公暹　皇明雲南布政司左布政薛公綱　皇明河東運鹽司使周公鉞　皇明禮部左侍郎陳公復　皇明贈光祿少卿監察御史朱公節　皇明處士錙公績　皇明處士王公文轅　皇明南京工部尚書贈少保何公詔　皇明四川成都知府費公愚　皇明南京刑部主事茅公宰

會稽祀一十二人　宋海虞令何公子平　宋知饒州唐公震　皇明江西餘干縣儒學教諭邵公廡　皇明廣東布政司左參議陶公憚　皇明廣東布政司右參議胡公恩　皇明大理寺卿徐公礿　皇明遼東行太僕寺少卿章公瑄　皇明廣東高州府知府曹公謙　皇明兵部左侍郎贈兵

部尚書陶公諧　皇明吏部侍郎兼翰林院學士陶
公大臨　皇明湖廣長沙府知季公本　皇明隱士
范公
瓘

蕭山祀一十三人晉孝子高山令夏公方　前南宋
孝子處士郭公原平　唐孝子衡
陽博士許公伯會　宋參知政事兼觀文殿大學士
張公叔椿　宋寶章閣待制太師祁國公張公稱孫
皇明大理寺評事顧公觀　皇明交趾等處提刑
按察司副使殷公旦　皇明南京吏部尚書南齋魏
文靖公驥　皇明河南等處按察司按察使梅軒朱
仲安　皇明太常寺卿姚公友直　皇明南京工部
尚書楓丘張公嶺　皇明河南府學訓導玉峯翁公
文　皇明福建福州府知府前河南道監察御史湘
湖翁公
伍倫

諸暨祀二十六人春秋越大夫范公蠡　唐孝子張
公萬和　南北朝孝子賈公恩
宋元祐發解張公堅　宋徽猷閣待制贈太師姚公
舜明　宋處士黃公汝楫　宋崇安令黃公開　宋

秘書郎進寶文閣王公厚之　宋朝請大夫知衢州
王公琰　宋處士楊公文修　宋處士朱公光　元
淮東宣慰使王公艮　元旌表孝子丁公祥一　元
江西提舉鐵崖楊公維禎　元處士王公晃　元碧
崖先生吳公雄　元處士俞公漢　皇明監察御史
黃公鄉　皇明翰林院修撰江西提學僉事王公珏
皇明孝子趙公紳　皇明處士駱公象賢　皇明
沛縣知縣馮公謙　皇明崖州知州轉通州徐公琦
皇明澧州知州鄭公欽　皇明大理寺左少卿呂
少卿呂公昇　皇明政和縣典史郭公斯臯

餘姚祀六十二人　漢徵士嚴公光　晉左光祿大夫
開封侍中虞公譚　晉徵士虞公
喜　晉散騎常侍著作郎虞公預　晉廷尉祭酒虞
公愿　唐弘文館學士文懿虞公伯施先生　宋太
常寺少卿知臨安府孫公子秀　宋知縉雲縣事莫
公當　宋冢宰金紫光祿大夫莫文清公叔光　宋
知婺源州陳公槃　宋文華閣直學士趙公彥械
宋禮部尚書兼侍讀胡公沂　宋狀元右文殿修撰
莫公子純　宋知饒州府謚忠節唐公震　宋通判
邵武軍孫公應時　宋國子監司業王公遂　元孝

子石明三　皇明瓊山縣學教諭考古先生趙公撝
謙　皇明南京太僕寺卿支湖胡公鐸　皇明中憲
大夫都察院右僉都御史方岡胡公東皐　皇明巡
撫鄖陽都察院右副都御史宋公晃　皇明工部郎
中楊公榮　皇明刑科給事中張公達　皇明湖廣
按察司副使黄公肅　皇明山東布政司左參議徐
公守誠　皇明南雄府知府倪公宗正　皇明廣東
德慶州知州陳禧　皇明旌表太醫院吏目黄公濟
之　皇明都察院右都御史魏公有本　皇明誥封
刑部員外郎于公震　皇明光禄寺卿陳公煥　皇
明南京工部尚書陳公雍　皇明南京工部侍郎嚴
公時泰　皇明陝西按察司副使邵公蕃　皇明湖
廣布政司左參議錢公古訓　皇明刑部左侍郎劉
公季篪　皇明辰州府學教授戚公顯　皇明江西
南安府知府許公南傑　皇明廣東按察司副使毛
公吉　皇明太子少保吏部尚書黄公恂　皇明太
子太保都察院左都御史史公琳　皇明巡撫江西
都察院右副都御史孫公燧　皇明少傅兼太子太
傅戶部尚書謹身殿大學士謝公遷　皇明南京吏
部尚書進封新建伯王公華　皇明兵科給事中牧

公相　皇明奉天翊運推誠宣力守正文臣特進光祿大夫柱國新建伯兵部尚書王公守仁　皇明工部郎中徐公愛　皇明廬州府同知贈右副都御史顧公蘭　皇明都察院右副都御史陳公克宅　皇明湖廣按察司副使聞人公詮　皇明太僕寺少卿周公如砥　皇明山東按察司副使韓公廉　皇明前軍都督府都督僉事旌孝行孫公堪　皇明尚寶司卿孫公墀　皇明南京禮部尚書孫公陞　皇明湖廣按察司副使陳公墀　皇明勑封兵部主事徐公建　皇明廣東布政司右叅政管公見　皇明工部侍郎龔公輝　皇明禮部侍郎陳公陞　皇明贈光祿大夫少保兼太子太傅禮部尚書武英殿大學士呂公改　皇明特詔進階朝列大夫錢公德洪

上虞祀三十五人　漢太尉錢塘朱公儁　漢河內太守魏公朗　漢合浦太守孟公嘗

漢徵君王公充　晉太傅廬陵郡公謝公安　宋少師龍圖閣學士趙公子潚　宋廸功郎夏公彥龍　宋左司郎中直顯謨閣潘公畤　宋監簿趙公良坦　宋司農卿劉公漢傳　宋戶部侍郎劉公漢弼

宋刑部侍郎李公知幾　宋建康僉判貝公欽世　宋鄞縣丞劉公漢儀　宋兵部尚書宋公延祖　宋參知政事李公光　皇明福建僉事謝公肅　皇明山東兗州府東阿知縣貝公秉彝　皇明福建同安縣學訓導王公仁　皇明廣東左布政陳公金　皇明崇陽縣學教諭俞公繪　皇明河南左布政陸公淵之　皇明五經儒岫雲張公燁　皇明隱士劉公履　皇明太常寺少卿潘公府　皇明贈廣東韶州府知府同知忠義韓公銑　皇明大理寺卿葛公浩　皇明都察院右副都御史車公純　皇明山西右參政葛公木　皇明陝西行太僕寺卿姚公翔鳳　皇明福建興化府知府朱公袞　皇明福建將樂縣令陳公大經　皇明廣東韶州府知府陳公紹　皇明福建龍岩縣令胡公景華　皇明江西道御史贈光祿少卿葉公經

嵊祀一十四人　晉右將軍會稽内史王公羲之　晉處士戴公逵　齊吏部尚書漢昌侯朱公士民　晉處士戴公顒　晉建武將軍授散騎常侍會稽内史謝公玄　齊侍中開府儀三司謚忠

貞張公嵊　宋寶文閣待制國子祭酒姚公勔　宋徽猷閣待制贈太師姚公舜明　宋戶部員外郎樞密院編修姚公寬　宋端明殿學士遷參知政事姚公憲　宋廸功郎太學國子學錄許公㮚　宋定城尉特贈通直郎張公逖　皇明處士張公燦　皇明德州知州周公山

新昌祀三十五人　宋刑部尚書石公待旦　宋尚書贈金紫光祿大夫石公公弼　宋侍御史直龍圖閣石公公揆　宋尚書金紫光祿大夫黃宣獻公度　宋太常簿石公整　宋烈士汝州團練使董公健　宋奉議郎通判石公斗文　宋朝請大夫石公宗昭　宋寶章閣直學士王公夢龍　宋監察御史大理少卿俞公浙　宋隱德忠臣陳公非熊　宋義士常幹廸功郎陳公雷　宋少保左丞相信國公王公爚　宋忠臣吳公觀　宋義士陳公祖元孝子石公永壽　皇明孝子呂公升　皇明太子太保兵部尚書何公鑑　皇明都察院左僉都御史楊恭惠公信民　皇明河南道監察御史俞公集　皇明河南左布政使甄公完　皇明都察院左僉都御史丁公川　皇明尚寶司卿俞公振英　皇明孝

子胡公剛　皇明兵部左侍郎俞公欽　皇明陝西按察使呂公昌　皇明南京兵部侍郎呂公獻　皇明湖廣按察司副使俞公振才　皇明高隱徐公雲卿　皇明義士俞公用直　皇明知無爲州董公魯志文　皇明隱士呂公宗學　皇明南京工部郎中徐公皇明誥封兵部尚書兼右都御史呂公世良　皇明封禮部右侍郎兼翰林院學士　前邵武縣學教諭潘公日升

府城内越王祠祀越王句踐宋時在府西北二里久而廢　明嘉靖十一年知府洪珠即光相寺基改建蓋去舊址又西北一里許有司春秋祭　唐呂溫詩丈夫可殺不可羞如何送我海西頭十年撫養十年教二十年間死都休宋王十朋詩寂寂覇圖歇堂堂祠廟留餘休障一國往事憶千秋若戢山中採香醪河上投平吳端在此可與後人謀

徵愛祠在卧龍山東麓嘉靖三十一年知府梅守德

即大節祠改祔祀漢太守劉寵宋太守范仲淹有司春秋祭大節祠原祀愍孝蔡公定唐將軍琦通判曾公恴令唐蔡各祀于原祠而曾附蔡祠並祀

王右軍祠在蕺山戒珠寺東寺即右軍別業嘉靖十年知府洪珠移置于佛殿之西寺門外鵞池墨池尚在

宋吳萊謁祠詩

小立天地窄前登萬山阻越王採蕺處秋綠空榛莽古祠復何人遺像寄梵宇杯老甌扇嶠荷香弃鵞消典午當衰亂神州溯淮楚經略欲馳兵保障期按堵姦溫多大志誕浩却浪許護軍曾參綜戕疏極心膂廟謀不可勝野戰徒爭武內外本恊和英雄豈象舉泗口聊進屯譙城遽奔沮事勢日邊異朝廷孰撑柱去官寧忤違誓墓獨酸苦父子但法書功勳總塵土青緗每收拾縑筆餘圖譜草隷俱入妙雲龍競掀舞崔蔡須杭行羊殷特奴虜一鷩或有識野鶩紛難數平生破布被謾以指畫肚起抑放墨池長鮭臘風雨

司馬温公祠在府北五里公四世孫宋吏部侍郎伋所建

史魏公祠在戒珠寺前宋史浩守越奏免湖田糧民爲立祠額曰彰德

朱文公祠在府西南一里初稽山書院有公像萬曆七年書院廢十年知府蕭良榦復之遂易今額有司春秋祭

忠孝祠在寶珠橋邊宋太守王綱建祀孝子蔡定明嘉靖中以曾通判忞並祀改額曰忠孝今額復舊而曾仍祔有司春秋祭宋王十朋詩我昔嘗讀黄絹碑長嘆越國無男兒孰知種

山山下水千載有此一段奇嗚呼哀哉蔡孝子風烈遠過酈與愜乃翁白首困縲絏半年不脫兒心悲請身荷械代父罪或甘黜涅居軍麾况遇軍興擊卒扳身先矢石死不辭當時非無賢太守孝子抱志終不施人間無路可赴愬投命河涓祈天知自爲銘誌及訟牒欲訴以魂贖以屍情哀意切語不怨孝與忠厚俱天資臨河更效結纓死顛沛於禮曾無虧父脫纍囚子頤畢身在九泉皆若飾名聞九重獲旌表賜廟愍孝風華夷胡爲祠宇乃如許兩楹破屋河之湄未聞敍誄有度尚絕好更欠邯鄲詞我來賛慕欽孝烈顧瞻廟貌成吁嘻他年太史作佳傳願從紙尾書吾詩

劉太守生祠在府城隍廟西正德三年郡人王埜革建祀知府劉麟　王華碑　漢劉寵爲會稽太守及被徵去山陰有五六老叟自若耶山谷間出人賫百錢以送漢史傳其事不過曰簡除煩苛禁察非法又曰犬不夜吠民不見吏而已此外則無赫赫之功今去漢千數百年寵猶廟食茲土百姓猶歌思不忘正德戊辰夏六月刑部郎中劉君元瑞推守

吾郡僅五十日輙罷官去百姓徬徨如失父母乃日會聚於神祠佛宇祈禱卜筮謀所以留侯者而不可得則相與聯名列狀赴愬於部使者以求復侯之官不可得則又相與罷市易肆捐巳貲將不遠數千里走京師以聞于　天子以求復侯之官卒不可得則又相與扶携老稚塡郭溢衢追送至數十里外侯數停舟麾謝衆猶擁遏不忍舍去道路觀者莫不嘖嘖稱嘆以爲數百年來之所未見世嘗言今之人不古若即侯之去任視寵之去會稽豈相遠耶或謂侯之在郡僅五十日而止即其五十日之所設施雖有良法美意亦豈能家至而戶到雖吾夫子妙綏來動和之化其相魯亦必誅少正卯禮却萊兵三月而民始歌誦之侯在吾郡直廉恭儉約弗擾於民而巳耳而吾民視侯乃有千百年固結之愛使侯久於其任得以究其設施則民之愛戴思慕又不知何底極也且寵之去被徵歸朝侯之去任被黜歸田其榮辱懸殊也而百姓之送侯者所至于百成群不止五六老叟謂今人之不古若豈其然耶侯既去郡百姓思之不置則又相與謀肖侯之像立祠于卧龍山麓蓋將尸祀而俎豆之祠既成予遂爲之記侯名麟南京人由

紹興府志　卷之十九　祠祀志二　祠

弘治丙辰進士起家至今官百姓稱爲新劉云

陳侯生祠在城隍廟劉太守祠後嘉靖四十四年邑之里老建祀知縣陳懋觀

忠烈祠在徵愛祠之左嘉靖二十一年知府沈啓剏祀餘姚忠烈孫公諱燧㒷祀公之三子都督旌表孝行公諱堪尚寳卿公諱墀尚書文恪公諱陞又一在餘姚縣龍泉山亦㒷祀三公而別爲三孝祠在祠右俱有司春秋祭

新建伯祠在府北二里許嘉靖十六年御史周汝員建祀新建伯王公守仁一在餘姚縣龍泉山俱有司春

秋祭

褒忠祠在新建伯祠西嘉靖三十四年紹興府知事何常明山陰庠生金應暘餘姚監生謝志望庠生胡夢雷禦倭死　詔贈官立祠有司春秋祭以上隸山陰

清涼母祠舊名捨子廟在龜山下祀唐清涼國師母傍有捨子橋

錢王祠在府東南五里唐長興七年吳越王錢鏐薨後二年嗣王建廟於越基甚閎壯歲久傾圮宋末僅餘四楹元時則盡鞠爲蔬圃矣　明嘉靖十六年知

府湯紹恩重建内祀忠武肅王鏐文穆王元瓘忠獻王佐忠遜王倧忠懿王俶有司春秋祭

唐皮光業銘

崧高嶙峋是生哲人天上獅子出澤麒麟衣冠表裡文武經綸廣運將新大盜斯起紫蓋蒙塵黃巾多壘既數憲章文裂文軌武肅英王提劍東方龍行雲雨虎變文章洗滌星紀整頓天常告功彤庭圖形麟閣三道犀幢八朝鳳握冊劵家門錦衣城郭六瑞琢章三品鑄符尚父四履尚書萬樞峗峨高壽曦赫覇圖我王奉天爲時而出國士無雙鳳華第一削樹平戎夢禾授秩功既挺世德又動天襲封二冊嗣位三年忠無瑕類孝紹雕鐫未褫壘纏乃建清廟卧龍之東會稽之要嵐界廻廊粉明周繚廣殿露閞重門嶽峭瑞玉禮器香檀聖容民之祀主我之神宗燃蕭燔膋貢幣輸琮於穆祠宮煥焉陰府五齊恒馨香六佾常舞籥薦旁烝歌隨露鼓令子懿孫光令顯古

宋徐天祐詩

不盈小前結駟遊故鄉霞錦徧林丘祇應今東府空遺廟命立唐碑老樹秋

尹和靖先生祠在捨子橋下古小學內蓋善法寺故址嘉靖間知府洪珠改建有司春秋祭

劉公祠在杏花寺側知縣唐堯舉建以祀五忠劉公者按宋史劉頜謚忠簡孫純謚忠烈從孫軨謚忠顯軨子子羽謚忠定子羽子珙謚忠肅當方寇之亂軨守會稽有捍禦功舊有祠而圮其後裔有爲山陰幕者因家於越乃合五忠祠祀之有司春秋祭

吳孜祠在府學內宋吳孜捨宅爲學因祀之宋王十朋詩右軍宅化空王寺秘監家爲羽士宮惟有先生舊池館春風長在杏壇中

旌忠祠在府東南五里宋太守傅崧卿建祀衛士唐

琦祈崧卿既爲琦立廟未及請額以疾去後守陳汝錫請賜今額有司春秋祭

宋傅崧卿祭文　乙巳之冬金虜大入寇太上皇內禪幸浙明年正月虜兵竟犯京師議和於城下而還是冬再犯京師明年春二聖出巡朔漠五月今天子即位于宋又明年冬虜分兩道寇江浙其一由武昌渡江犯洪州六宮百司衛從隆祐后遷于虔以避之虜自洪進兵西南至劉陽西北至建昌其一由溧陽渡江破建康陷太平廣德進破杭渡錢塘江入越陷明天子前自越幸明自明航海幸溫今年虜始自明越而西復陷秀陷平江達於鎮江並山鑿河通道建康卒以其衆若所掠吳越之人濟江而北徘徊于淮南至于今去否所不得知也嗚呼虜內侵六年國家之難生民之禍至此極矣前世未有也士大夫畏避至不敢誦言虜爲賊其能爲吾宋仗節死難者與有幾侯以衛士武人生不知書過亂憤發顧能不愛其死徂擊虜酋慢罵降帥至死猶不絕口其義豈非今人之所稀見古書傳所載何以尚茲嗚呼偉哉崧卿嘗治兵在衢方道路梗絕旁郡縣行事往往不相聞知

惟侯之事諜者爭相傳以爲笑談至一日十許告聞者相與嘆息有爲流涕者或恨不與之偕死已而崧卿守越凡在越之人類皆言之參考既眞咸以其事聞天子愍嘉之詔議追褒而邦之人相與請建祠宇以旌侯之忠以勸來者乃作之廟方須其成請額於朝且記其事於石未及而崧卿既以病免矣於其行日姑以不腆之酒禮於像貌之前而致告焉［王十朋］

［詩］國家往往艱難中搢紳節義掃地空靖康有一忠愍公建炎獨有唐侯忠唐侯爵位何曾隆身居行伍儕罷熊平生經史漫未通嚴霜烈日蘊在衷憤然一奮不顧躬太尉奪笏嗟忽忽子房鐵椎討巳窮張巡就縛氣尚雄杲卿鋸解罵未終忠血義肉塗地紅烈氣英魂薄蒼穹事驚朝野聞帝聰立廟旌忠浙江東睢陽雙廟同高風名書青史等岱崧當時開門誰納戎遺臭千古如頑蟲［明唐之淳］［詩］宋臣有李鄴使虜著英聲一朝會稽守虜至乃偷生唐琦本衛士有詔留其行視鄴如視虜况與虜同盟擊虜欲及鄴吁嗟功不成人心有忠義豈以貴賤更賤莫賤執戟貴莫貴專城孰云二千石不及一步兵孰云生有辜不及死有榮使人皆若琦宋社安能傾旌忠見遺烈足以

愧簪纓【戴冠次韻】唐琦一衛士初不聞名聲思欲報主讐奮然竟捐生殺身雖易言幾人能果行琦志不可奪口與心自盟事在義與否何計敗與成金石或可革此心無變更死願爲厲鬼生願爲干城厲鬼殺寇賊干城扞胡兵取我舍生義媿彼偷生榮中有一腔血誓爲吾君傾安知死廟食但求生結纓

湯太守祠在開元寺内祀知府湯紹恩萬曆初建其生祠在三江閘邉嘉靖中建有司春秋祭

吳通判祠亦在開元寺内祀通判吳成器萬曆初建

麗公生祠在府學西萬曆　年郡人合建祀廵按御史麗尚鵬【張元忭記】天順間朱御史英所疏行兩役法籍縣民分爲十年而統於坊里之長每一坊一里長率十人令民按丁若田五年而率錢與長爲吏號公私費坊主宴里主饋曰甲首錢二、五年而長率民詣縣庭審諸役曰均徭歲環遆以爲常盖五年而一用民也時頗稱便其後吏肆而長饕所ム甲首錢有一貧男子出白金四五兩者卽富者按畝而率有如畝滿千金不數百不已於是貧者走亡往往以錢累其身富者不免詭其畝以逃役至若均徭一不幸得館庫或捕鹽諸役其在榜中顧役直不過七八金富民承之則誅擾百出不數百金亦不已又不幸富者無得兩重役貧者或分得十之一二則身家亦破碎平生搆聚至百千朝居而暮空貧者孚不有其妻子與籠雞栅豕互牽引鬻市中輻聚以畀邑里郊墟色惜惜若在冬秋於是每書榜則老胥黠吏巧播弄以網賄與詭者相唇齒而民之病極矣今布副都御史南海龐公尚鵬舊爲御史來按浙其因革奪予悉掃故常知前兩役爲病既大且久乃一破其法一邑中調劑官百所需費若諸額役不縮不盈與民之丁土相鳌合凡丁一田畝十率出若干錢與秋租歲並輸於邑吏明年百所費與所役亦歲出庫中錢擇其人掌之且買且顧又刻帖人給一紙令曉然無所謂甲首錢長不得濫索無均徭富者亦不入館庫役最重且昔若鹽捕等者不得勘富者募而且歲輸每丁不踰二十分聀細易辦受詭者不得行書史者無所用其播弄蓋自　詔下行之至今農始知貴

田而櫝檐而食者亦重去其土閭閻熙熙畧始甦息然既十餘年矣諸父老子弟乃始醵金搆屋以祠公而屬石上言于余何曉耶詰之則相顧以對曰公亦知永州事乎柳大夫將奪蔣氏之蛇而復其賦蔣氏出涕汪然者以蛇之毒人不若賦法之毒人甚也今麗公易兩役爲條鞭是出我水火加之衽席頃者聞且將奪我衽席而復之水火其毒於蛇也倍幾乎曰誠若是則若等之言衆言也予言者一人之言也衆言也者能致於聞者也予一人言也而又言於石是不能致於聞者也諸父老更進曰急父母之病者醫藥不已也而無事於禱甚則且磨股上肉又安問禱祠之不如醫藥哉噫是亦可哀也已予又奚庸於喙

景賢祠在禹跡寺西萬曆二年郡人建祀長沙知府季本【張元忭碑】先生蚤聞新建致良知之旨既浸溢懼後之學者日流而入於虛也乃欲身挽其敝著書數百萬言大都精考索務實踐以究新建未發之緒四方之士從之遊者數百人自筮仕至老且革無一日不孳孳問學學者亦且數十年而處心制行尤明夷坦者友忠信蓋上詰鬼神鬼神許之質諸先聖

兒童信之者矣嘗有稍疑之者謂先生嘗長沙時[illegible]嚴以湼爲人所彈誣罷罷而獨居禪林著禮書[illegible]自所迎而希也嗟乎是惡知先生哉先生先人專憲爲大夫家世祿先生一大郡守罷歸不兩紀身死幾不能殮骨且未寒而三子已寄舍於他人湼者固如是乎火烈民望而畏之故鮮死雈苻之盡殺子大叔之不猛也芟稂莠植嘉禾治何病於嚴哉當長沙之覲筈當軸者以書畀先生先生疑其薦已也懷之不達及罷啓書果然始推官建寧會寧藩變先生提兵壁分水關院史以鄉試役檄郡守及先生先生移書弁縮守令城守再三拒院檄勿往即得罪勿顧若爲御史得譎則以　慈壽太后及　肅皇帝兩宮故批逆鱗即茲三事其所志不在榮進也亦明矣排之於顯然之章奏而顧迎且希於不可必達之紙迎且希者固如是乎先生之學與行仕與處其懿矣不可彈舉其大約爲人所疑與信則如此噫一疑之一信之彼從其疑我從其信亦足稱賢矣乃不得與槩無可信者一食於校殆十有二年而先生存時往往語其徒曰吾子孫無顯者而顯者之先吾所知也吾死慎勿隨世俗爲鄉賢舉與聞者咸志之常怏怏一日

越中薦紳暨家大夫以先生郡不業於校未必不樂於社而祀於社又吾輩之力所易爲也議始倡和者嚮應郁穎上上言遂撤巳所居傍舍三楹徙置禹跡寺西林實先生舊著書所以祠先生陳憲僉鴞胡納言朝臣奔走督率並力功貲者既衆祠所需用旬日告成門以二重垣徑畧備潔牲卜吉治主以升鼓吹道周國人喜躍以元忭職史也宜書忭始見先生時未知學也既稍從事於學而先生則已歿歿而嘗追師之竊比於聶司馬事新建之義於是舉也誠快之書其敢辭先生名本字明德別號彭山進士仕推官召拜御史以論謫歷縣佐今起爲禮部郎中再謫歷府佐止長沙知府

沈公祠在稽山里隆慶六年巡按御史謝廷傑建祀贈光祿寺少卿沈鍊有司春秋祭以上隸會稽

山陰徐侯生祠在迎恩門外萬曆三年邑人建祀知縣徐貞明張元忭碑山陰徐侯以召入之三歲予偶過侯所築官塘新祠下有父老四五輩迎

而前曰此爲前侯徐公祠也公惠政大夫所知且八大史也祠而不碑可乎敢以請予曰諾其後民罡桒周昇涓僧眞秀如曉輩請曰至蓋棐等侯所爲治塘而有勞者塘成在官路者可五十里其在海者復若干里並有益于民甚大且久而民不知有費是以並祠而碑之至論侯之全則在邑且不能盡舉寧曰塘蓋侯生有至稟如騶虞鳳凰然以不殺爲性是以其於治也恐恐然如良醫之於蠱瘵惟恐其傷之以鐫磨爲戒而以不褻爲良方甫下車即擬輿行農畝間悉得民所疾苦若戸之富貧與人之強弱奸良及盜賊樗博瑣至倚市之筓平常捕格百出所不禁者侯並設法爲之不用一鞭無不立止息異時丞簿胥牒如蝟毛民如爛餅至是無一紙入其所騶郎吏不能竄一字僥訟牒訟者亦不輸一錢與吏無一卒入鄉勸租稅直與民約按籤最後者始若以轉輸民爭投無敢逋者他雖遣卒百逋如故也當是時舟子曰卒坐矣我何用舟爲或捨舟而捆屨酤且飯於邑門者曰訟者不復食衙中人矣我何用張爲或盡治其壼具吏或走家居閱月而至無一事可爲清戎使者至所司承旨摭索里中戎大震侯弗與使者怒亦不爲

動吏急之輒以病謝里中老稚頼以免者無筭大吏攝訟者於邑就聽斷即必先聽而以書復或涉毛細則不遣其人大吏始甚銜之久之並諒侯非亢已也至於課校中士不徒以文舉公正爲民導善止惡使不革面則蒸蒸欵欵如雨之於物令其飽而自化善訟者不敢造公庭言事如澁之在舌亦自卷攣耳侯去之日送者萬人自邑門而達于江遮不得行者百里有渡江守數日而返者返而復往者溮濕襟者哭失聲者舉酒悲悲而不得飲者亭驛而是其喜者則有舟子整篙楫卒與胥買攝記酣而飯者範錫而復壼具而已耳侯之去一也其悲者何人其喜者復何人噫用是可以知侯矣侯之用召爲工科給事中以累左遷而碑之請爲書也乃在三歲前時侯方在要路故需之今侯謫居且以憂罣論久而彌定矣遂書

侯名貞明字伯繼家江之貴溪

高瓊祠在府城西六十里祀宋太尉高瓊以其玄孫世則祔

忠節祠在府城西南五里正德時裕州同知郁采死
流賊之難嘉靖中僉事蔣舜民知縣劉昺即其墓立
祠祀之
會稽賀監祠在鏡湖上〔宋王十朋詩〕賀老祠堂枕鑑湖霓裳羽化宅荒蕪無人更
問君王覓轉使
高風千載孤
雙義祠舊在名宦祠側歲久而圮嘉靖間知縣張鑑
改建于攢宮〔明文徵明記〕嘉靖廿有六年丁未十月
會稽雙義祠成祀宋義士唐公玨林公
德暘也宋社既屋蒙古氏盜有中國用夷教變我華
夏首毀故宮爲寺而宋諸陵之在會稽者悉發而夷
之以翦王氣姦僧嗣璉眞珈寔倡率之珠玉悉攫取
而投骨榛莽極其痤慽璉方貴橫莫敢傍睨二公先
後以他骨竄易而瘞之植冬青以志未幾璉裒遺骸
雜枯骼築爲鎮南浮圖謂可以夷滅攙盡而不知雅

非醜王矣二公舉事之時履危探險艱阻百出而卒迄於成其志亦烈矣顧正史不傳而其事雜出於元儒紀事之書其言不皆同而皆有所徵要爲不誣也夫開國之君往往以封植陵墓爲首事而元之君臣乃首發諸陵以事厭勝於是乎有以知元祚之不永也或謂此皆姦僧之爲非元君之意按世祖以丙子下江南丁丑二月即詔璉爲江西總攝尋命以所發宋陵金寶修天衣寺又以寧宗攢宮故地爲泰寧寺其後以臺臣言其盜用官物及流毒江南請正典刑而世祖竟赦不殺雖嘗沒入土田家口尋給還之其委曲蔽覆蓋可見矣夷狄若禽獸固無足言獨怪當時輔佐諸臣一時名碩亦有前宋遺老曾無一人興懷而奮身抗義乃出於布衣之士其事有足慨者且其時宋已滅亡時移運改二公者豈復有所覬乎說者謂其無所爲而爲高義卓行比隆豫讓夫讓嘗受智伯國士之知以國士報之宜矣二公在宋曾不沾一命之榮而慷慨從事至於變服爲丐鬻家具以需間關竊逆以圖即功其難易厚薄君子蓋能辨之矣稽之前史漢唐易世後其陵寢亦多被發不知當是時亦有高義之士及藁葬而掩之如二公者乎如□於

是有以知宋養士之厚而獲報之無已也縣故有祠在名宦祀之左歲久且敝南充張君鑑以甲辰進士來知縣事謂二公所爲得名首以陵寢之故啖傍故多賴地依陵植祠於事爲宜歲時有事六陵以次及公祠與陵相爲終始亦庶幾二公之志也於是言於郡守吳江沈公啓公亟俞其請相與成之以書屬徵明記其事爲論次如此而二公事始具於鄭元祐陶宗儀者不暇詳也

雙節祠在賀家湖口江家園止水墩弘治中里人所建祀范氏二女嘉靖間知縣牛斗重新之

蕭山劉太守祠舊在山陰禹會鄉祀漢劉寵唐曰靈應廟宋改封靈助侯元至正間越帥周紹祖移建於錢清北鎮有司春秋祭元王叔能詩劉寵清名舉世傳至今遺廟在江邊近來仕路多能者也學先生揀大錢

德惠祠在縣西二里據淨土寺之麓宋楊時爲縣令開湘湖民感其惠　明成化元年立祠　勅賜今額後縣人尚書魏驥亦有功於湖既歿有司請于朝以配饗焉春秋祭

江丞相祠在江寺

楊郭二長官祠在湘湖之濵

劉李二相公祠在蒙山

施侯遺愛祠在倉橋祀知縣施堯臣

諸暨梁公生祠在紫山隆慶間建祀知縣梁子琦

餘姚嚴子陵祠舊在客星山歲久廢址治中叅[illegible]吕[illegible]

木立祠於龍泉山顛嘉靖三年知縣丘養浩徙于三
佛閣左有司春秋祭
三錫祠在龍泉山祀總督胡公宗憲公嘗爲餘姚知
縣嘉靖中公爲總督時建
趙考古祠在江南新城内嘉靖中知府湯紹恩建祀
瓊山教諭趙謙有司春秋祭
忠襄祠在汪姥橋東五十步舊天妃宫址祀忠襄公
毛吉有司春秋祭
謝文正祠在龍泉山忠烈祠東祀大學士謝遷有司
春秋祭前有褒忠祠祀公玄孫贈太僕寺丞志望

海日祠在新建祠東祀文成侯父尚書王華
大學士呂公生祠在三錫祠東
貞烈祠在新城內石嵬橋西祀姜通判妾甯氏
上虞鄭公祠在等慈寺東祀知縣莆田鄭芸有司春
秋祭
羅公祠在城隍廟右嘉靖中本府推官羅尚德署縣
事卒於縣府移文立祠
嵊佑順侯胡侍郎祠在縣西五十里宋兵部侍郎胡
則婺之永康人嘗奏免衢婺身丁錢民被其惠廟祀
於衢婺之間無慮數十胡殁于慶曆中廟初未[illegible]

爵永康之民因宣和中封方巖神爲祐順侯庵今亾

爲胡侍郎凡婺州境內皆以祐順爲名故嵊亦以承誤

焉

謝仙君祠在縣北十五里遊謝鄉仙君謂靈運也

白雲祠在縣東六十里祀昇仙太子晉

葛仙翁祠在太白山有丹井藥竈

靈濟侯祠舊在南門外嘉靖三十九年知縣吳三畏

築城徙祠東門外又一在縣西十五里清化鄉浦橋

名善應祠蓋侯所生之地宋俞浙記剡之浦橋有神曰陳侯諱賢者生于乾道

戊子歿于紹定庚寅既歿禦災捍患所在響答至端

平甲午以水戰助王師殲金人于蔡州封靈濟侯淳

祐王子以厭殺浙東西大水浸淫加善應景定庚申
借潮浙江航貴人輦娶加協惠此其事卓異載在祀
典人所共知也而詎知又有甚異者人歿而爲神有
之矣未有生能爲神從事幽冥以濟物也侯生稍長
不問晝夜遇假寢輒神遊江海間拯護舟楫或爲人
驚悟則嘆曰壞一舟矣人每設祭潮神侯與焉竊則
唾所享牲肉是所謂生能爲神者錢塘行在所恃堤
岸以捍江潮嘉定庚辰潮怒齧堤由侯潮門抵新門
潰突不可遏漂廬舍泊城郭日益甚朝廷命有司起
徒卒藂力畚鍤隨築隨毀相顧無措召侯問計侯呼
江神祭以三牲盼以關係利病手一竹植沙塗上誓
之曰神有靈無使潮越吾竹以爲神羞潮至望竹伊
迩即勢伏邐迆折而東行未幾西岸擁沙成阜畚鍤
就緒而長堤屹若山繞矣嘗欲傳其始末一日刻之
鄉丈人趙公炎來道侯之孫某將築亭墓上奉時祭
求文爲記吾方遜讓若有物觸其衷者蓋吾少時舟
行浙江中流浪湧幾覆篙工仰天呼侯數四浪輒平
舟獲善濟吾時常有祈禱之語久未克償今亡觸吾
衷者侯其速吾文以償其夙愿與遂爲侯記之侯塟去
水百步而近弟某附焉子九人第三子無非神功川

物雖有父風又以見其靈瑰琦之神氣人間得之[illegible]天子聞得之於父師非徒爲方術所可與能也[illegible]記且求質於世之君子云

王烈婦祠在清風嶺烈婦臨海人宋末爲元師所刼乃嚙指血寫詩山石上投崖下死血漬入石至今天陰雨則僨起如新有司春秋祭額舊稱元烈婦萬曆十二年推官陳汝璧過見之乃令去元字

【無名氏詩】嚙指崖上書投身崖下死伊誰知妾心千古長江水

【元楊維禎詩】天荒地老妾隨兵天地無情妾有情痛血嚙開霞嶠赤啼痕化作雪江清能從湘瑟聲中死全勝胡笳拍裏生三月子規啼盡血春風無淚寫哀銘

【張翥詩】清風嶺頭石色赤嶺下嶀江千丈黑數行血字尚斕斑雨蕩霜摩消不得當時一死真勇烈身入波濤魂入石至今苔蘚不敢生上與日月爭光晶千秋古石化爲碧海風吹斷山雲腥可憐薄命良家子千金之

軀棄如土奸臣誤國合萬死夫獨胡爲妾遭虜古來
喪亂何處無誰肯將身事他主兵塵澒洞迷天台骨
肉散盡隨飛埃楓林影黑寒燐墮精靈日暮空歸來
堂堂大節有如此正當廟食標崔嵬君看嶀江之畔
石上血直與湘江竹上淚痕俱不滅［明張羽詩］赤城
曉擁青絲騎玉鏡愁鸞落紅淚冰魂偷逐水仙歸綺
樓一夜靈犀碎六曲闌干不礙春羅帶盤風輕颺塵
越波不動越山碧青天影落桃花雲相思月照祠前
水離離芳樹流紅子無情桃李亂中開只有芙蓉抱
霜死［王琥詩］妖氛暗奪霞城赤一片風花滚香魂翠
幄空圍杜宇春釵鳳雙分鸞鏡隻啼痕漫點枯竹班
哀音不托琵琶絃天姥西來上楓嶺冰腸嘔出相思
聮春蕊入口纖纖碎紅噴金精泣髑髏翻身躍出豹
虎群百丈深潭半空墜翠翅觸破青玻璃一泓冷浸
珊瑚枝江妃水仙弔孤寂青天影裏開雙眉素質淯
淯淨於洗洗心不用清冷水波底難消精衛冤墓頭
去作鴛鴦鬼斷石土崖官道傍沉冥不復愁天荒歲
享春蘭與秋菊黃金像古苔花蒼林幽夜靜行人歌
壁角紗燈半明滅往事無根有故壚兩岸青山千明
月［陳汝璧詩幷敘］剡盖有王烈婦祠云至元十二[illegible]

元兵南下烈婦死之語見記中余過剡父老爲余咲
烈婦題詩投水事余爲之愴然低徊者久之覩亭額
門乃烈婦之祠夫烈婦而臣元也彼何以死哉舍乎
于元余先生之言曰臣元而人者行禽也乃烈婦即
偉丈夫何加焉余改題而系以詩道傍遺碣自嵬然
灑血千秋尚可憐領上清風垂異代溪流嗚咽似當
年一詩色借蒼崖潤九死心同白日懸
知汝英魂原不散額題吾爲洗腥羶

新昌陳宣慰祠舊在城隍廟西元至元中建祀浙東
宣慰陳恬今廢（宋俞浙記）公諱恬字慶甫河南府人至元十四年以浙東宣慰從百餘卒
來自福建是時婺之王山多悍夫先是有欲逞悍於
一使者呼儔五百輩約使道爲邀害計適值公來邑
人白公少避之公曰吾宣皇靈慰民望以爲職不幸
遇寇弭寇可也避寇可乎縱可避百姓魚肉不上負
朝廷羞使節邪況寇亦吾民也吾將導揚天子德意
昭示禍福使知向背即留止縣治翼日寇至公肩輿
招諭寇認爲前使者喧湧不復聽命擁衆直前公
遂死焉寇殊覺其誤驚駭鳥散邑人壯而祠之

李公祠在東門外祠 明紹興知府李慶

石公祠祀宋儒石墪

何鄉德祠在東城外祀 明尚書何鑑

宋公祠在縣西一里祀知縣宋賢

萬公祠在縣西一里祀知縣萬鵬

曹蕭德政祠在縣西二里祀知縣曹天憲蕭敏道

佟公祠在縣西二里祠知縣佟應龍以上七祠有司

俱春秋祭

堂 諸暨五泄龍堂在五泄山三學院側

亭 新昌龍亭在高麗潭上俗稱白龍母所棲因作亭

奉之水旱禱應元至順中王綸爲新昌尹將之官
次楊子江夢一嫗來謁問之曰新昌高皤人姑自閩
公遠來故相迎耳覺而恠之比至謁之果有高皤潭
白龍母亭

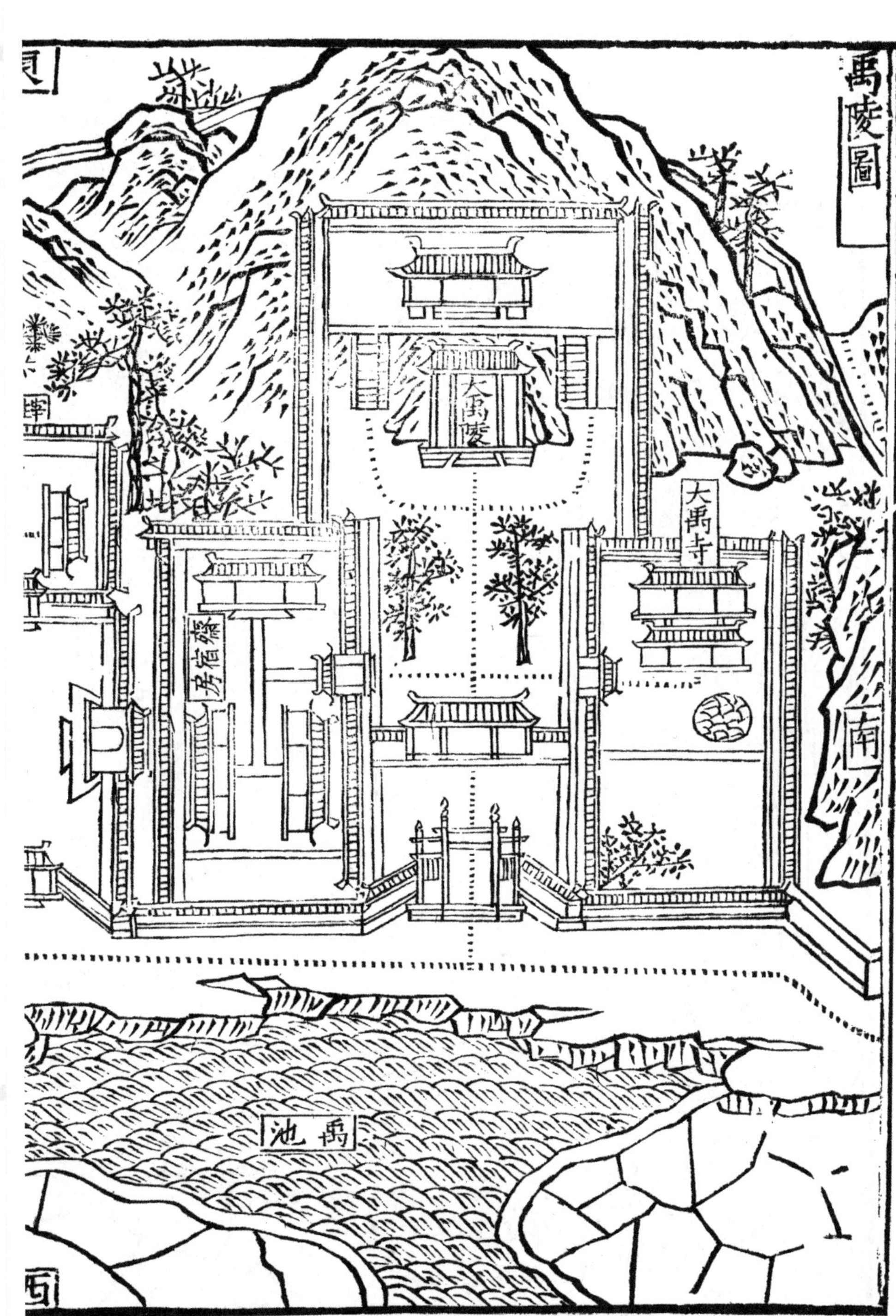
禹陵圖
大禹陵
大禹寺
齋宿房
南
禹池

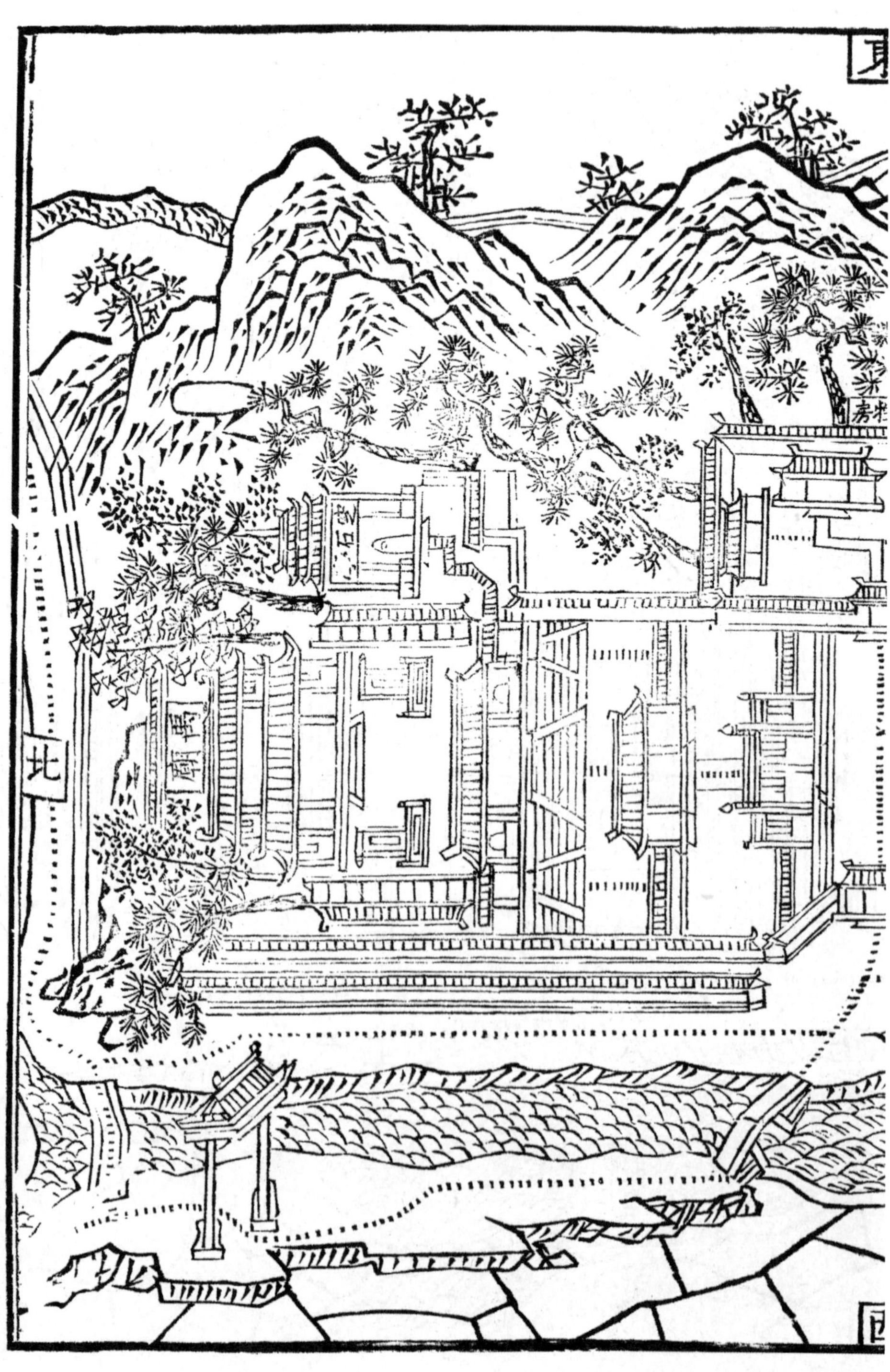
東
北
禹廟
西

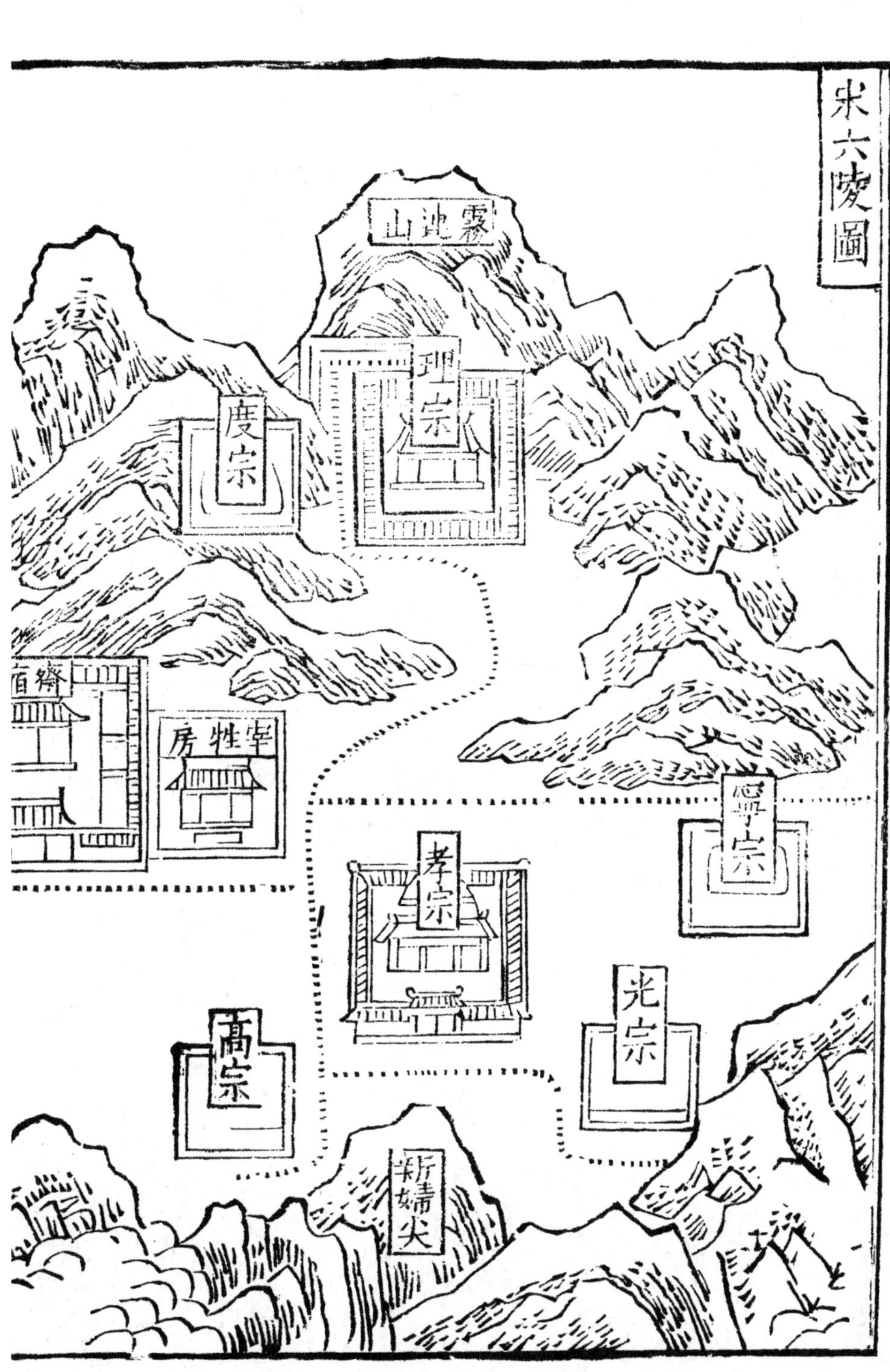
宋六陵圖
霧迚山
理宗
度宗
齋
宰牲房
寧宗
孝宗
光宗
高宗
新婦尖

通泰橋
太寧橋
太寧寺
郭太尉廟
井亭
房

紹興府志卷之二十

祠祀志二

陵　墓

陵　會稽禹陵在會稽山西北五里越絕書禹始也憂民救水到大越上茅山大會計及其王也巡守大越因病亡死葬會稽嘉泰志云禹巡守江南死而葬焉猶舜陟方而死遂葬蒼梧聖人所以送終事最簡易非若漢世人主豫自起陵也劉向曰禹葬會稽不改其列謂不改林木百物之列也苗山自禹葬後更名會稽皇覽禹塚在會稽山自先秦古書帝王墓皆不

稱茇陵之名實自漢始吳越春秋禹命群臣曰吾百歲之後葬我會稽之山葦槨桐棺穿壙七尺下無及泉墳高三尺土階三等葬之後曰無改畝司馬遷自序曰上會稽探禹穴水經注亦云東游者多探其穴史記正義又引會稽舊記云禹葬茅山有聚土平壇人功所作故謂之千人壇獨懸窆處不可億知嘉泰志是山之東有隴隱若劍脊西嚮而下下有窆石或云此正葬處疑未敢信窆石之左是爲禹廟背湖而南嚮然則古之宮廟固有依丘隴而立者近嘉靖中閩人鄭善夫定在廟南可數十步許知府南大吉

之立石刻大禹陵三大字覆以亭恐亦未足稱宜加[illegible]廟之建則似起於無餘祀禹之日吳越春秋無餘從民所居春秋祠禹墓於會稽傳世十餘末君不能自立轉爲編戶禹祀斷絶十有餘年有人生而言語其語曰鳥獸呼燕喋燕喋指天向禹墓曰我無餘君之苗末我方修前君祭復我禹墓之祀爲民請福於天衆民悅喜皆助奉禹祭因共立以承越後復夏王之祭宋建隆二年詔先代帝王陵寢令所屬州縣遣近戶守視其陵墓有隳毁者亦加修葺乾德四年詔吳越立禹廟於會稽置守陵五戶長吏春秋奉祀紹興

元年詔祀禹於越州紹熙三年十月修大禹陵廟
皇明洪武三年遣官訪歷代帝王陵寢令各行省臣
同諳所在審視陵廟幷其圖以進浙江行省進大禹
陵廟圖九年令五百步之内禁人樵採設陵戸二人
有司督近陵人看守毎三年傳制遣道士齎香帛致
祭登極遣官告祭毎歲有司以春秋二仲月祭水經
注禹廟有聖姑像禮樂緯禹治水旱天賜神女聖姑
即其像也今廢皇明傳制祭文洪武三年昔者奉天明命相繼爲君代天理物撫育黔黎
彝倫攸敘幷井繩繩至今承之生民多福思不忘報
特遣使齎香帛命有司詣陵致祭惟帝英靈□歆來
格上饗登極祭文洪武四年皇帝御名遣臣致祭大
禹夏后氏之陵曰曩者有元失馭天下紛紜朕

衆平亂統一天下今已四年矣稽諸古典自堯舜繼天立極列聖相傳爲烝民主者陵各有在雖去[illegible][illegible]千百餘載時君當修祀之睠典百神之祀故遣官齋牲醴奠祭修陵君靈不昧尚惟歆饗宣德元年惟王丕崇王道寧濟生民偉烈鴻謨光垂萬世予嗣承大統之初謹用祭告惟神照格祐我邦家尚饗正統元年惟王奠安海宇致治之功民用永頼予嗣承大統祗嚴祭告用祈祐我家國永底隆平尚饗景泰文同天順元年惟王平治水土民物奠安功德之隆萬世永頼兹予復正大位祗嚴祀事用祈祐我家邦永底康文尚饗成化元年惟王肇啓王業以家天下治水神功萬世頼焉兹予祗承天序式修明祀用祈鑒祐永福我邦家尚饗弘治正德嘉靖隆慶萬曆文同春秋二祭文維王功加當時澤垂後世陵寢所在仰止益虔宋謝惠連祭文咨聖繼天載誕英徽克明克哲知章知微運此宏謨卹彼民憂身勞五嶽形瘦九州呱呱弗顧虔虔是欽物貴尺璧我重分陰乃錫玄圭以告成功虞數既改夏德乃隆臨朝總政巡國觀風淹留稽嶺乃徂行宮恭司皇役敬屬暉融神息畀薦于昭其忠唐宋之問謁禹廟詩夏王乘四載兹地發金

符峻命終不易報功疇敢踰先驅總呂會後至伏靈誅玉帛空天下衣冠照海隅旋聞嚴黃屋便道出蒼梧林表祠轉茂山阿井訶枯舟遷龍負壑田變鳥耘蕪舊物森如在天威肅未殊玄夷屆瑤席玉女侍清都奕奕閨闥邃軒軒仗衛趨氣清連曙海雲自洗春湖猿嘯有時答禽言常自呼靈歆異蒸稽至樂非笙竽茅殿今不襲梅梁古製無運逢日崇麗業盛答昭蘇伊昔力云盡而今功尚敷揆才非箭美精享愧生蒭郡職昧爲理拜空寧自誣下車露巳積攝事露行濡人隱異多祐号難露薄軀杜甫詩禹廟長藤蘿生靈亭祀多凡年兆禹力天下盡江河嚴維詩竹使差殷荐松龕杆禹祠爲魚歌聖德舞羽降神祠文衛瞻如在精靈信有期夕陽階際上堂上鳥咸遲李紳詩削平水土窮滄海畚鍤東南盡會稽山擁翠屏朝玉帛冗通金闕駕雲霓秘文鏤石藏玄璧寶檢封雲化紫泥清廟萬年長血食始知明德與天齊宋秦觀詩陰陰古殿注修廊海伯川靈儼在傍一代衣冠埋空石千年風雨鎖梅梁碧雲暮合稽山暗紅芰秋開鑑太香令我免魚由帝力恨無歌舞奠椒漿明鄭善夫詩脫屣行探禹穴靈萬年鴻寶秘卅扃梅梁空[illegible]

山裏想見虞廷舊典刑周祚詩禹廟千峯側城西亂生黃扉消水怪白日走山精滾滾江河下遥遥岣石傾龍蛇萬里外群石仰垂成馬明衡詩夏王陵廟垂今古野客孤懷萬里開海上青氛迷玉帛山空白日走風雷清時喜見神龜出絕代誰憐司馬才欲訪藏書問何處千峰雨色送高杯汪應軫詩禹穴冥迷惟有廟龍蛇古屋空山開玉笥沉沉深歲月梅梁隱隱動雲雷支祁不鎖千年足魚鱉曾興萬國哀海色江聲作風雨蒼梧歸客共吟盃陳鶴宴集禹廟詩十年相望路猶迷一夜逢君鑑水西花下長歌燈屢換簾前話久月初低稽山雨後晴雲出禹廟春深暮草齊萬里爲官向巴峡思家莫聽嶺猿啼

鳥田在禹廟下吳越春秋禹崩之後天美禹德而勞其功使百鳥還爲民田大小有差進退有行一盛一衰往來有常地理志山上有禹井禹祠下有群鳥耘田也水經注鳥爲之耘春拔草根秋啄其穢是以縣

官禁民不得妄害此鳥犯則刑無赦

梅梁在禹廟梁季修廟忽風雨大至湖中得一木取以爲梁乃梅梁也四明圖經鄞縣大梅山頂梅木伐爲會稽禹廟之梁張僧繇畫龍於上忽夜風雨飛入鏡湖與龍鬬後人見梁上水草淋漓始駭之乃以鐵索鎖于柱後爲人取去今所存他木也猶絆以鐵索者存故事耳宋徐天祐詩骰角枯梁水月身木龍誰信解成真休將金鎖空縈絆靈物飛騰自有神

窆石在禹廟之左高丈許狀如秤錘舊經禹葬會稽山取此石爲窆上有古隸不可讀宋楊時有題[illegible]

至正末兵變爲所傾圯今覆以亭知府彭誼修明彭誼記

按史記禹至江南會諸侯于塗山崩遂葬焉封穸之石者豈下棺之具耶或謂下棺之後以此石鎮之及考檀弓註天子葬用四牌穸石與碑制類其數不同或繁簡異宜或世代悠遠所存止此皆不可知焉石上有遺字宋自寶文閣王順伯金石錄云是漢刻第以歲久模糊難於考辨石之下即神禹所藏穴也故先輩有一代衣冠埋穸之石之句舊有亭覆其上柱皆以木爲之風漂雨摧速成易朽天順戊寅余守城彭公誼來知府事謁陵之後覩亭傾覆卽用工鑿山取石爲柱爲楯而重建之不二年亭成勒石以記

禹碑亭在禹廟旁嘉靖中季本守長沙從嶽麓書院搨碑文歸知府張明道刻入石字奇古難辨成都楊慎譯之

禹碑文 承帝曰嗟翼輔佐卿洲渚與登鳥獸之門參身洪流而明發爾興久旅忘家宿嶽麓庭智營形折心罔弗辰往求平定華岳泰衡宗疏事裒勞餘伸禋鬱塞昏徙南瀆衍亨永制食備

萬國其寧
寵舞永奔

宋政和四年敕改禹廟爲告成觀靖康初翟守汝文作三清於正殿又作真武像尤極精緻說者謂得天人粹温之氣而陰威肅然翟忠惠家傳公妙於刻塑受法工師於會稽告成觀刻三清玉帝真武像神氣虛閑如與人接郡人謂之木寶嘉泰志云翟公命工塑真武像既成熟視曰不似不似即日毀之別塑今告成觀西廡小殿立象是也道士賀仲清在傍親見之而不敢問

瞿公設醮青詞

臣聞昊天有目之所共緲尚絕形容上聖衆妙之所圓成孰能體象敢以凡情之見解妄慕浩坳之高明深慮忽寘自貽誅譴伏念臣叨蒙覆燾粗識薰修每嘆玄象

不傳莫慰群倫之思敬力求繪素仰肖光儀用志[illegible]乍僅成茲事今者甫塵州陛獲遂夙心竊惟高上玉極之尊必示淵默無爲之相寫三清之垂拱用仿威神具萬德之莊嚴出臨霄極儼獲上通帝所克簡聖衷即乞須降諸天普同供養咸瞻晬表永有依歸臣尚恐粉墨翫焚閟藏雲闕復命工師再刻崇建琳宮流傳颭歘之姿安奉告成之宇庶存下土以廣真遊臣[illegible]誓願力劫始終歸誠道蔭生身嗣續祇命玄科非敢萌纖毫僥福之心直以盡頂踵報天之實自稱小兆臣翟汝文

宋攢宮諸陵俱在寶山今名攢宮山紹興元年四月哲宗昭慈皇后孟氏崩遺誥斂以常服不得用金玉寶貝權宜就近擇地攢殯候軍事寧息歸葬園陵所製梓宮取周吾身勿拘舊制以爲他日遷奉之便朝廷欲建山陵是時會稽以江東漕無攝二浙應辦議

日帝后陵寢今存伊洛不日復中原即歸祔矣宜以攢宫爲名遂從之攢宫之名實始於紆之請也是年徽宗顯肅皇后鄭氏崩于五國城五年徽宗亦崩七年何蘚還始聞帝后訃音先上陵名曰永固九年高宗憲節皇后邢氏崩于五國城十二年八月金人以三梓宫來還十月徽宗鄭后合攢于昭慈太后攢宫西北改陵名永祐而邢后攢昭慈攢宫西二十九年九月高宗母顯仁皇后韋氏崩攢永祐陵西三十一年金人以欽宗訃聞遥上陵名曰永獻乾道中朝廷遣使求陵寢地虜人乃以禮陪葬于鞏縣欽宗朱后

朱氏從北去不知崩所歲月淳熙十四年十月[illegible]崩攢會稽上陵名曰永思慶元三年十一月高宗慈烈皇后吳氏崩祔永思陵紹熙五年六月孝宗崩攢永思陵西上陵名曰永阜開禧三年五月孝宗成肅皇后謝氏崩祔永阜陵慶元六年八月光宗崩攢會稽上陵名曰永崇嘉定十七年閏八月寧宗崩其冬命吏部侍郎楊燁爲按行使燁歸奏云獨泰寧寺之山山岡僻特五峰在前直以上皇青山之雄翼以紫金白鹿之秀層巒朝拱氣象尊崇有端門旌旗簇伏之勢加以左右環抱顧視有情吉氣豐盈林木榮盛

以此知先帝弓劒之藏蓋在於此尋令太史局卜格一起一伏至壬而後融結宜於此矣詔遷寺而以其基定卜上陵名曰永茂紹定五年十二月寧宗仁烈皇后楊氏崩祔永茂陵其孝宗成穆皇后郭氏成恭皇后夏氏光宗慈懿皇后李氏寧宗恭淑皇后韓氏攢在山陵之前並不遷祔攢所亦無考景定五年十月理宗崩攢會稽上陵名曰永穆咸淳十二年七月度宗崩上陵名曰永紹元至元中西僧楊璉真珈奏發諸陵宋遺民山陰唐珏潛易以僞骨取真者瘞之山陰天章寺前六陵各爲一函獨理宗顱巨恐力之

事泄不敢易楊璉真珈遂築白塔于錢塘藉以厭之
以理宗顱爲飲器　皇明洪武二年詔下北平返理
宗顱歸舊陵三年遣官訪歷代帝王陵寢令各行省
臣同詣所在審視陵廟幷圖以進浙江行省進宋諸
陵圖唯孝理二陵獻殿三間繚以周垣餘僅存封樹
九年令五百步之内禁人樵採設陵户二人有司督
近陵之人看守三年一傳制遣道士齎香帛致祭于
孝宗理宗二陵登極則遣官祭告理宗陵有頂骨碑
亭其右爲義士祠内外禁山三千七百三十五畝田
三十八畝九分歲久爲居民所侵正統間趙伯泰奏

復弘治元年復帖縣典史張弘檢勘具冊以覆其後或以山無守者雖有厲禁侵盜無已時乃割禁山之半佃爲民業其半亦令居民守之而入其租然樵採之禁守衛之夫亦寖以疎矣中興小曆云先是有持陰陽家說欲廣攢宮禁域爲二十里有墓在其間者皆當徙去浙東帥臣王師心立言其不可時監察御史任文薦奉詔監掩攢宮就令按視於是獲免者七百六十有奇會稽新志曰按嘉泰志自祖宗時有殿攢起殯之名皆用殯字至顯仁太后祔永祐攢宮始易以攢字而記又云菆塗龍輴菆謂殯也菆聚也聚木蓋櫬而塗之也如此則當用菆字今姑從俗本

明知府張仕敏記洪武元年正月戊午　皇帝御札相臣宣國公李善長索宋理宗頂骨于北平移北平大都督府及守臣吳勉西僧汝訥監藏深忠以頂骨來獻詔付應天府守臣夏思忠四月癸酉瘞諸南門高座寺之西北明年五月壬辰遣使訪歷代帝王陵寢六月庚辰浙江以紹興

宋諸陵圖進復命禮部尚書臣崔亮奉勑以理宗頂骨復諸舊穴嗚呼穆陵之發蹤今八十有六年迄骸餘駭始克復歸于土豈非天耶惟我國家德邁前王澤被幽壤是宜刻詞穹碑昭示永世臣士敏適守是邦承命惟謹敬述歲月俾後有考焉宋濂集有書穆陵遺骸事與此同

登極祭文洪武四年與禹同

洪熙元年

惟皇德合天地治紹唐虞安民之功垂憲萬世予嗣位之始率典章祇遣廷臣敬修陵寢尚賴神休羽翼治平尚饗

宣德元年

惟帝統承先業保乂家邦民賴以安功德惟茂予嗣位之初特用祭告尚饗

正統元年

予嗣承大統追惟前代嗣君克紹先業用保生民者心存景慕謹用祭告惟帝享之

景泰文同

天順元年

茲予復承大統緬惟前代繼述之君克紹先業以綏民生者心甚慕焉是用祭告惟帝享之

成化元年

惟帝克守先業致治保民茲予嗣統景慕良深謹用祭告尚饗

弘治正德嘉靖隆慶萬曆文並同

王十朋詩并序

某比緣職事朝拜攢宮瞻望松栢愴然悲涕遂成小詩

崇觀升平主神遊在九宵稽山嗟莽禹冢海痛思堯天上仙宮別人間寶祚遥微臣望松栢魂思黯然銷

冬青穴在府城西南三十里天章寺前宋唐林二義士埋宋陵骸骨處六陵各爲穴上植冬青樹六株元羅靈鄉撰唐義士傳唐君名珏字玉潜會稽山陰人家貧聚徒授經營滑髓以養其母歲戊寅有摠江南浮屠者楊璉真珈怙恩横肆勢燄爍人穷驕極淫不可具狀十二月十有二日帥徒役屯蕭山發趙氏諸陵寢至斷殘支體攫珠襦玉柙焚其胔棄骨草莽間唐時年三十二歲聞之痛憤盡貨家具得白金一百星許執券行貸得白金又百星許乃具酒醪市牟豕邀里中少年若干輩狂坐轟飲酒且酣少年起請曰君儒者若是將何爲焉唐慘然具以告願收遺骸共瘞之衆謝曰諾中有一少年曰發丘中郎將眈眈餓虎事露枩何唐曰余固籌矣今四郊多暴骨取竄以易誰復知之乃斷文木爲匱複黄絹爲囊各署其表曰某陵某陵分委散遣之葩地以藏爲文而告諸且事訖來集出白金餘酬戒勿泄越七日總浮屠下令裒陵骨雜置牛馬枯骼中築一塔壓之名曰鎮南杭民悲戚不忍仰視了不知陵骨之猶存也禍淫不、君〻死傳京師上達四聰一八怒赫赫飛風雷號令猝首佩比馬山陰人始有藉藉傳唐事者由是唐之義風震動吳越聲生勢長若胥江撼八月之濤名水高困固自若明年巳外後上元兩日唐出官燈歸忽坐昇息奄奄若將絕者良久始蘇曰吾見黃衣吏持文書來告曰王召君導我往觀闕巍峩宮宇靚麗殆非人間有一冕旒坐殿上歎黃衣貴人降揖曰藉君掩骸其有以報唐乃陛謁造王前王謂曰汝受命宴且貧無無妻若子今忠義動天帝命錫汝伉儷子三人田三頃拜謝降出遂覺罔不知其何也踰時越有洊中表俊者至始下車爲子求師有以唐薦者一見署賓館一日問曰吾渡江聞有唐氏瘞宋諸陵骨子豈其宗耶左右指君曰此是巳表大駭拱手曰君此舉豫讓不能抗也曳之坐北面而納拜焉禮敬特加情好益篤叩知家徒四壁惻然嗟矜語左右曰唐先生家甚寒吾當料理使有田以給左右逢迎爰諏爰度不數月二事俱愜聘婦偶故國之公女負郭食故國之公田所費一一自表出人罔奇唐之節而又奇唐之遇兩高之曰二公真義士義士云後獲三丈夫子咢立傾傾凡夢中神所許稽其數無一不合咄咄怪事乃

如此唐葬骨後又矜宋常朝殿掘冬青樹植於所函
土堆上作冬青行二首馬箠問髑髏南面欲起語野
麕尚純束何物敢盜取餘花拾飄蕩白日哀后土六
合忽怪事蜿蘢挂茅宇老天鑒區區千載護風雨又
冬青花不可折南風吹凉積香雪遥遥翠蓋萬年枝
上有鳳巢下龍穴君不見犬之年羊之月霹靂一聲
天地裂復有夢中詩四首珠亡忽震蛟龍睡軒敝寧
忘犬馬情親拾寒瓊出幽草四山風雨鬼神驚又一
抔自築珠丘土雙匣親傳竺國經只有春風知此意
年年杜宇哭冬青又昭陵玉匣走天涯金粟堆寒起
暮鴉水到蘭亭轉嗚咽不知真帖落誰家又珠凫玉
鴈又成埃班竹臨江首重回猶憶年時寒食節天家
一騎捧香來張孟兼撰唐珏傳大約與羅傳同末云
有謝翱者文丞相客也與珏友善嘗感珏事爲作冬
青樹引語甚悽苦時讀者莫不灑泣翱字皋羽閩人
亦奇士云鄭元祐書林義士事蹟宋太學生林德暘
字景曦號霽山當楊總統發掘諸陵寢時林故爲杭
丐者背竹籮手持竹夾遇物即以夾投籮中林鑄銀
作兩許小牌百十繫腰間取賄西番僧曰餘不敢望
收其骨得高家孝家足矣番僧左右之果得高孝兩

朝骨爲兩函貯之歸葬於東嘉其詩有夢中作十五
一坏未築朱宮土雙匣親傳竺國經只有東風知此
意年年杜宇哭冬青〔又〕空山急雨洗巖花金粟堆寒
起莫鴉水到蘭亭更嗚咽不知真骨落誰家〔又〕橋山
弓劍未成灰玉匣珠襦一夜開猶記去年寒食日天
家一騎捧香來餘七首尤悽怨則忘之矣葬後林於
宋常朝殿掘冬青一株植於所函土堆上又有〔冬青
花二首〕冬青花花時一日腸九折隔江風雨清影空
五月深山護微雪石根雲氣龍所藏尋常螻蟻不敢
穴移來此種非人間曾識萬年觴底月蜀魂飛繞百
鳥臣夜半一聲山竹裂〔又〕君不見羊之年馬之月霹
靂一聲山石裂〔宋謝翺別唐珏冬青樹引〕冬青樹山
南陲九日靈禽居上枝知君種年星在尾根到九泉
護龍髓恒星晝隕夜不見七度山南與鬼戰願君此
心無所移此樹終有開華時山南金粟見離離白衣
人拜樹下起靈禽啄粟枝上飛〔冬青樹引跋二條〕予
既注皐羽西臺慟哭記又以此詩讀者未易通其詞
旨故爲之疏以便參考而自質焉適文獻黃先生之
門人傳藻氏以書來謂聞之文獻者曰楊總統利瓚
官金玉時越中王修竹出金帛與衆惡少謂曰爾輩

皆宋人也吾不忍陵寢之暴露已造石函六刻紀年于一字爲號自思陵以下欲隨號收殯爾衆皆諾遂夜往守貯遺骨葬之上種冬青樹爲識此歌詩之所爲作也其說如此予以舊注頗有異同未即以舊聞非是姑録一通寄傳且書來言于此以問該洽者庶幾或可再正也丙午正月十日張丁識〔又〕浦陽張君孟兼取謝翶爲宋丞相文公所作西臺慟哭記詳疏其文復取其至越中所作冬青樹引併疏之于卷末且以窆宋遺骸事爲唐玨王修竹而疑其異同予謹按郡先生霽山林君當宋亡忠義耿耿有南山有嘉樹及商婦怨等詩見所著集中嘗與唐玨收宋遺骸於山陰種冬青樹其上刻誌有丙之年子之月冬青花不可說之句蓋先生乃王修竹門客先生與玨所爲王蓋與知之矣夫謝翶在文公之門非張君玆述殆泯滅不傳今書玨之事而林君不與焉豈非闕乎予因併識其事以釋君之疑且以副君好古之盛心云洪武四年二月十日孔希普識山陰新志曰按輟耕録所載唐玨林景熙收宋諸陵骨事年月事實前後不同有紀事四絶句唐之傳林之集中各有載其詞則大同而小異陶九成謂唐所收者諸陵骨林所[illegible]

者但高孝兩朝詩廿有雙匣字得非林之詩所傳曰該入於唐傳中者乎故今載於林之名下其冬青花歌附于唐傳者二載于林集中者一詞皆不同今則各附于二公名下俾觀者有所辨也會稽新志張元忭曰忭按唐林二義士事所樹冬青與所傳詩四首並同孟甚惑之竊疑當時二人本協謀而傳者失其實耳季長沙公本乃以收骨事爲唐珏非林景熙其証謝翱詩云星在尾謂寅年也元史曆志授時曆經黄道十二次宿度尾三度一分一十五秒入析木之次辰在寅謝翱以布衣杖策叅文天祥軍事天祥死丁燕翱徬徨山澤遇處即哭卒窮以死其忠憤如此故謂收骨爲唐珏事且知爲戊寅年者以翱詩爲証耳然以冬青樹引二跋觀之則如余前所疑庶幾近之而王修竹名英孫嘗延致景熙要亦與聞其謀者也又嘗覽霽山集載冬青花諸詩甚明中與唐玉潛王修竹往還詩不一多激烈語其答謝皐羽又有夜夢繞勾越落日冬青枝之句謂非與聞其事者可乎當收骨時事甚秘故姓字互傳若此姑識此以俟博古者辨之

宋遺民錄無名氏詩

六陵草沒迷東西冬青花落陵上泥黑龍斷首作飲器風雨空山魂夜啼

當時直恐金棺腐鑿石通泉下深錮一函白鴈度江來寶氣竟逐妖僧去金屋猶思宮女侍玉衣無復祠官護可憐特比月氏王寧飼烏鳶及狐兎真人歘見起江東鐵馬九月蹄崆峒百年枯骨却南返雨花臺下開幽宮流螢夜飛石虎殿江頭白塔今不見人間萬事安可知杜宇聲中淚如霰〔明高啓詩〕樓船載國沉海水金椎晝入三泉裡空中玉馬不聞嘶日落寢園秋色起魚燈夜滅隧戶開弓劍已出空幽臺髠胡暗識寶氣盡六陵松柏悲風來玉顱滌注酡酥酒誤比戎王月支首百年帝鬼泣穹廬醉骨飲寃愁不朽幸逢中國真龍飛一函雨露江南歸環珮重遊故山月冬青樹色遺民非千秋誰解錮南山世運興亡反掌間起輦谷前馬蹄散白草無人澆麥飯〔李東陽冬青行〕高宗陵孝宗陵鱗骨盡蛻龍無靈唐義士林義士野史傳疑定誰是玉魚金粟俱塵沙何須更問冬青花徽宗不返梓宮後二百年來空朽木穆陵遺骼君莫悲得葬江南一杯足〔孫紀詩〕海門三日無潮汐天塹徒誇壯南國龍舟載璽竟不還祗見銅駞在荆棘鳳凰山前樓閣重妖髠據作瞿曇宮誰言枯骨有王氣六陵伐盡山爲童風雨黃昏寒食節杜宇

淚成血壼瓶塔倚夕陽低冬青樹老秋風折四十年有道君殁後寧知刼火焚王顱酒深究鬼酢此事痛切誰堪聞狂胡突據九土擾天命真人爲除掃一凾仍返舊山河更得千秋薦蘋藻

墓府城內文種墓在卧龍山北麓輿地志潮水至越山失其尸令缺處是也水經注文種城於越而伏劍於山陰越人哀之葬於重山文種既葬一年子胥從海上負種俱去游夫江海故海水之前揚水者伍子胥後重水者大夫種宋徐天祐詩越種吳胥總可憐傷心賜劍兩忠賢浮丘無地埋良骨却送潮頭齧墓山

謝夷吾墓在府署儀門下初夷吾將死囑其家曰漢末當亂必有發掘露骸之禍宜懸棺下葬府門下其

家從之故墓獨存

邁里古思墓在蕺山古思以紹興錄事司官掌總督越兵爲御史拜住所殺溺其首溷中未死前三日有星大於盃盌墜鎮越門化爲石明吳騏詩鎮越城邊將星墮蘭臺忽起蕭墻禍殘軍不領戰衣歸屍首那將革褁褁傍無石獸表無文至今不識誰家墳棠梨花開曉無踪墳頭高處羊成群憶昔孤城臨大敵保全竟賴斯人力當時不見起祁連向後誰能鋼陰宅百年陵谷儘如斯故老于今有口碑玄堂陰深土花碧萇弘冤血應淋漓

白太守墓在卧龍山之陰太守名玉漢中人正統中合家病卒無所歸因葬焉嘉靖二十一年知府張明道因永福寺故址立祠有司春秋祭以上隸山陰

山陰越王允常墓在木客山水經注句踐都琅琊欲移允常塚塚中生分風飛沙射人人不能近句踐謂不欲遂止

越王句踐墓在府城南九里越絕書獨山大冢者句踐自治以爲冢徙琅琊冢不成去縣九里今獨山乃在城西三十五里

句踐子墓在夫山越絕書夫山大冢句踐庶子塚也去縣十五里

陳音墓在陳音山

灼龜公墓在府城南一里越絕書民西大冢者句踐客秦伊善灼龜者塚也因名冢爲秦伊山十道志在龜山下

薄父墓漢薄太后父吳人死山陰因葬焉後文帝即位

追尊爲靈文侯會稽郡置園邑三百家長丞以下使奉守寢廟上食祠如法史記索隱云顧氏按冢墓記薄父墓在會稽縣西北禝山上今猶有兆域正義云括地志檝山在會稽西北三里一名稷山唐時省山陰縣也據西北是今山陰境檝山想即蕺山然不在西北稷山則更在東會稽境十道志稷山一名禝山恐西字誤

馬太守墓在府城西二里鑑湖鋪西即漢守馬臻

孔愉墓在府城西二十九里即孔車騎

郗愔墓在府城西南二十五里愔以會稽内史老因居於此

謝輶墓在府城西南三十三里晉會稽内史

謝靈運墓在府城西南三十三里靈運死廣州[illegible]
於此
徐浩墓在府城南二十一里
賀知章墓在府城南九里其地因名九里墓在山顛
鄉人呼爲賀墓
康希詵墓在蘭亭傍舊有墓碑顏魯公撰幷書宋郡
守吴奎携去又康德言墓在離渚匾石湖傍湖之得
名以其墓碑石匾
魏惠憲王愷墓在法華山天衣寺法堂故址王諱愷
宋孝宗第二子也王嘗領雍州牧既薨命厝紹興會

地遣使輙祭且視塋焉

杜太師祁公衍墓在永呂鄉苦竹村

孫威敏公沔墓在承務鄉

陳中書過庭墓在府城西南三十里黃祊嶺上

王特進俊義墓在府城西六十里栖山西尚書佐墓附焉地名西山村有王佐祠

傅墨卿墓在承務鄉

曾文清公幾墓在鳳凰山

陸太保昭墓在承務鄉左丞之祖四世葬于此墓碑尚存

趙太師墓在承務鄉清憲公之祖與陸氏墓正相當

墓碑亦存

唐運史閔墓在府城西南三十里蘭亭相近

李太尉顯忠墓在府城東南三十里秦望山之北翁仲俱在

唐少卿翊墓在蘭亭西

會稽若耶大塚越絶句踐葬先君夫鐔冢也

晉八僊塚在白塔山舊志晉稽康善琴過白塔宿傳舍遇古伶官之鬼而得廣陵散曲曲終指其葬處至今窟穴猶在宋徐天祐詩廣陵莫惜世無傳遺恨商聲第二絃伶鬼何關興廢事淒凉一曲

紹興府志　卷之二十　冢墓志　十八

光南遷

塚斜在平水上三十餘里接嵊界相傳越之墳墓多在所謂斜者如唐宮人斜之類耳

曹娥墓在曹娥廟東

丁固墓十道志在會稽又名司徒冢今不知何所

吳越忠遜王墓在昌源宋史錢倧疾殂東府以王禮葬焉宋林景熙詩牛頭一星化爲石千仞稜層垂鐵脊隆隆隱隱佳氣藏列峰環拱效圭璧玉棺何代埋衣冠三朝禹乘子復孫典冊煇煌照九土歲時園廟嚴駿奔輪雲自古幾翻覆山靈不守松柏禿離離荒草鬼火青麥飯無人澆林麓我來弔古欲雪天兆宮金碧椽寒煙殘僧相對語寂寞苦梅隔嶺青年年

太傅信王趙璩墓在昌源石傘峰宋宗室璩以少保恩平郡王判大宗正始賜府於紹興後罷大宗正進少傅王薨贈太保信王以葬至慶元六年加贈太傅

榮王趙希瓐墓在昌源理宗父

錢内翰易墓在天柱峰下子集賢彦遠伊孫伯言祔

陸諫議軫墓在五雲鄉焦塢

齊賢良唐墓在昌源石傘峰

顧内翰臨墓在昌源石傘峰

陸左丞佃墓在陶宴嶺支峰下

胡尚書直儒墓在秦望山

韓左司膺胄樞密肖胄運使髦墓並在日鑄嶺

傅編修堯咨墓在石旗山給事中崧卿左藏檜並祔

尹和靖先生焞墓在龍瑞宮前峰石帆山下明季本詩有序

尹和靖墓在會稽龍瑞山嘉靖中爲里豪所發得其誌石人有見者聞於官時莆田洪玨方知府事使人訪求則石既毀矣乃即城南捨子橋下爲祠以祀和靖其祠蓋舍法寺廢址云一從南渡寄遊魂龍瑞山前日色昏宋代寢園銷已盡程門衣缽瘞無存空瞻特廟荒新壤不及幽銘認舊墳吊古尚多遺恨在休將往事論揚髠

梁司諫仲敏墓在秦望山

蔡孝子定墓在觀嶺下

王尚書定肅公希呂墓在三都之破塘里

陸太師游墓在雲門盧家嶼

莫侍郎叔光墓在平水

元韓先生性墓在木石岡

呂副樞珍墓在府城東南七十里湯浦獅山之麓

蕭山朱雋墓在洛思山

曹亮墓在昭明鄉

郭璞墓在孝悌鄉或云郭母

許攸墓詢之父在鳳儀鄉

夏靖墓在螺山

山遐墓簡之子濤之孫晉東陽太守在由化鄉

羊太守玄保墓在長興鄉
陳休墓在鳳儀鄉
勞沅墓在鳳儀鄉
徐鴻墓在長山鄉
羅隱墓在許賢鄉
張尚書堯墓在北幹山下
許珪墓在鳳儀鄉
沈職方衙墓在鳳儀鄉
厲大資墓在郭墓山石獸俱存
張待制稱孫墓在湘湖龜山石獸俱存

華郡王墓在長興鄉

王侍郎綵墓在碑牌領

諸暨王右軍墓孔曄記曰在苧羅山孫綽作碑王獻之書碑亡已久或云在嵊金庭山或云在會稽雲門山智永傳云欲近祖墓便拜掃移居雲門寺則在雲門者近是然雲門今無迹也永師爲右軍七代孫雲門或其別祖墓耳

劉龍子母墓晉時劉姓一男子釣於五泄溪得驪珠吞之化龍飛去人號劉龍子其母墓在撞江石山每清明龍子來展墓必風雨晦冥其墓上松二株至今奇

古可愛相傳龍子所植云

姚待制舜明墓在長寧鄉子樞密憲墓亦在旁

欒知州鳳墓在苧羅山

吳知縣亨墓在龍華山

餘姚嚴子陵墓在客星山華清泉之左數十百步又躡而上登復數百步岡夷壠合左顧石旋東望山凹處如吻仰張狀凹外隱隱見海是先生墓所故有題石曰漢嚴光墓唐人筆也今莫存正德八年府同知屈銓復立石鐫曰漢徵士嚴光之墓輿地志光墓有石阜爲衛宋乾道四年史浩鎮越作客星菴置廿亩田

即墓建書院今並廢

虞國墓在雙鴈鄉國守日南雙鴈隨還餘姚國死鴈棲墓不去死乃瘞之墓旁名之曰鴈塚

劉綱墓在四明鄉綱上虞令與其妻樊夫人並昇仙其蛻骨皆合葬云

虞翻墓在鳳亭鄉羅壁山下

汪亮墓在四明鄉石井山

趙秀王墓在從山秀王者孝宗本生之父名伯圭家餘姚而葬焉

元陳綱詩　秀王陵墓此山巔古寺荒凉隧道邊花礎蛟龍蟠夜月蘇碑麟鳳泣秋煙坳灰不泯三千界香火今餘二百年頭白老僧言歷歷逢人揮淚佛燈前

陳侍郎亮墓在化安山

莫殿撰子純墓在烏戌山

莫將仕當墓在菁江

李莊簡光墓在筊山

倪侍郎思墓在賀溪

史巖之墓在梅梁山石柱及石門石香亭尚存石柱遠在山外臨溪水

于家大墓縣志云在縣西南隅山川壇之右于肅愍公祖墓也肅愍之先家餘姚父老猶能指識其處後自姚徙杭姚之里正歲科督之厲甚不能堪乃豁于

錢塘正統初始除餘姚之籍自是以姚爲諱而其祭尚
存焉其說如此而余考肅愍公碑志家傳絶無餘姚
字公一代名臣不應忘祖且云爲諱何解傳疑可也
上虞黄塚會稽十城志上虞縣東南古塚二十餘墳
永嘉之初潮水壞其大塚所壞一塚磚題文云居在
本土厥姓黄上葬于此大富強易卦吉龜卦凶
孟嘗墓在縣東南
魏朗墓在縣西北四十里
蔡墓在五龍山世傳爲蔡邕父母之墓旁有石室爲
邕妻守墓之所蓋傳會

謝安墓舊志云在始寧鄉史稱安墓在建康梅岡此云安墓未詳

謝玄墓在東山南史謝靈運父祖並葬始寧

包孝女墓在羅巖山

楊威母墓水經注縣東北上亦有孝子楊威母墓今不知何所

葛仙翁墓在嵩公山有石室丈餘如塚神仙傳葛玄居會稽語弟子張恭曰今當解去遂入石室而臥三晝夜大風折木良久而止然燭視之但有衣在豈即此地而名墓耶

魏道微墓在縣西北四十四里

吳越公主墓在小越伏龍山

朱娥墓在縣南六里

劉漢弼墓在瑞象寺前

趙龍圖墓在漢弼墓北斷碑猶存今不知何所

林希元墓在瑞象寺東元至正間希元爲上虞令卒于官貧不能歸民相地葬之

嵊阮裕墓在縣東九里裕以疾築室剡山徵金紫光祿大夫不就卒

戴顒墓在縣北一里王僧達吳郡記曰顒死葬剡山今石表猶存嘉定三年婁鑰爲書本傳立碑于道左今俱不存

山桐公墓在縣東故港有高塚世傳以爲謝氏祖墓

許玄度墓在孝嘉鄉濟度村盖玄度居濟度卒

褚伯玉墓在縣西白石山今名西白山南史本傳云齊高帝於此山立館居之伯玉常居一樓及卒葬焉

朱侯墓在桃源鄉烏榆山齊朱士明官至吏部尚書梁封漢昌侯

姚參政墓在靈芝鄉按舊志姚太師舜明墓在諸暨今曰參政墓者疑[illegible]爲祖墓耳

陳靈濟侯墓在縣西十里許浦橋之上去冢一百步侯之孫其築亭墓上奉時祀

縣令蔣志行墓

新昌支遁墓在南明山載安道嘗過之歎曰德音未遠而拱木已積冀神理緜緜不與氣運俱盡耳王珣法師墓下詩序余以寧康二年命駕之剡石城山即法師之丘也高墳欝爲荒楚丘隴化爲宿莽遺跡未滅而其人已遠感想平生觸物悽懷

石氏墓吳堅志新昌石氏之祖本山東人因適越挈家徙居焉時有韶國師善地理每經從石必迎佇致敬其妻嘗出拜曰夫婦皆年老欲從師求一藏骨地韶許之與往近山得一處五峯如蓮花溪流平過其下回抱環揖指示之且藴識窆之穴而去翁媪葬焉後數十年孫曾登科相仍至以百數宣和以後頗衰越

五畢畧無齒鄉書者而里中一民家産寖豐生四子容質姸王或告石氏是人竊以父骨埋於君祖塋之上故致此寖引石往發土得木桶藏枯骸其中棄之民家自此遂微四子相繼夭逝先是石塋有棠梨一本每抽新枝則族系一人必策名若攺秩或一枝萎折則有當其咎者民思報怨夜往伐其樹自是科級視昔年弗逮云又石氏宗譜新昌石昉墓前有柘木生而内向覆擁如盖然守墳者言每有登科者則柘有枝特生一枝一人或二三枝則二三人縣志云石氏始祖太保元遂葬沃洲平頂山節度使昉葬靈柘

棠梨疑卽靈栖洪公以祖墓有名訛爲一耳

滎王墓隋滎王白避隋亂亡入彩烟鄉葬歷岡三渡之原民爲立白王及韓妃廟

漏澤園嘉泰志云崇寧三年二月有詔收葬枯骨凡寺觀旅櫬二十年無親屬及死人之不知姓名及乞丐或遺骸暴露者令州縣命僧主之擇高原不毛之土收葬名漏澤園周以墻柵庇以土地所宜易生之木人給地八尺方塼二刻元寄之所知月日鄉里姓名者幷刻之暴露者官給轜葬日給寓鏹及祭奠酒食墓上立峯有子孫親屬而願葬園中者許之給

地九尺已葬而願改葬他所者亦聽禁無故輒入及畜牧者又立法郡縣官違戾者弛慢者失檢察者皆置之法久之有司奉行頗過至有分爲三園良賤有别又葬日及歲時設齋醮置吏卒護視守園僧以所葬多爲最得度牒及紫衣遂有析骸以應數者久之始詔裁損自軍興多故遂盖弛中興以來郡縣或自以意廣朝廷惠澤云云今爲利建炎初翟參政汝文爲守時亦收四郊暴骨葬園中知山陰縣王朝議館主之得骸千計内有異骨二皆相鈎連自頂至踵無分寸脱落釋氏謂之鏁子骨是也亦可異矣

又云紹熙五年少監李公大性來爲提舉浙東常平於會稽鎮塢山陰涸涌塘各置義塚［會稽尉徐次鐸記］越之流風凡民有喪即議僑寄棺柩所積夙號墓園連歲不登繼以癘疫而民不免於死亡公奉命東來一意全活饑者振之以粟病者起之以藥死者遺之以棺荒政舉行畢力無倦復有志於埋掩骼之舉命次鐸走近郊枚數寄棺凡三千餘下令申飭曉告使人人知有送死之義且曰其有狥浮圖火化者助之緡錢姑從其私乃若無力歸葬請于官給所費規畫已定復命次鐸度地得二所其一鎮塢廣四十畝又其一涸湧塘傍十餘畝由是義塚之規立矣兩隅分峙男女以辨繚以周墻封其四圍畫圖傳籍備録分藏閭里姓氏次第刻著中命緇黃以視墓室五封廣列尚爲後圖庶幾有以繼于此也自慶元改元夏迄于冬十月野處之棺官爲覆藏者凡千二百九十有三據籍可考至是澤及枯骨矣自今不燎於原不淪於川不暴於野是則公拳拳之志也

今山會漏澤園二縣共一所在府城南七里即宋舊址

蕭山義塚在北幹山麓嘉靖十一年改置於淨土山麓周繚以垣上覆以石北置門初置守塚二人今廢今又有張氏義塚

諸暨義塚二一在縣西門外長山之麓一在楓橋鎮黄土山嘉靖中知縣朱廷立置土山里人陳元璧所輸也

餘姚漏澤園宋元在龍泉山　國朝移于小黄山巳復移大黄山

上虞義阡在縣北後山下邑士劉漢詛地也廣二十五畝因令張志立有意惠民遂舉地以葬死無歸者繚以土墻建門軒嚴扃鐍又縣西門外有地僅四畝亦其類也丐者寮左焉今皆廢

嵊義塚在東門外新河之左往年以造塔餘貲建惜未繚以墻垣不免芻牧

新昌義塚在西郊

附宋宋諸葛興九頌

興世家會稽俯仰巇壑惟禹陵所在自少康建祠今數千載比年時和歲豐邦人奉祀弗懈益虔因感昔人九歌之作自禹暨嗣君二相與夫英覇賢牧高人孝女顯有祠宇者輒爲九頌效顰前作念昔楚騷之興蓋出於感憤而託以規諷後之摸倣者如九詠九愁之類往

往皆然輿方蹈詠明時又其意主乎景仰先哲固無所謂感諷也直曰頌云爾間獨妄論古人不能不發其一二而其歌吟嗟歎因寓之以擬騷之聲云　瞻

越山兮鏡之東鬱喬木兮岑叢荷青霞兮空之石枕碧流兮寶官端巖晃兮穆穆列俎豆兮雍雍梅爲梁兮挾風雨倏而來兮忽而去芝產殿兮間見櫺垂庭兮猶古壁騰輝兮珪薦瑞書金簡兮緘石匱朝萬玉兮可想探靈文兮何祕嗟洚水兮橫流民昏墊兮隱憂運大智兮無事錫鴻範兮敘疇身勞兮五嶽迹書兮九州亶王心兮不矜迄四海兮歌謳猗聖宋兮中興駐羣蹕兮稽城獨懷勤兮曠代粲奎文兮日星揚舲兮拊鼓吳歈兮鄭舞奠桂酒兮蘭肴薦幾髣髴兮菲食畀宮之遺矩　右八禹陵

肇三聖兮傳一中建人極兮叅洪濛兀上錫兮汝績昭華歸兮汝躬大道公兮均嬀繼家天下兮繇姒氏嵩石兮發祥謳歌兮與子誓甘野兮服叛養國老兮貴齒甯不重兮味不貳琴瑟羅兮鍾鼓置思皇訓兮克儉心敬承兮敢墜祀四百兮綿景祚兆大橫兮垂異世越山兮攏蜒鏡水兮漪漣嬰祠宮兮屹峙肅廡祀兮愉然端冕兮龍章執珪兮琳琅想規重兮矩疊洗部奏兮鏗鏘　右

謁王　披竹簡兮典謨聖手斷兮唐虞登群龍兮輔翊萃一堂兮都俞知人兮帝之哲動天兮帝之德畫像兮民不犯舞干兮苗已格迨一旅兮中興嚴廟貌兮稽陵感會遇兮風雲壯像飾兮股肱憤夷楚兮陵上國忽庭堅兮祀俄息泚麟筆兮特書喟夷吾兮存力何汲汲兮詭誕謂明良兮相賊姦雄託兮自文慨齊東兮毋惑仰而覗焉典禮秋俯而察焉草木植功之遠兮難名民之思兮無斁　右二相　聯禹陵兮巋然邃珍節兮蟺蛸敞別室兮遺像崇英霸兮千年誌越民兮非黷祀推世家兮自遷史肇無餘兮開國傳後裔兮奮起痛夫椒兮深衂同國人兮勞欲采戢兮食何味嘗膽兮志彌篤封以內兮種所司閫以外兮蠡所知羞厲志兮濼恥迄乘時兮決機盟上國兮王致胙按山南兮恢上宇陟鑑臺兮睨東海矩天門兮摸地戶惜規圖兮不弘幾弓藏兮犬烹蹇七術兮遺恨悵五湖兮遐征尚譯嫣兮復續終與享於鼻祖之庭　右越王　書昇媺兮力溝洫民奠居兮勤稼穡降嬴劉兮言水利嘉鄞渠兮夸鄭國慨元光兮瓠子決彼劍封兮河之北悼一言兮貽時害諉天事兮非人力昔越守兮得賢候慮遠久兮爲民謀鏡一湖

兮陂萬頃備瀦泄兮歲有秋寧殺身兮利人抑洙泗兮稱仁嗟後夾兮秘巳田吾湖兮寖湮湖之復兮疇繼侯之心兮萬世酌清流兮擷蘭芷奉明薦兮非旣祀　右馬太守廟　典午西兮金谷華渡而東兮藹多士嘉内史兮屏浮華淡物累兮順天粹升治城兮遐想友東山兮雅志修禊事兮蘭亭觴曲水兮群英追雩風兮涵泳溯萬化兮均平紀清遊兮感慨刻形忘兮神詰蔚翔鳳兮一札寶連城兮千祀太傅起兮爲蒼生扶晉鼎兮蹶符秦内史歸兮樂山水師萬石兮飭孫子出與處兮兩賢意亦地兮皆然　右王右軍祠　山簇簇兮環湖水淼淼兮縈紆人何遊兮明鏡鳥何飛兮晝圖懷賀老兮今昔想逸致兮林盧老之襟兮天潤老之神兮秋月飛翰兮龍鸞吐詞兮氷雪際熙運兮開元[illegible]縟典兮春宮淩王簫兮倚華蓋驂驂馭兮升西崑俄清夢兮綿綿恍乘雲兮登仙覲紫皇兮玉宸聆九奏兮鈞天戚天公兮遂志鼓千樺兮錦里吾明兮鷗鷺吾賓兮煙水野服兮蹁躚班衣兮娛戲緬高賢兮非苟於去就其庶幾兮東門之傳鴟夷之子　右賀監祠　虬髯起兮龍翔耀兵威兮八方法羽林兮嚴禁衛握鈎陳兮掃攙搶視諸將兮

噲等伍咨舊臣兮忠且武聳萬目兮矩矱衛九重兮心膂維東南兮都會孱吾王兮塡撫惻惻威惠兮千載贖福祥兮兹土瞻衮服兮煌煌薦蕙肴兮葵觴匪震懾兮羅池置愛思兮桐鄉王之澤兮流後裔更累葉兮舊忠義孰旌表兮陪廟祀顯一門兮厲斯世　布

城隍龍王　惜叢祠兮江之湄慓予心兮蕭孤表　車行兮尚之祀垂拱辭兮淳之俾嗟窮宼兮践天性一念列兮萬古鏡山高兮蒼蒼江練兮茫茫江之水兮可竭娥之靈兮不可歇　布

曹娥

雲門寺圖
金子山
竹橋
傳忠廣孝之寺
正殿
辯才塔

秦望山
白乳泉
蕭然樓
火者塔
火者塔
石橋
房
五雲山
釣石

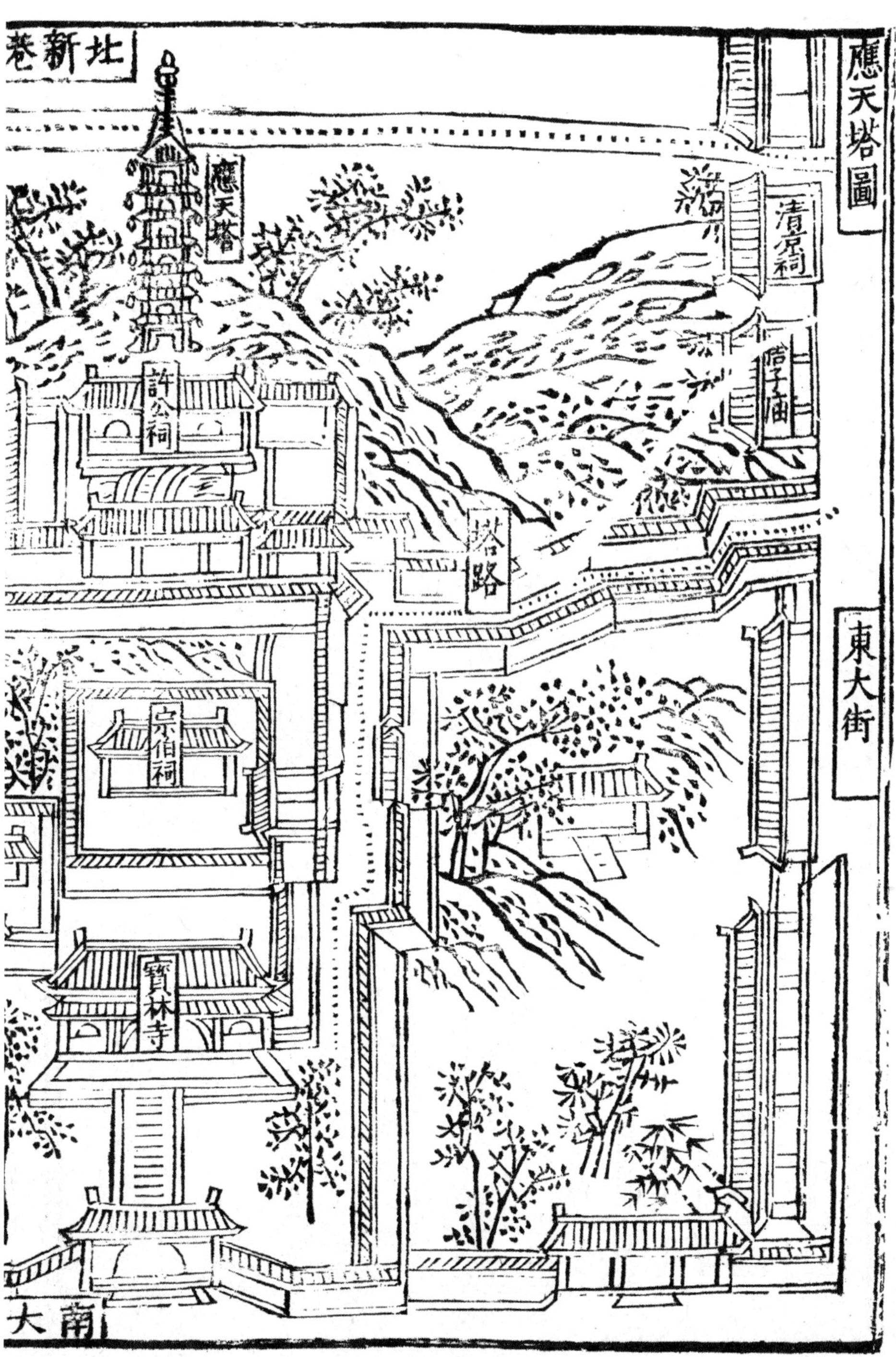
應天塔圖
北新巷
應天塔
清凉祠
許公祠
塔路
東大街
宗伯祠
寶林寺
南大

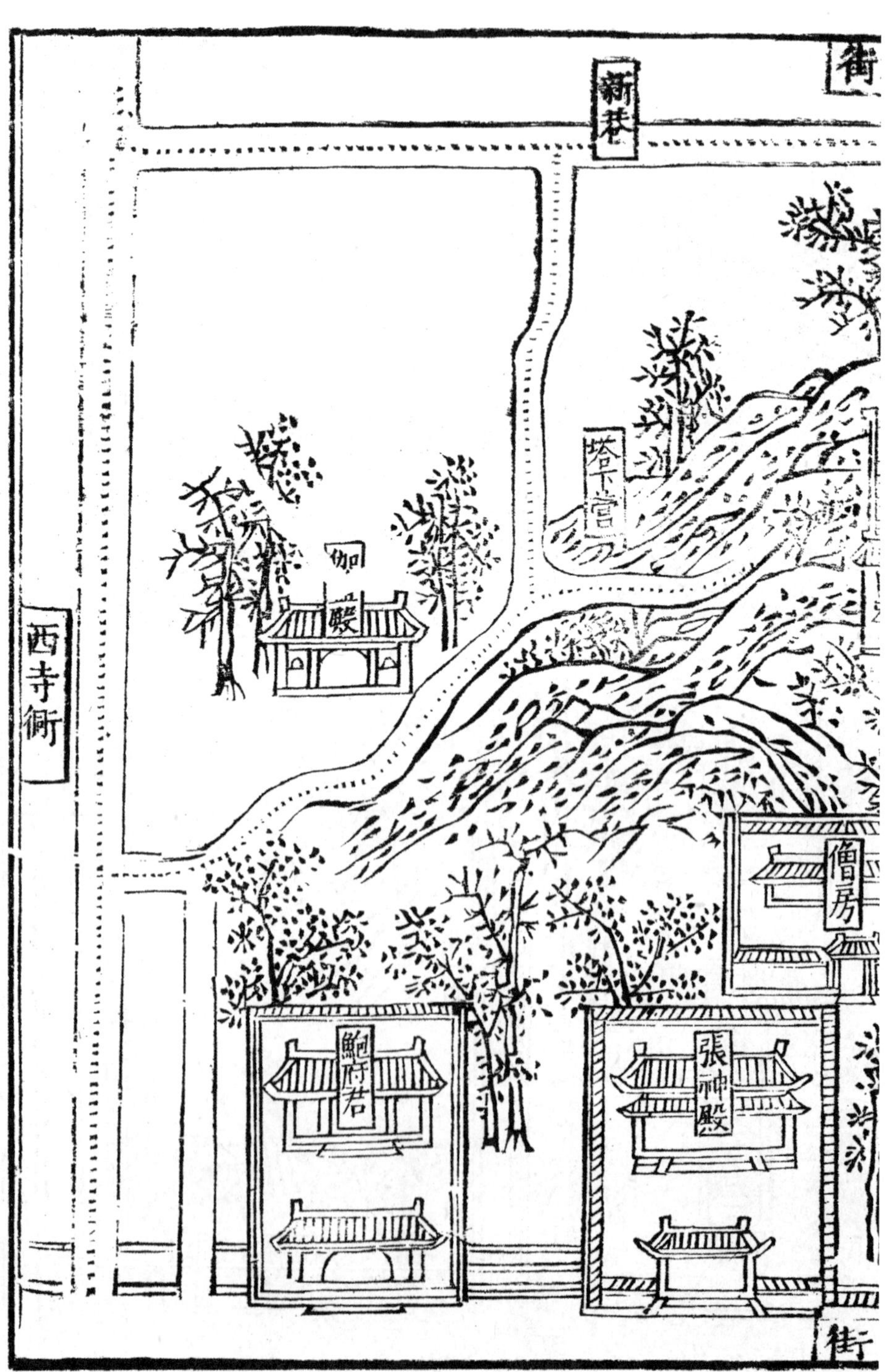
街
新巷
塔下宫
伽藍殿
西寺衕
僧房
鮑府君
張神殿
街

紹興府志卷之二十一

祠祀志三

寺　院　庵　塔

寺府城内大能仁寺在府南二里許晋許詢捨宅建號祇園寺後廢吳越王時觀察使錢儀復建號圓覺寺宋咸平六年從知州事兵部員外郎康戩之請用承天節名改賜承天寺政和七年上后土號曰承天效法厚德光大后土皇地祇詔天下承天僧寺皆改爲能仁寺蓋避后土號也是歲詔建神霄玉清萬壽宫以僧寺壯麗者改建而越以能仁爲之建炎中興

命神霄復爲僧寺能仁寺復故州又有能仁院郡人謂兹寺爲大能仁寺元初燬至正間重剏　明嘉靖三十年後倭患作有司議鬻諸寺院以助軍興於是舊名刹多廢能仁蓋亦以是時廢云　宋僧宗昂住會稽能仁寺有故相寓寺中已而復相宗昂被勑住持郎官馬子約題詩法堂壁上曰十年衰病卧林泉鵷鷺群飛競刺天黃紙除書猶到汝固知清世不遺賢

小能仁寺在府西六二里宋開寶六年觀察使錢儀建太平興國二年吳越給地藏院額後改今額　明萬曆四年道人李明性凈桂如曉重修城中諸寺獨小能仁習禪持戒旦夕爲飯接衆凡渡海謁普陀者

徃反必一飽當春時日以百十計鄉人見其如此爭擔米助之亦未嘗缺也小能仁接衆之名遂聞於四方叢林矣修寺之費蓋即其口食餘資云張元忭有重修寺記

寶林寺宋元徽元年製法華經維摩經疏僧遺教爭與法師惠基於寶林山下建寺名寶林寺時有皮道與捨宅連山造寺山之巔有石岫岫有靈鰻旁有巨人跡錫杖痕初晉末沙門曇彥與許詢玄度同造甎木二塔未成詢亡久之至梁天監中岳陽王將至彥預告門人曰許玄度來也岳陽亦早承誌公密示至州即入寺尋訪彥望而曰許玄度來何暮昔日浮圖

令如故王曰弟子姓蕭名㬤彥曰未達宿命焉得知之遂握手命入室席地王忽悟前身造塔之事宛若今日由是復修塔塔加壯麗唐會昌中廢乾符元年重建改題爲應天寺宋乾德初僧皓仁建塔九層高二百二十丈號應天塔崇寧三年八月詔改崇寧萬壽禪寺三月八日又改崇寧爲天寧每歲天寧節郡寮祝聖於此紹興七年改報恩廣孝禪寺俄又改廣孝爲光孝專奉徽宗皇帝蓋以本天寧祝聖之地也時有長老茲須者有高行會改當十錢爲當五郡守召須及能仁長老察告之且曰聞二寺方大興造有

未還瓦木工匠之直倘蓄當十錢可急償之明日文字一出皆大折閱矣二人既歸能仁呼知事僧告以將赴他郡之請凡有負者皆即日償之於是出千餘緡與之抵夜乃畢衍者皆喜明旦遣侍僧問天寧則日長老歸自郡齋即以疾告閉方丈門熟睡至今猶未起也及令下須始以當五之數償負能仁乃大媿服乾道末藻繪尤盛置田五千餘畝後經幾燬今梵宇則我　明永樂十一年僧善忠所構構時尚未有塔嘉靖三年郡人蕭副使鳴鳳言于郡召僧鐵瓦復建塔隆慶來塔復將圮萬曆六年寺僧真理募緣修

之又改其前殿加高敞焉寺舊有聖母閣今廢寺田
亦罕存塔前近建許玄度祠[唐李紳詩]寂深城郭在
人烟疑借壺中到梵天巖樹桂花開月殿石樓風鐸繞金仙地無塵滓多靈
草室鑒真空有定泉應是法宫傳覺路便消煩惱見
青蓮[方干詩二首]山捧亭臺郭繞山遥盤蒼翠到山
巔巖中古井雖通海窟裏陰雲不上天羅列衆星依
木末周迴萬室在簷前我來可要歸禪老一寸寒灰
已達禪[又]中天坐卧見塵寰峭壁垂蘿不易攀晴捲
風雷歸故壑夜和猿鳥鎖寒山勢横緑野蒼茫外影
落平湖瀲灎間師在西巖最高處路尋雲裏見玄關
[趙嘏詩二首]佳辰何處泛花遊丞相筵開水上頭雙
引旆擺山雨霽一聲歌動寺雲秋林光靜帶高城晚
湖色寒分半檻流共賀萬家逢此節可憐風物似荆
州[又]已到朱門誰復容晚烟蹤蹟入長松初收上界
半軒雨緑盡尚秋繞寺峯宿處客塵隨夜靜望中寒
水向身重價言自愧崇山下内史旌旗久未逢展蹟
[詩]四面湖光絶路岐鵁鶄飛起暮鍾時漁舟不用懸
帆席歸去乘風插柳枝[錢起王倧詩]有時風掣浪聲

到半夜月排山影來[宋杜衍詩]中懷無絆外緣閑深掩禪扉客到難勝境可曾飛錫去好山多秪捲簾看晝升講座天花落夜步吟軒海月殘今日逢師堪論道歸心愁思一時寬[王安石詩]飛來頂上千尋塔聞說雞鳴見日升不畏浮雲遮望眼秪緣身在最高層齊唐詩]電轂揮斷冠鼇峯飛下千巖秀色中掩映翠微開寺舍參差碧樹捲簾籠塔間燈火晴霞閃井底波濤漲海通幾踏纖塵到禪室講花吹散午天風[齊廓詩]寶勢聳如龜躡龍牙照錦翬路盤危磴出僧觸斷雲歸萬井分塵界千巖列錦圖浮生任多事到此合忘機[張紹詩]城郭鎖山林日無塵土侵一峯來海上高榻起天心世道有盈縮靈泉無淺深使君今老矣閑處得閑吟[李郁詩]青燈映獨宿世事忽如遺一榻寒無夢高齋靜見詩長空消海氣遠翠淡烟姿欲問無生意高人不可期[王英孫詩]飛來幾千載臺殿壓岧嶤落日飛仙鼠秋風下健鵰山腰危露石海眼暗通潮堪嘆玄英後詩名竟寂寥[王易簡詩]元度存遺跡玄英有舊詩城中獨高處雪後最佳時拂壁書行記逢僧談故祠闌干頻徙倚不奈朔風吹[王昌符詩]何事詩家稱剪裁跨虛相繼有樓臺水涵春碧雨初

霽山露曉青雲半開寶塔禮終僧舍靜粉墻題罷使
車回此時欲結香蓮社秪爲陶潛醉不來　元鮮于樞
詩越國龜峯寺樓臺曜錦暈許詢初有造徐浩久相
依開戶琅玕裂袞登山窣堵危昔聞禪板少今見講花
飛禱雨靈鰻躍看雲老鶴歸童烹羅漢茶客禮國師
衣白足三千指蒼松四十圍星河上界近煙火下方
微浮世自榮辱深林無是非
天台五臺遠何必更騤騑

大善寺在府東一里中有七層浮屠梁天監三年民
黃元寶捨地有錢氏女未嫁而死遺言以奩貲建寺
僧澄貫主其役未朞年而成賜名大善屋棟有題字
云天監三年歲次甲申十二月庚子朔八日丁未建
宋建炎中大駕巡幸以州治爲行宮而守臣寓治于
大善及移蹕臨安乃復以行宮賜守臣爲治所歲時

內人及使命朝攢陵猶館於大善乾道中蓬萊館成乃止慶元三年寺塔俱燬於火發塔中地得石刻乃越州龍興寺宋太始元年唐太平元年造塔宋淳化三年復燬景德元年重建石刻中多斷闕不可盡諳龍興寺與龍興橋相近或謂提舉廨舍是也　明永樂元年寺僧重修寺塔復煥然

光相寺在府西北三里許後漢太守沈勳公宅晉義熙二年宅有瑞光遂捨爲寺安帝賜光相額世說許掾年少時人以比王苟子許大不平時諸人士及林法師並在會稽西寺講王亦在焉許意甚忿便往西

寺與王論理共决優劣苦相折挫王遂大屈許復執王理王執許理更相覆蹴王復屈許謂支法師曰弟子向語何似支從容曰君語佳則佳矣何至相苦邪豈是求理中之談哉相傳此即西寺　明嘉靖初寺尚存十一年改爲越王祠

至大寺在府北二里元至大四年僧本立購石氏故宅建殿壁刻宋高宗御書詩尚存

戒珠寺在蕺山南晉右軍王羲之故宅或曰其別業也其創始年莫考陳大建二年有僧定光來寓寺中耳過其頂擎銀像長立不卧又有天竺僧辭博神異

及死瘞山上其形數現後夢語其門人曰必爲卧像屋以壓之我則不現僧定光乃立卧佛像果不復現而所構華壯敞潔甲於郛內其卧佛殿今尚存有所謂十大弟子者哀泣其旁或候氣或捫足而佛之父母亦在焉故又名卧佛寺有竹堂雪軒泰宇閣皆一郡登覽之勝宋紹興中爲士子肄業之地策名者常十餘人巍科接踵蓋山川之秀有以相之宋熙寧中郡守程師孟與僧重喜遊于寺喜立成句行到寺中寺坐觀山外山李郢雪軒詩四山環繞翠岧嶢想見凌晨雪未消四萬八千脩月手不知何處琢瓊瑶王十朋詩九日重登古戢山勞生又得片時閑菊花今歲殊不惡蓬鬢去年猶未斑藍水楚山詩興裏鑑湖秦望酒盃間醉中同訪右軍蹟題扇橋邊踏月還

天王寺在蕺山東麓寺後山壁刻字有曰唐景德元年歲在壬子准敕建節度使相國隴西公生祠堂其年十二月十六日開山建立蓋董昌生祠也後唐天成四年吴越王錢鏐夢神人求祠宇或言祠本古天王院有魚池因建天王院建炎末與開元寺同時燬于火紹興中院僧惠廸再建佛殿西北隅山壁舊有陸少師題名石刻云虞駮元王源之吴廷膽曹季明沈永道孫元禮陳志行陸元鈞自戒珠寺雪軒過草堂登上方尋徑到此政和八年三月二十八日元鈞題今剥落不存【宋陸游詩】遊山如讀書深淺皆可樂道傍小精舍亦自一丘壑凄凉四十

年始復看着脚老僧逝已久講坐塵漠漠當時童子
輩衰髩亦蕭索掃壁觀舊題歳月真電雹文章畀不
傳衣食窘如昨出門
意惆然遼海渺孤鶴以上隸山陰
開元寺在府東南二里五代節度使董昌故宅也後
唐長興元年吴越武肅王建寺盖處一城之中四旁
遠近適均重甍廣廡修廊傑閣大鐘重數千觔聲聞
浙江之湄佛大士應真之像皆雄麗工緻冠絶他剎
歳正月幾望爲燈市傍十數郡及海外商賈皆集玉
帛珠犀名香珍藥組繡髹藤之器山積雲委眩耀人
目法書名畫鐘鼎彝器玩好奇物亦間出焉士大夫
以爲可配成都藥市宋咸平中僧曉原立戒壇遇聖

節則開以傳度其徒建炎庚戌虜騎侵犯既退羣盜投隙而至遂焚不遺一椽後雖與葺然未能如初今以爲習儀祝釐之所前門內西近建湯太守祠殿東建吳通判祠萬曆十三年僧眞秀募緣重修大殿易石柱

長慶寺在府東南一里宋永徽二年建即竹園寺

杏花寺在府東南四里周顯德二年錢承裔建號法華懺院後改旌教院宋時植杏甚茂至今僧謂杏花寺

大中禹跡寺在府東南四里許晉義熙十二年驃騎郭將軍偉捨宅建唐會昌中例廢大中五年僧居玄

詩闕請僧契真復興此寺并置禪院於北廡賜名大中禹跡寺門爲大樓奉五百阿羅漢甚壯麗初釋氏自達摩至慧能以來傳禪宗然禪院皆寓律寺至百丈山懷海始創爲禪居乃不復寓律寺契真亦懷海弟子是時禪寺雖創尚未盛行故猶寓禹跡北廡爲禪院宋紹興末曾文清公幾卜居於越得寺之東偏空舍十許間居之手種竹盈庭日讀書賦詩其中公平生清約不營尺寸之産所至寓僧舍蕭然不蔽風雨惟食奉祠之祿假二三老兵給使令而已曾幾詩手自栽培千箇竹身常枕藉一牀書

延慶寺在府東南五里許唐大中十二年台州刺史羅昭權捨宅建［宋徐鉉述祖先生墓志序云門生彭汭登第補本郡司倉掾嘗與社祭齋于郡之延慶院獨處一室既寢而精爽不寧展轉至四鼓乃得寐夢一白衣書生入戶謂汭曰某嘗述少文詞在此室司倉嘗見之也汭辭以未見書生曰試爲讀之言訖而去及寤猶四鼓因呼僕秉燭周視牆壁闃意謂有留題者而都無所見雅戶扇下有石方尺餘塵土蒙之視彷彿有賀監字乃知此是也祀事罷移置廳前以水滌之文字依然即進士許嵩所撰祖先生墓誌也問主僧云十年前院側數十步官置尾窪掘地得之而掌役者軍吏也不曉其所自但見有文因惜不毀而置此按賀監以天寶二年始得還鄉既而天下多事遂與世絶止於吳越故老亦不能知其所終徵彭子之夢則賀監輕舉之迹與祖君高尚之節皆泯沒矣其誌云通和先生祖君名貫字子元范陽人性寬平州里莫見其喜怒長短頗覽書尤工詩句天才黙識少有倫似盖修黃老之術初賀監得攝生之妙近數百年不死荷笈賣藥如韓康伯近

在天台山升遐徧於人聽元和己亥年先生遇之謂曰子寛中柔外可以語至道也俟十歳遇爾於小有乃授斷穀丹經先盟而授之吞一粟則十年不飢一日謂門人曰賀公之期至矣沐浴委化

隆教寺在府東三里宋太平興國元年觀察使錢儀建號無碍浴院大中祥符元年改賜今額

龍華寺在都泗門内即陳江總避難所憩也俗呼龍王堂江總脩心賦幷序太清四年秋七月避地於會稽龍華寺此伽藍者余六世祖宋尚書右僕射州陵侯元嘉二十四年之所構也侯之王父晉護軍將軍彪昔莅此邦卜居山陰都賜里貽厥子孫有終焉之志寺域則宅之舊居左江右湖面山背壑東西連跨南北紆縈聊與苦節名僧同銷日用曉脩經戒夕覽圖書寢處風雲憑棲水月不意華戎莫辨朝市傾淪以此傷情可知矣啜泣濡翰豈攄欝結庶後生君子閔余此槩焉嘉南斗之分歎牽東越之靈秘表檜風於韓什著鎮山於周紀蘊大禹之金書鐫暴奏

之狂字太史來而探穴鍾離去而開笥信竹箭之爲珍何珷玞之罕植奉盛德之鴻祠寓安然之古寺實豫章之舊圃成黄金之勝地遂寂默之幽心若鏡中而遠尋面層阜之超忽邇平湖之迥深山條偃蹇水葉浸淫掛猿朝落饑鼯夜吟菓叢藥苑桃溪橘林梢雲拂日綠牆生陰保自然之雅趣鄙人間之荒雜望島嶼之邅回面江源之重沓流泛月之夜迥曳光烟之曉匝風引蜩而嘶譟雨鳴林而脩颯鳥稍狎而知來雲無情而自合彌乃野開靈塔地築禪居喜園迢遞樂樹扶踈經行藉草宴坐臨渠持戒振錫度影共蔬堅固之林可喻寂滅之鄉斯如異曲終而愁起非木落而悲始豈降志而辱身不露才而揚己綜風雨之如晦倦鷄鳴而聒耳幸避地而高棲憑調御之遺旨抑四辯之微言恬三乘之妙理遺十纏之繫縛祛五惑之塵滓久遺榮於勢利庶忘累於妻子感意氣於疇日寄知言於來祀何遠客之可悲知自憐而可已

華嚴寺在府東五里舊去七十里　唐嚴維和皇甫大夫夏日遊華嚴寺

詩福地華嚴會，王家少長行。到宮龍節駐，禮塔鴈行成。蓮界千峯靜，梅天一雨清。禪庭未可戀，聖主寄蒼生。宋陸游記會稽五雲鄉有山曰黃塚，山之麓原野曠衍，水泉洌冽，岡巒抱負，嵓嶂森立，而地荒不治者不知幾何年矣。或謂古嘗立精舍以待天衣、雲門遊僧之至者，有石刻具其事。其後寺廢石亡。慶元三年，馬君正卿、嵩卿以餘貲買地築室，擇僧守之，乃告于府牧丞相葛公，以華嚴院額徙置焉。

以上隸會稽

山陰天章寺在蘭渚山，今蘭亭曲水在其側，舊有右軍畫像及書堂。宋至道二年，仁宗降御書"天章之寺"四字額。或謂仁宗書此額時，本書真宗御集閣"天章之閣"四字，既成，聖意未愜，再書之，前本遂不用。有內侍奏章獻太后言越州天章寺天下名山，今欲乞皇帝更書一寺字易閣字以賜太后與帝欣然許之此四字是也紹興八年高宗降御書蘭亭序石刻元季寺燬于火碑像猶在舊有供應田千畝今則蝕於豪右久矣

天衣寺在法華山前有十峯雙澗晉義熙十三年高僧曇翼結庵誦法華經多靈異內使孟顗請置法華寺至梁惠舉禪師亦隱此山武帝徵之不至昭明太子遺以金縷木蘭袈裟遂以天衣名寺宋嘉泰中異公所頂戴紫檀十二面觀音及梁太子遺舉公金縷木蘭袈裟紅銀藻瓶紅瑠璃鉢猶具在寺又有化身

普賢及飛來銅像化身普賢即曇翼所立飛來銅像乃海南維衛無量壽佛像云是西域阿育王第四女以姿貌寢陋異其端嚴捨金銅冶鑄斯像四十九軀首飾火焰足飾蓮花布散天下爲衆生植福之本浮海而至梁武以施山中奉於西序寺多杜鵑花每歲盛開觀者競集寺後有十峯堂堂之前有唐李邕撰碑斷石尚存元末寺燬于火佛像碑悉煨燼　明洪武中再建寺嘉靖初僧亦稍修之田產尚盛三十五年召佃爲民業寺遂廢

唐李邕碑　昔者法王道開蝸順喻非多證入彌遠故以三界爲宅五濁爲家四生爲子六度爲門轉致熱惱之衆延巢清凉之都念茲

在茲廣矣大矣法華寺者晉義熙十三年釋曇翼法師之所建也師初依廬山遠公後詣關中羅什早入禪慧尤邃佛乘與沙門曇學俱遊會稽覩秦望西北山其峯五連其溪雙帶氣象靈勝林壑虛閑營卜蘭若專精法華感普賢菩薩爲下里優婆提稀子於竹筐寄釋種於蓬室及杲日初上相光忽臨乘喬上漢師想望太息沈吟永懷葉公好龍已遇真物羅漢測佛獲了聖心太守孟顗以狀奏聞因以爲寺則知妙法者真如之正體蓮華者淨道之假名是故宗厥經署厥榜了無量義成不住因至若高僧慧基邑人陳載皆踵武宗跡傳燈襲明或五性範堂或七寶規嚴立普賢座進蓮佛藍固足以發慧印啓玄門入位畢臻出家備應或慧舉以徵或昭明所造或簡文瑞像或武帝香爐寶扇吟風珠幡交露僧繇墨意書長毫之妙光宮女縋功織大身之寶相百寶盈於九隅群經備於三藏所以神鍾警夜保賢聖之大居祥烏肅賓迓軒蓋之雲集登山而野曠心空浴水而垢除意淨性通七事戒總八關金枝五分優劣既等繪綵四色功德豈殊頃者亳州刺史前此邦別乘太原王公名法海廣大慧去煩惱之外標德慈悲之內實起譜

賢臺一級寫法華經千部廣化人吏大啓律途即普
賢臺立法華社地效其靈山呈其秀夫名者事之華
碑者物之表其或表不立則瞻仰失容名不興則纘
述無地願言刻石是用齊山其詞曰會稽南山秦望
北寺高僧還住聖跡標寄耆闍北峯法華取義群佛
護持歷國檀施陸寶大來海珍總萃幡影連珠象光
發瑞臺壓龍首殿開烏翅松巖蕭疎竹澗蒼翠綱紀
有光禪律不墜緣會正直別乘仁智作爲碑板贊述
名字 宋之問遊法華寺詩 高岫擬耆闍真乘引妙車
空中結樓殿意表出雲霞後果纏三足前因感六牙
宴林薰寶樹水溜滴金沙寒谷梅猶淺溫庭菊未華
臺香紅藥亂塔影綠篁遮果漸輪王族緣超梵帝家
晨行踏忍草夜誦得靈花江郡將何匹天都亦未加
朝來沿泛所應是逐仙槎 又 薄遊京都日遥羨稽山
名分刺江海郡朅來徵素情松露洗心眷象筵敷念
誠薄雲界青嶂皎日鶩朱甍苔澗深不測竹房閑且
清感真六象見垂兆二鶚鳴古今信靈跡中州莫與
京林巖永棲業豈伊佐一生浮悟雖已久事試去來
成觀念幸相續庶幾最後明 嚴維宿法華寺詩 一夕
雨沉沉哀猿萬木吟陰龍常護法長老密看心魚梵

空山靜紗燈古殿深無生久已學白髮淚相侵皇甫冉奉和獨孤中丞遊法華寺詩謝君臨郡府越國舊山川訪道三千界當仁五百年巖空騶馭響樹密旆旌連閣影凌空壁松聲助亂泉開門得初地伏檻接諸天向背春光滿樓臺古製全群峯爭彩翠百谷會風烟香像隨僧久祥烏報客先清心乘暇日稽首慕良緣法證無僧偈詩成大雅篇蒼生望已久迴駕獨依然劉長卿題靈祐上人法華院木蘭花詩庭種南中樹年華幾度新已依初地長獨發舊園春映日成華蓋搖風散錦茵色空榮落處香醉往來人菡萏千燈遍芳菲一雨均高歌儻爲檝度海有良因于良史春山夜月詩春來多勝事賞翫夜忘歸掬水月在手弄花香滿衣興來無遠近欲去惜芳菲南望鍾鳴處樓臺深翠微方干詩砌下松巔有鶴棲孤猿亦在鶴邊啼臥聞雷雨歸巖早坐見星辰去地低一徑穿緣應就郭千花掩映似無溪是非生死多憂惱此日蒙師爲破迷吳融詩寺近十峯險穿緣一徑尋雲藏古殿暗石護小房深宿鳥連僧定寒猿應客吟上方應見海月出試登臨僧皎然法華寺望高峯贈如獻上人詩風色秋天見松聲靜夜聞影孤長不在行道入

深雲冬日遲和盧使君幼平恭母居士遊法華寺高
頂臨湖亭仁芳標絶境廉守躡高蹤天見纔分刹風
傳欲盡鍾城中歸路遠湖上碧山重水照千花界雲
開七葉峯寒空苂綴湍晴翠白綸濃逸韻知難繼佳
遊恨不逢仍聞撫禪石爲我久從容宿法華寺心與
空林共杳冥孤燈寒竹自青熒不知何處小乘客一
夜風前誦佛經江上人禪居路入松蘿遠更奇山光
水色共參差中峯禪寂一僧在坐對梁朝老桂枝宋
王十朋詩稽山高入雲鑑湖闊浮空禹秦有餘跡晉
宋多鉅公我來歲及周夢寐懷清風茲欣天氣佳扶
桑欲曈曨駕言天衣遊盍簪盡鵷鴻綷夕戒行李如
期集仙宮聯騎出城南行行指秦峯千巖競吐秀眼
界清無窮招提在何許十里松陰濃林端忽鍾聲與
客爲先容群簪擁花界雙珮鳴寒空試將比天台大
畧如思豐首讀邑浩碑妙理開昏蒙細觀元白詩丘
壑羅胷中蕭壁尚堪面梁薪幾經烘慈宮現有相禪
客談無同朝陽最嶄絶白雲抹其胷杜鵑天下無至
今映山紅翼僧始開山道業聞清衷惠舉詔不起高
價傾江東袈裟縷黃金皆女自針工昭明親抱送禮
意何太恭白馬忽渡江臺城喪英雄國破遺衣在冊

青落塵容我輩皆書生意氣飄如虹螭屐共尋幽寧求香火功載酒懷賀老招隱思戴顒賦詩效吹臺一飯敢不忠况我賢使君德宇尤疏通楚醴餉百榼白衣走山中嗟余何爲者天資愧倥侗謬與酒中仙偶同戴山松同年妙詞章况有山水供古詩如古琴山高水溶溶背囊小奚奴捧硯長鬢僮勝遊與佳作二美今具逢品題徧群英波瀾及孤蹤掬水弄花句比擬何凡庸茲會如蘭亭同行類荀龍盛事在詩史奚用呼畫工　明劉基詩三首　城上餘寒曉氣凝湖邊春樹綠層層三山獨表秦皇望衆水皆朝夏后陵白眼嗣宗終嗜酒青鞋杜子謾尋僧仙都石室烟霞裏早晚相攜策瘦藤　又　即看梅蕋發江南漸見柔桑可浴蠶日鑄雨餘峯似髻吳雲門烟合樹如藍青猿不避遊人過碧澗能消宿酒酣况有山僧頗解事何妨聊駐使君驂　又　可愛寒潭似鏡清清光寒氣襲軒楹草根流水泠泠出石上潜魚箇箇横翠靄鷺鷥風和露滴白沙得雨照人明故鄉近報猶豺虎愁對滄浪詠濯纓

法雲寺在府城西北八里本名王舍城寺久廢吳越

時有大校巡警見其地有光景乃復興葺宋時陸中允諸公又捨園地益之建炎初金虜入寇有三騎至寺主僧道亭閉寺擊殺之尸諸門虜後騎至遂焚寺道亭復營葺不少挫未成而卒其後自修契彝繼之乃成往時有重喜者不知何郡人爲童子時擁篲掃廊忽涣然有省遂能詩有傑句元豐中居法雲寺嘗作詩地爐無火客囊空雪似楊花落歲窮拾得斷麻縫破衲不知身在寂寥中

本覺寺在梅山後唐清泰三年節度副使謝恩恭捨宅建初號靜明寺有雲峯堂以曾文清詩得名亦有公手書行記後有適南亭可以望海又有子真泉宋趙抃詩上方金碧冠諸峯知是蓬萊第幾宮畫舫去尋灝面濶危亭登望海門通梅山舊説爲真隱佛子新

傳倡祖風判憶前春曾遍覽至今來往夢䰟中

融光寺在府城西三十里舊傳柯亭即其地也宋時接待院　明正統十二年　詔從侍郎王佑言賜經一藏構重屋貯之賜今額俗呼爲柯橋寺佑山陰人

柯山寺在柯山下唐僧皎然詩江郡當秋景期將道者同跡高憐竹寺夜靜賞蓮宮古磬清霜下寒山曉月中詩情緣景發法性寄筌空翻譯推南本何人繼謝公

臨江寺在牛頭山一名牛峯寺晋天福中建上有石室傍有陸太傅書院嘉泰志無臨江寺而有延福院云在山陰縣西六十里牛頭山之麓晋天福三年置建炎中燬於火紹興五年重建乾道五年始畢工有

石庵是禪師安禪之地景德初陸太傅軫與鄉士數人習業於此嘗遇大雪絕食累日陸公禱山神明日獲二麂焉聞者嘆異及陸公直集賢院來守鄉邦遣衙校致祭書堂在寺之西北隅今寺僧猶能識其處縣新志并臨江寺兩載之按兩寺俱在牛頭山同年建又同有陸太傅及石室遺蹤疑是一寺 明劉基詩 天下干戈靖未能遇山佳處且須登日烘灌木啼黃鳥風動殘花落紫藤埋迹自非逃世士息心也愛坐禪僧一聲長嘯雲霞裡頭上蒼崖似欲崩 王晃詩 山靈本是愛山農况是登臨重復重海水浮來多怪石雲霄上接有高松忘情淺淺溪中鳥不雨深深洞底龍帶甲如今滿天地烟霞合此寄高蹤 鎦績詩 旭日上高林千嵓散生色同胞忽相命力疾振輕策行覩林表峯過憇松壁下石蘿逕互迴復草烟半明滅時遇荷蓧翁復

備從禪客居然洽真賞談笑務相悅爲沾幽磴雲擁
煮茶陰崖雪念因靈境迷興爲故人發此地可逍遥云
胡成還別〔錫師邵詩〕近水山開處中林客到時風高
松子落露濕菊花香陶令自耽酒遠公仍愛詩相隨
小童子休
道淵還遂期

安昌寺在清風鄉〔唐孫逖立秋日題安昌寺北亭詩〕樓觀倚長霄登攀及霽朝高如石
門頂勝擬赤城標天路雲虹近人寰氣像遥山圍伯
禹廟江落伍胥潮徂暑迎秋薄凉風是日飄果林推
苦李萍水覆芊蕉覽古嗟夷漫陵空
愛泬寥更聞金刹下鐘磬晚蕭蕭

福安寺在塗山東麓地名西余後唐長興元年建〔明羅
頎詩〕密密松篁覆右阡入林方見寶幢懸樓聽潮汐
三江近山引滄洲七寺連樓鶻枝頭傳粥鼓眠牛溪
上起爐烟老僧盡日巖
扉底迎客惟供兩井泉

上方寺在上方山晉天福二年建〔明周祚詩〕江邊靈
氣聚孤寺發山隈

萬竹㵟春暮群花入霧開乘閒移屐屐遠眺接樓臺一水毫茫見千峯襍沓來崢嶸雲川出蕩漾海風廻白日扶天表紅宮逼上台更疑金作地畨許繡成堆物色傷朝代虛無數刼灰陰房金筆刓古瓦玉芝栽披豁當荒野淹留對酒杯依然與不淺作賦擬鄒枚魏直詩聞來須到上方遊與盡還逐乘月下舟百里湖光烟樹晚萬家燈火水城秋世途白覺韶華促杯酒何妨逆旅謀更憶高人共登眺不勝烟景滿滄洲

花徑寺在花徑山元大曆中建明僧懷讓詩畫壁暗塵凝蘿龕冷佛燈壞垣欹老樹古塔擁殘僧齋斷禽長散樓傾客罷登生涯同幻泡興廢總難憑懷讓不知何地人嘗遊會稽諸寺題詩甚多

大慶尼寺在府城南三里晉永康元年有諸葛姥日投錢井中一日錢溢井外遂置靈寶寺唐會昌中毀廢大中復建常選名行尼主焉頗習經學勵行業今

久廢

會稽石佛妙相寺在府城東五里唐太和九年建號南崇寺會昌廢晉天福中僧行欽於廢寺前水中得石佛遂重建宋治平三年賜今額石佛高財二尺餘背有銘曰齊永明六年大歲戊辰於吳郡敬造維衛尊像凡十有八字筆法亦工嘉泰志曰會稽未嘗號吳郡隋嘗名吳州然在此後百餘年此佛既得之水中又一人可負之而趨者安知非吳郡所造而遷移在會稽耶

大禹寺在禹陵之左梁大同十一年建自唐以來爲名剎唐孟浩然義公禪房詩義公習禪寂結宇依空林戶外一峯秀階前衆壑深夕陽連雨足空翠落庭陰看取蓮花淨方知不染心

靈峯寺在府城東南二十二里宋開寶九年觀察使錢儀建初號三峯院治平元年賜今額明劉基活水源記靈峯之山其上曰金鷄之峯其草多竹其木多楓櫧多松其鳥多竹鷄其狀如鷄而小有文采善鳴寺居山中山四面環之其前山曰陶山華陽外史弘景之所隱居其東南山曰日鑄之峯歐冶子之所鑄劍也寺之後薄崖石有閣曰松風閣上人居之有泉焉其始出石罅涓涓然冬溫而夏寒浸爲小渠冬夏不枯乃瀦而西南流乃伏行沙土中旁出爲四小池東至山麓瀦爲大池又東注于若耶之溪又東北入于湖其初爲渠時深不踰尺而澄澈可鑒俯視則崖上松竹草木皆在水底故秘書卿白野公恒來遊終日坐水傍名之曰活水源其中有石蟹大如錢有小鰿魚色正黑居石穴中有水鼠常來食之其草多水松菖蒲有鳥大如鸜鵒黑色而赤觜恒鳴其上音如竹鷄而滑有三鶺鴒恒從竹中下立石上浴飲畢鳴而去予早春來時方甚寒諸水族皆隱而不出至是悉出又有蟲四五枚皆大如小指狀如半蓮子終日旋轉行水面

日照其背色若紫水晶不知其何蟲也予既愛茲水之清又愛其出之不窮而能使群動咸來依有君子之德焉上人又曰屬歲旱時水所出能溉田數畝「其澤又能及物宜乎白野公之深愛之也詩二首靈峯寺閣倚松風風細松高閣更空何處流泉生石上有人鳴玉下雲中花飄霧露春香滿影動龍蛇曉日融安得身如列禦寇翩翩高舉共冥鴻又靈峯之中樓樓倚山山雲日夕棲其間九霄雲露隨高下六月風雷差往還青嶂曉光浮藻梲銀河夜氣濕松關天台向上無多路鸞嶺烟霞此可攀

雲門廣孝寺在雲門山晉義熙三年建寺有彌陀道場杭僧元照書額門外有橋亭名麗句亭刻唐以來名士詩最多先唐時雲門止有此一寺後乃裂而爲四雍熙者懺堂也顯聖者看經院也壽聖者老宿所棲菴也或謂雲門寺本面東主秦望而對陶宴等山

如列屏障會昌廢寺後止存一小殿面南未毀遂附益以爲寺非復舊址而舊址乃多墾以爲田宋紹興中淮僧廣勤爲雍熙副院嘗因牛足陷得小銅維衛佛像於田中蓋古雲門寺地也寺沿革詳虞集所撰記中今去義熙千餘年猶爲勝剎有宋高宗御書傳忠廣孝之寺六字碑寺之前有辨才塔〔唐宋之問遊雲門寺詩〕維舟探靜域作禮事尊經投迹一蕭散爲心自杳冥龕依大禹穴樓倚少微星沓嶂圍蘭若迴溪抱竹庭覺花塗砌白甘露洗山青鴈塔褰金地虹橋轉翠屏入天宵現景神鬼晝潛形理勝常虛寂緣空自感靈入禪從鴿繞說法有龍聽劫累終期滅塵躬且未寧擾擾不安寐待月詠巖扃〔又宿雲門寺〕雲門若耶裡泛溢路繞迴舍緣綠篠岸遂得青蓮宮天香衆壑滿夜梵前山空漾漾潭際月飄飄杉上風茲焉多嘉遯數

子今莫同鳳歸慨處士鹿化聞仙公樵路鄭州址皐
井向巖東永夜豈云寐曙華忽悠龍谷鳥轉尚澁源
桃鶯未紅再詠期春暮當造林端窮庶幾蹤謝客開
山椒刻中〔孟浩然〕遊雲門寺寄越府包戶曹徐起居
〔詩〕我行適諸越夢寐懷所歡久負獨往願今來恣遊
盤台嶺踐磴石耶溪泝林湍捨舟入香界登閣憇旃
檀晴山秦望近春水鏡湖寬遠行佇應接卑位徒勞
安白雲去久滯滄海渴來觀故國恥大未良朋在朝
端遲爾同攜手何時方掛冠〔又〕雲門寺西六七里聞
符公蘭若最幽與薛八同往謂余獨逝方逢子亦在
野結交指松栢問法尋蘭若小溪劣容舟怪石屢驚
馬所居最幽絶所住皆靜者密篠夾路傍清泉流舍
下上人亦何閒塵念俱已捨四禪合真如一切是虛
假願承甘露潤喜得惠風灑依止此山門誰能效丘
也〔孫逖〕奉和崔司馬遊雲門寺詩繫馬清溪樹禪門
春氣濃香臺花下出講坐竹間逢覺路山童引經行
谷鳥從更言窮寂滅迴策上南峯〔又〕酬萬八賀九雲
門下歸溪中作晚從靈境出林壑曙雲飛稍覺清溪
盡迴瞻畫刹微獨園餘興在孤棹宿心違更憶登攀
處天香盈袖歸〔王維〕宿雲門上方道一上人院詩一

公棲太白高頂出雲烟梵流諸洞徧花雨一峯偏號爲無心隱名因立教傳烏來還語法容去更安然晝涉松溪盡莫投蘭若過洞房隱深竹靜夜聞遥泉向是雲霞裡今成枕簟前豈惟暫留宿服事將窮年 劉長卿雲門寺訪靈一上人詩 所思勞日夕惆悵去西東禪客知何在春山到處同獨行殘雪裡相見白雲中請近東林寺窮年事遠公 又寄靈一上人初還雲門 寒霜白雲裏法侶自相携竹徑通城下松風隔水西方同沃洲去不作武陵迷髣髴知心處高峯是會稽 又和靈一上人新泉 東林一泉出復與遠公期石淺寒流處山空夜落時夢聞細響處對清漪動靜皆無意惟應達者知 皇甫曾送著公歸越詩 誰能愁此別到越會相逢長憶雲門寺門前千萬峯石牀埋積雪山路倒枯松莫學白道士無人知去蹤 錢起奉陪使君十四叔晚憩大雲門寺詩 野寺千家外閑行晚暫過炎氛臨水盡夕照傍林多境對知心妄人安覺政和繩床摇麈尾佳趣滿滄波 嚴維同韓翃員外宿雲門寺詩 中今[illegible]在仙郎此夕過潭空觀月定澗靜見雲多竹翠烟深色松聲雨點和萬緣俱不有對境自垂蘿 又奉和獨孤中丞遊雲門寺作 絕壑

開花界耶溪極上源光輝三石座登陟五雲門深木嶠騶馭晴山耀武貴亂泉觀坐卧踈磬發朝昏蒼翠新秋色莓苔積雨痕上方看度鳥後殿聽吟猿異跡梵香對新詩酌茗論歸來還撫俗諸老莫攀援文聡句嚴維喜從林下會還憶府中賢謝良弼石路雲門裏花宮玉笥前裴晃風搖侵岸竹溪引出山泉呂渭猿飲無人處琴鳴淺溜邊鄭槩黃粱誰共飯香茗憶同煎陳元初暫與真僧對遥知靜者便靈一清言皆亹亹佳句又翩翩竟日懷君子沉吟對暮天又謝良弼山中秋賞罷溪上晚歸時呂渭出谷秦人望經湖謝客期鄭槩日斜愁路遠風橫畏舟遲嚴維章句懐文友途程問楫師裴晃淺沙浮蚌蛤危石起鷗鷺陳元初敗葉孤飛絮横堂向古祠蕭初和行行都逸興無處不相思秦系宿雲門上方詩禪室遲看峯頂頭白雲東去水長流松間倘許幽人住不更將錢買沃洲姚合詩二首千重山崦裹樓閣影參差未暇尋僧院先看署寺碑竹深行漸暗石隱坐多時右塔龍蛇善陰廊鳥雀痴雲開上界近泉落下方遲爲愛青楓葉因題滿樹詩文長松落落勝天台佛殿經窓半嶺開郭裏鐘聲山裏去上方流水下方來喻鳬詩幽深

誰捲闌清滑自多閑一雨收衆秋孤雲還遠綠苔上鴿乳翠樓間嵐靄梵香夕客聽半偈仁詩上方僧又起清磬出林初吟苦曉登臨草跡舊山多夢到流水送愁餘寄寺欲經歲故書李嘉祐同皇甫冉赴官留別靈一上人詩法詩廬山遠詩傳休上人獨歸雙樹宿靜與百花親對切雖留興觀空已悟身能令折腰客還想竹房春頃斯詩松葉重重覆翠微黃昏溪上見人稀月明古寺客初到風度閑門僧未歸山果經霜多自落水螢穿竹不停飛中宵能得幾時睡又被鐘聲催着衣羅鄴詩千峯白露後石壁掛殘燈曙色海邊日經聲松下僧意閑門不閉年去水空澄稽首如何問森羅盡一乘僧皎然詩越山千萬雲門絕西僧貌古還明月清朝掃石行道歸松下眠禪看松雪僧靈一酬皇甫冉詩湖南通古寺來往意無涯欲識雲門路千峯到若耶春山子猷宅古木謝敷家自可長偕隱那云相去賒僧德圓詩若耶溪邊寺幽勝絕塵囂一洞花將發千巖雪未消依陰生徑竹野色映溪橋漸賞登高處鍾聲應寂寥宋錢惟演詩精舍依巖巘香林結薜蘿崇臺含夕靄危閣架春波淨飯供蒲寡真詮譯貝多幾

時輝晝錦松下駐鳴珂〔蘇舜欽詩〕翠嶂環合封白雲
中有蕭寺三爲隣老松偃蹇若傲世飛湍奔薄如避
人蒼猿躕斷夜月古冊花開落陽崖春盤桓幾日不
忍去舟出耶溪猶慘神〔王銍詩二首〕慘慘楓林叫竹
鷄冥冥山路曉光微花間宿霧侵衣重石上春泉帶
雨飛境好不妨俱入眼心閒到處是忘機天涯依舊
生芳草何事王孫去不歸〔又〕青山春又到白髮策烏
藤已是他鄉客還同寄住僧瘦松黏凍雪流水帶寒
氷更覺蒼崖路雲深不可登〔陸游詩七首〕蕭寺久不
到偶來幽興長螘穿珠九曲蜂釀蜜千房雨過山横
翠霜新橘弄黃年衰道不進跡重一爐香〔又〕花過木
陰合溪雲生暮凉牛行響白水鷺下點青秧古寺究
如昔釋松森已行者年不下榻童子爲燒香〔又〕小住
初爲旬日期二年流滯未應非尋碑野寺雲生屐送
客溪橋雪滿衣親滌硯池餘墨漬卧看爐面散烟霏
他年游宦應無此早買漁簑未老歸〔又〕乍行春野眼
增明漸減春衣體倍輕人賣山花先穀雨鴉隨墦祭
過清明柳塘水滿雙鳧戲稻隴泥深一犢行晚到三
橋泛舟去掩關不復畏重然〔又〕經行猶記髧髦初所
至渾如過故墟橋廢夕陽空鶴表碑亡春草没龜趺

荒郊湫湫牛羊下叢木蕭蕭鳥雀呼可恨一衰今至此右携笻杖左人扶〔又〕度嶺穿林一徑斜旋箐新火試新茶筍包粉餌祠寒食雨濕青鞋上若耶石罅微泉來滴瀝溪崖老木卧槎牙不須訾覓東柯谷是處雲山可寄家〔又〕總角來遊老未忘背人歲月去堂堂稚松看到偃松蓋廢寺憶曾開寶坊佛几古燈寒焰短齋厨新栗午炊香興闌未忍登車去更倚溪橋立夕陽〔釋如蘭詩〕谿閣重重翠掩遮無時雲氣濕袈裟千峯樹色藏朝雨六寺鍾聲送晚鴉筆塚天寒收柿葉茶壇風細掃松花倦遊每憶消閑地早晚扁舟向若耶〔元虞集雲門寺記〕今天下名山爲佛氏之奧區者有五臺峩嵋廬阜衡岳天台之屬皆雄高奇偉非堅志強力忘年歷險者不足以窮其勝也其在國都會府貴重嚴閟遊者以瞻望爲艱而一亢一墍昔人遺跡之所存其細大盛衰又不可一槩論也然則以風致言之其惟會稽雲門乎曩有斷江禪師恩公住吳郡之開元則韋太守賦詩之地予適吳與之遊未嘗不道雲門也蓋會稽有剡溪鑑湖蘭亭東山禹穴六朝以來幽人勝士之所經歷好事者喜傳之且其爲郡地偏而安俗醇而秀非有靈怪瑰異以蕩人心

而故家遺俗流風餘韻接千歲而不泯良田沃澤可以自給無風塵陸梁之虞干戈不及士大夫尚文而好靜樂仕是邦者或不復思去有餘不至於侈不足不至於陋海内未有能過之者也予先世自永興公始仕於唐陪塟昭陵遂封其郡爲雍人永興公之父太傅公墓猶在定水院後也後遷蜀而徙於予蓋二十世矣故聞恩公之說悠然故鄉之思也且雲門之爲寺在秦望山之麓寬衍紆徐無攀歷之勞千仞可以馴至其人不厭賓客終年忘歸精舍靜居環數十里絕凡俗勢利之紛紜秦望之高巔杯分江海一顧盻而盡得之古人所謂山川景物應接不暇者東峯西巘不出於徙倚之從容而茂林脩竹崇山峻嶺之内又詎可一言而盡乎自與恩公別二十有五年雖隔存歿而雲門常往來於懷也於是雲門僧住源水之開福者曰清昱使其徒前龍潛侍者法堅來請雲門寺記則猶有恩公之遺意也其言曰寺本中書令王獻之舊宅東晉安帝義熙三年有五色雲見其上事聞安帝是以有雲門之額也高僧帛道猷始居之前有法曠之幽栖中有竺道一從猷之招而至後支遁道林講經於茲山焉逮至梁代受業雲門者則有

洪偃避兵縉雲歸其廬舍結衆勵業智果永名法極右軍七世孫書有家法其兄子惠欣亦出家能書與永齊名武帝重之改號永欣寺智果其弟子智詣其兄師也皆以善書聞辯才永師之孫世傳寶藏右軍蘭亭修禊序唐太宗使御史蕭翼以計取之其人也六祖慧能禪師說法曹溪時秦望山有善現在弟子之目代宗時茂亮以法師教内庭不自安而歸其學者曇一律師與之終老山中弘明法師誦法華經而瓶水自滿靈一靈澈兩律師皆有盛名於是時徹通禪觀詩文藏秘府數百年來與地相接因而聞者則有任公釣石陶隱君書堂葛玄井何胤基謝敷宅鄭弘泉唐人之與寺僧游而見諸吟詠者則有王維杜牧之宋之問顧況錙長卿元微之嚴維郎士元皇甫冉之流也會昌唐武宗沙汰寺毀宣宗大中六年觀察使李褒奏請重建賜號拯迷寺五代之亂淨侶散去海晏居之爲石霜諸弟子則青原石頭藥山道吾之緒也度人傳派以甲乙主之然門人去而爲禪爲教爲律不一也晋高祖天福中子蒙作上庵宋建隆王成希宴作看經院開寶壬申重曜作永興懺院曜從天台韶國師學淳化五年又改曰淳化寺天禧中清

外蘊言志智圓智智端皆以其淨行願力大脩其寺慶曆七年國子博士裔某造山門殿棟有皇祐元年之識焉彥強仲皎有詩名禪照大師者楊文公億錢太傅惟演王學士隨皆賦詩送其歸雲門馬是時明教嵩禪師嘗過之比至蜀還有詩賦其懷慕之意諸方誦之咸淳中宋且亡廣勸居之勢家奏爲墳寺更曰傳忠廣孝之寺云寺舊有地田山三百餘畝郡於南宋爲畿甸將相家若韓若陸若賈等多所施與爲師者求弟子極愼重祝髮於寺者多衣冠子孫是以至於皇元而日加盛也其寺凡十二房曰紫霞册井凝暉朝陽長春雲壑西巖東隱東院東谷東巖寂照寺常推尊宿以爲之主收租賦供給寺事每四房每歲擇一人以相之豐則分其羸儉則助其不給又築三庵於勝處曰龍山紫霞之曇雲密曰慶雲東巖之善用曰深居則册井之允若也僧皆修潔樂其幽暇不事馳騖是以能久安山川之勝焉力相與謀曰前代之可書者多矣而湮沒無文其可慨乎各錄其所知於昔者允若清昱起潛也其參伍不齊則稽諸法堅而得之數人者又皆能詩善書其所由來遠哉今雲門有寺六廣孝恩昱諸公所居也上庵曰廣福看經院

日顯聖永興懺院曰雍熙西曰普濟南曰明覺各有勝地歲月可書茲不盡記云明劉基詩若耶溪頭過新雨雲門寺前芳草長好將薜荔紉衣帶更取辛夷結佩纕緑鬓朱顔非昔日茂林脩竹是他鄉東風且莫吹花盡遠客傷春易斷腸毛鉉詩積雪蔽招提空虚夜生白開門不見人鳥棲山正寂跡星帶長汀淡月照幽壁遠樹看欲無近水聞更滴傍觀雲外峯忽現青蓮色此境足安禪何爲迷所適

雍熙院在雲門寺南一里十步初僧重曜於拯迷寺之西建懺堂號淨名庵宋開寶五年觀察使錢儀廣之爲大乘永興禪院懺堂在佛殿後法堂前當時觀音像猶在雍熙二年改賜今額紹興元年賜尚書陸佃爲功德院院額錢惟治書院前橋亭曰好泉亭取范文正巖有好泉來之句又有牧菴朝陽亭及范丞

相純仁兄弟章樞密資曾舍人輩晁侍讀說之江少卿綽廉博士布題名今廢吳越忠懿王遣重曜第一書報雲門山淨名庵長老重曜今差人齎到白乳茶三十斤稜瓷香爐一隻衙香五斤金花合盛重五十兩仍支見錢一百千文足陌可親入懺保安遣此示諭不具押字付第二書報越國雲門山淨名庵長老重曜昨據節度使錢儀申所請爲官中入懺保安事具悉師心鏡絕塵衣珠無類脩釋氏務三之訓得淨名不二之宗洎掛錫寶坊棲真玉笥節使素欽於景行遠有來聞國家因釐於精誠遂可其請況奇峯正聳炎景斯煩非坐非行頗勞精進傾心引領尤媿忠勤今則再賜到乳茶三十斤乳香三十斤至可領也夏熱想得平安好效茲告諭想宜知之不具押字付長老重曜二書俱勒石存院

顯聖院周顯德二年於拯迷寺石壁峯前建號看經院宋乾德六年賜號雲門寺至道二年改今額院後

有王子敬筆倉有經藏其靈異院嘗無主僧郡牧或
毀其法堂以脩園館然經藏如故已復小葺僧童無
産業賴經藏以給今廢
壽聖院晉天福六年建初名上庵宋熙寧二年賜壽
聖額隆興元年改廣福今廢嘉泰志云雲門四寺相
比廣福最在其上小而秀邃可喜傍又有雲泉雲峯
庵皆幽勝而虞記則云雲門寺六有普濟明覺要之
二寺相去遠只四寺爲是宋陸游壽聖院記雲門寺自晉唐以來名天下父老
言昔盛時繚山並溪樓塔重複依巖跨壑金碧飛踊
遊觀者累日乃遍雖寺中人旬日不相覿也入寺稍
西石壁峯爲看經院又西爲藥師院又西繚而北爲
上方已而少衰於是看經別爲寺曰顯聖藥師別爲

寺曰雍熙，最後上方亦别曰壽聖，而古雲門寺更曰淳化。一山凡四寺，壽聖最小，不得與三寺班，然山尤勝絶。遊山者自淳化歴顯聖、雍熙，酌煉丹泉，闚筆倉，追葛稚川、王子敬之遺風，行聽灘聲而坐蔭木影，徘徊好泉亭上，山水之樂饜飫極矣。而亭之傍始得支徑，逶迤如綫，脩竹老木，怪藤覗石，交覆而角立，破崖絶澗，奔泉迅流，喊呀而噴薄，方暑凜然以寒，正晝仰視不見日景，如此行百餘步，始知壽聖。蕭然孤絶，老僧四五人引水種蔬，見客不知拱揖，客無所主而去，僧亦竟不知辭謝，好奇者或更以此喜之。今年予來南，而四五人者相與送予至新谿，且曰：吾寺舊無記，願得君之文磨刻崖石。予與其朴野而能知此也，遂與爲記。然憶爲兒時往來寺中，今三十年，屋益古，竹樹益蒼老，而物色益幽奇，予亦有白髮久矣，顧未知予之文辭亦能少加老否。寺得額以治平某年某月，後九十餘年，紹興丁丑歲十一月十七日，吳興陸游記。

普濟寺在府城東四十里，宋乾德元年盧文朗建。即晉鴻明禪師誦經之地何充累詣聽經故又號何山院今廢　明劉基詩偶從靈峯來遂作雙峯遊雙峯何峩峩俯仰耶溪流炎天正埃欝欲往安所投喜見農事成秔稻滿中丘步入古寺門信美無與儔深地對曲路木木自深幽薜蘿罥松楠上有徠與條登樓散煩熱坐挹山綢繆更愛山下泉冷冷瀉陰潚青苔閟修竹竟日涼風留披軒眺西崖煥若丹霞浮神劍去安之起望空斗牛沉思終永夜月白銀漢秋

明覺寺在剌溶山唐開元十八年建會昌廢晉天福八年復建有千歲和尚塔亦有碑而其說荒怪不可考質然院頗幽絕可愛門外諸峯如栤栤州所謂林立四野者入門石礫屹立儼然如秋今廢　宋王銍寺中見隗橅詩逕山天際斂眉峯清淺溪邊淡粉容落日寺橋人獨坐一燈明滅數聲鍾　陸游詩細路盤青

壁層軒倚碧空天香散塵外僧梵起雲中藤絡將頹石風號不斷松尤憐扶杖處直下數飛鴻元韓性脩寺記沿耶溪而南十里許是爲雲門溪回路轉蒼崖壁立佛燈僧梵危出山半稍上舉武數十步俯視飛鴻遠數衆皺山門横陳是爲明覺寺寺右蒼石磊磊是爲燕坐巖循廡而西有小浮屠是爲寶掌師塔按舊碑師西印土人生周威烈王丁卯年魏晉間至中國唐貞觀中築庵浦江使人爲真像像成語其徒曰吾始願住世千年加七十二表世壽也吾滅後六十年有僧取吾骨塔於他山慎勿止之言訖而寂乃顯二年丁巳正月初九日也其徒爲浮屠以葬五十四年當唐永隆二年有僧自雲門至剌浩諸塔作禮祝曰吾與塔有緣塔當自啟繼而塔戶頓開僧携靈骨於此土因塔建寺寺毁於火塔巋然獨存僧因舊地稍營葺之寺完請記吾聞異境必有異人居之異境不越寰宇之外而異人固無閼之雖佛祖亦人耳上壽一百二十人之所同師獨千歲而加世壽焉誠異於人矣其果然耶是皆昧無生之源而揭厲乎貪生之末流也故或以爲疑嗟夫佛祖壽命無窮常人壽命亦無窮小知自私忘失真我成住壞空之相尋

認一歷爲演淳三壽之期亦人間意也佛祖憫焉故世雄以無生爲至而有無量壽之名師住世千歲有餘而卒顯泥洹之相示人生滅以破顛倒之見耳綜實而言千歲之遠與彈指何異予觀於此山水流花開霜飛葉落師之妙用無一日而不在也夫法身常住依招提常住與葺一時可以記可以無記雖然世間諸相不離實際記之是也遂書其歲月使刻之石塔之建以唐永隆二年寺之建以開元十八年賜明覺額於治平二年毀於至元二十年後三十餘年而寺復完

泰寧寺在府城東南四十里周世宗時建宋陸佃請爲功德院賜名證慈米芾書額外築亭曰慶顯紹興初以其地爲昭慈孟太后攢宮遷寺于山南二里白鹿峯下賜名泰寧而徙證慈額于曹娥其後宋六陵皆在此地故寺益加崇葺　明永樂中災正統中遣

北京僧德顯重建〔明戴冠詩〕寺門斜掩獨鳴驂山色留人晚更堪雨後疎螢明宿草日邊歸鳥背晴嵐龍函經古神呵護骨塔年深鬼嘯談雖有道人星月下焚香猶自禮蘿龕〔虞滿詩〕不須鶴駕與鸞驂布襪青鞋到處堪霽景遠分千里樹秋陰清鎖一溪嵐漁翁放棹緣溪入釋子携經對石談回首城南塵百尺可能飛到白雲龕〔劉棟詩〕繚繞烟花又十年青苔白石尚依然穿雲再放登山屐好事兼携載酒船石谷聽鶯春雨歇野田飛雉麥苗鮮五峯白鹿天台路不是乘槎牛渚邊

東山壽寧寺在府城東二十五里宋宣和五年陸祠部傅所建初蔡京爲黨禁凡故二府臣寮名在元祐黨者皆奪墳剎例更其名爲壽寧陸左丞證慈院其一也政和中詔皆復賜之額亦復其故祠部適以家貲建東山院成遂請於州以壽寧名之方建寺時祠

部年逾六十方手植檜松人或咲之及歿年九十松皆爲喬木云

寶山證慈寺在曹娥鎮本陸佃寶山功德院額以撰宫在彼改名泰寧乃徙額于此

稱心資德寺在稱山下梁大同三年建唐會昌中廢大中五年觀察使李褒重建寺前有馬跑井嘉泰志云稱心在唐爲名山與雲門天衣埒宋考功之問守會稽時有遊稱心寺詩考功詩名冠冕一代李適以爲自康樂以後殆爲絶唱此詩尤高絶信乎其似康樂也又有唐律二篇見集中雲門天衣至今遊會稽

山水者必至焉惟稱心在海隅獨以僻遠寺又蕪茀故詩人騷客有終不一到者名亦晦而不彰豈獨人材有不遇哉

唐宋之問詩　步陟招提宮北極山海觀千巖遞縈迭萬壑殊悠漫喬木傳夕陽文軒劃青漁興泄雲多表裏鷲湖舟昏旦問寺金門客何事滄洲畔謬以三署資來刺百城半人隱尚未弭嚴華豈兼玩東山芝桂芳明發坐盈嘆

又釋氏懷三隱清襟調四禪江鳴朝未落林曉日初懸寶葉交香雨金沙吐細泉望諧舟客趣思發海人烟顧𢹂仍留馬乘槎久棄船未憂龜負獄且識鳥耘田理契都無象心冥不倚筌安期庶可揖天地得齊年

其一首闕

孫逖和崔司馬登題稱心山寺詩　郡府乘休日王城訪道初覺花迎步履香草藉行車倚閣觀無際尋山盡太虛巖空迷禹跡海靜望秦餘翡翠巢珠網鵁鶄間綺疏地靈資淨土水若護真如寶樹隨攀折禪雲自捲舒晴分五湖勢烟合九夷居生滅紛無象窺臨已得魚嘗聞寶刀贈今日奉璠璵

方干詩　水本深不極似將星漢連中州惟此地上界別無天雪折停猿

樹花藏浴鶴泉師爲

縱老意日日復年年

白塔寺在白塔山唐獨孤及詩賀監湖東越嶺灣據形平處有禪關塔高影落門前水茶熟香飄院後山幽谷鳥啼青檜老上方僧伴白雲閒有人若問廣陵散叔夜曾經到此間

天華寺在府城東六十里周廣順三年建亦號無礙浴院宋呂夷簡詩賀家湖上天華寺一一軒窗向水開不用閉門防俗客愛閒能有幾人來

福慶寺在府城東南七十里晉將軍何充宅也世傳充嘗設大會有一僧形容甚醜齋畢擲鉢騰空而去且曰此當爲寺號靈嘉充遂捨爲靈嘉寺寺有千闐鐘大中祥符六年改今額

方廣寺在府城東南八十里僑塘宋時華嚴寺之子

院也

延安寺在黃龍山宋建隆元年建號護國保安院治平三年改今額舊有樵雲樓今燬于火明僧懷讓題樵雲樓詩天峯結小樓旭日隔林丘拂檻石雲重捲簾花雨浮鶴分雙樹蔭龍借半潭秋忽動九江興尋詩來上頭懷讓僧不知何地人嘗遊會稽諸寺題詩甚衆

清修寺在府城東南八十里晉開運三年建明劉基詩華池浸皓月高下共清瑩烱如長明燈飛入太圓鏡又疑鉛汞爐伏火發霄映層軒開九秋萬象出晤暝月來光色動月去池色定窺臨足遊適玩味見心性珎重無生侶於焉托清淨宴坐六塵空百慮從律令

蕭山祇園寺在縣西一百步晉咸和六年許詢捨二宅建寺山陰者曰祇園此曰崇化唐會昌中廢宋建

隆元年重建有閣藏仁宗御書後歸寶文閣治平三年改今額今爲習儀之所［唐丘丹詩］東晉許徵君西方彥上人生時猶定見悟後了前因靈塔多年古高僧苦行頻碑存纔記日藤老豈知春車騎歸蕭詧雲林識許詢千秋不相見悟定是吾身［蔡舜卿詩］寶坊求往跡神理駐沿迴鷹塔酬前願王身更後來加持將暝合朗悟豁然開兩世分明見餘生復幾哉［僧澤方詩］問寺何名許當年捨宅基兩生玄度塔千古嶽陽祠樹老梁朝檜苔封晉代碑自嗟生太晚不識彥禪師［宋沈仁素撰感應塔記］昔者瞿曇氏之化天竺也將弘妙法式振辯才既演暢於崛山俄湧現于靈塔久居多寶契乎宿因純化之瑞斯可見矣洎無憂王之治閻洲也冥搜舍利遐構佛陀括囊於八國之中經營于一日之內被乎世界烱若星羅鬼國之憂斯可見矣由是教傳東國法仰西方伊塔廟之聿興遂支提而浸廣徵諸善者可得言之晉義熙二年隱士許詢字玄度拂衣俗態脫屣徙浮名捨第宅兩區建茄藍二所其一則營于鏡水號曰祇洹其一則立彼蕭山目之崇化廼於餘衍

樹以浮圖唯之相輪未全香刹旋於中夜忽爾飛來既道俗而式瞻且規矩而暗合未幾有胡僧邂逅繞塔踟蹰或問其來非無所以乃言國爲天竺寺實菩提遷失相輪遍搜印度遂杖錫跋履尋光現貞衆後詰之奚以爲證訴以七寶營搆諒匪五金作爲驗之不誣信矣何爽玄度載發弘願當與來生果克爲王重建是塔浮世空嗟於閱水善根有若於移山逮夫梁武受圖蕭氏命族至嶽陽王詧除會稽郡守將欲理棹訪于志公歷彼川塗訣之休咎乃曰今之分命蓋還舊居請詢曇彥上人在彼香嚴精舍無何法眼早已經心遂約緇徒佇迎玄度數日嶽陽適至晝隼爰來夫彼彥師已伺門首乃謂曰許玄度來何暮昔日浮圖今如故嶽陽王應之曰弟子姓蕭名詧豈許玄度耶彥師既知宿命未逼豈造次能喻于時延入虛室遽爇名香乃以定慧加之於是斯須怳若豁開疑網頓悟前生洞究因緣了在心耳俄命同載適彼蕭山爰止舊廬遂禮遺像既現塔中舍利兼騰基上神光仍於龕室之間採出斧鑿之類且悲且喜于載十三□率倭金別營厲塔不日而就異世合符稽彼感通有如影響邇後年祀夐遠世故推遷緬層搆之

冀有顗基垻之空在累代而下一簣不留遐考厥由
宜乎有待吳越監軍節度使渤海公文武傑出忠孝
問生實惟霸王之心腹久居元舊之爵位中立無倚
出言有章多重寶綠水紅蓮得爽吾春風夏雨絲衣
炳煥弟萼芬芳虎韡養堂莫能比興陸凱侯族才足
矜誇而能屬意貞筌靈衿道樹側開伴事載動信心
遂與蜀國夫人敦琴瑟之情表金石之固同發誠願
結彼勝緣務捨珍財再崇瑞相而乃磨礱文石陶埏
磚瓦起自戊午年秋初訖于己未歲冬首甃成雙塔
並建五層其制超今其高邁古事符感徹妙盡雕鎪
東則瑠璨珴珴樹嶽陽之善本西則晶熒赫赫表玄
度之良因其第一層則儼天人師列大石像其第二
層巳上則湧起千佛面于四方衆寶莊嚴五綵繪素
聳鎮輪而崒漢懸金鐸以鳴風基類須彌狀侔阿育
晉代之高蹤不泯梁朝之餘烈重光愚切思之信可
徵矣若非入公讚許詢前誌應蕭詧後身則何得契彼
三生成茲萬善夫如是亦何必志公復出曇彥重來
舉而論之固其宜矣樹德之盛積善攸歸雅述徽猷
稱乎琬琰仁裏才疏魯頌學媿淆梁摛藻騰芳徒懷
烏鳳激波飛譽曷比魚鷗誰謂餘揚闕遺荒墜退讓

弗克俛俛何多雖鋭意於枳園必貽譏於畫虎其詞曰粵靈塔之窮崇兮羣多寶之踴現矧阿育王之規功兮示闔浮之神變禮一念之勤拳闢萬善之關鍵由感應之不誣遂祖述之斯薦有許詢之曠達樂蕭山之蔥蒨捐爽塏之華居聿莊嚴於秘殿崇穹漢之俄成慊相輪之未建忽中夜而飛來實衆目之咸見冀後世之再逢俾真風之重扇造梁朝於帝族封蕭詧於禹甸問所適於誌公通宿命於曇彥果弘誓於疇昔襲洪因於周遍洎年代之屢遷念頹毁之誰援誕明公於海嶽列群辟於方面鼓琴瑟之克諧捨金玉之靡惓樹雙標之聳拔表三生之勇健燦燁燁之金容累層層之玉現振象教之罔紐開龍華之方便輾不退之法輪正無漏之高選

惟天上兮人間受豐報之弘願

覺苑寺在憂筆橋北齊建元二年江淹之子昭玄捨宅建唐會昌中毁大中二年重建賜名昭玄祥符中避國諱改今額寺有大悲閣熙寧元年沈遼爲之記

又作八分書寺額四字筆意極簡古閣後壁有尸陸戚舜臣水戚以畫水名家此壁尤爲識者所貴并沈睿達文及書謂之三絶　明嘉靖十三年寺燬於風雨二十一年僧懷瑰重建大雄殿今畫壁慢滅張即之書江寺二字扁於山門

宋沈遼大悲閣記浙江南岸其地名曰蕭山往來吳越之間者横流而濟望錢塘與蕭山相爲歸焉方其人蹈風波不測之虞怵生死一時之命必有動于中者於是大雄之尊能仁之道有以勝焉覺苑寺大悲閣者沙門智源之所造也源爲其像工未半而入滅慧嚴繼之嚴爲像矣以其事死非命太源王承演乃與緣廣謀其閣焉閣未就而廣與承演皆卒於是中廢垂三年人不敢復視而聖像委仆在地其閣爲墟矣天台教主榮上人早以其道爲人蘄鄉一日慨然將與之使門弟子允中尸其事且屬工而中又不幸說者莫不以其像爲不偶而上人獨拳拳不懈決信

不疑熙寧元年秋八月既徃遂克終事大啓法席以落其成善哉紫金之相巍巍堂堂于手應現千眼光明其崇三丈六尺重搆外周寶華相鮮厥容于其於是人人知是爲吉祥善事也其始小基近教院之法堂而上人之道塲也大衆圍繞成相稱賛曰聖像多難師既成之則是師道塲傳于後以殖以熏其有能嗣師以教導人者則爲主不能嗣師者斥毋以私爲累自今爲始大衆曰善於是其徒走錢塘爲余言其始卒之致將刻之余欲以偈賛功德之盛會病未果姑叙其大方以俟他日云

明化寺在西興鎮後唐長興三年吳越文穆王建名化度院宋景德三年改賜今額［宋陳益公重建明化接待院記］本院乃唐安國禪師道塲實兩浙徃來一都會風濤阻者於茲憇焉接中更兵焰乾道三年雲僧德休相廢基而典之淳熙賓老揮衣鉢募衆緣獲田七百餘畝然土壤窪瘠歲入僅了科役繼者交病相率逃去堂寮鞠草香積無烟僧不遑安於人矣望嘉定十四年慈覺大師宗明來自劍津探尋穴偶經斯寺發慈悲心作根

同力罄已囊槖爲法棟梁增至萬田餘六百畝越二年今丞相魯國公聞之曰嘻吾志也爾其爲山主人因大出餘金俾竟其事度土裁基鳩工伐木門廊廡觀不日而成獨正殿巨棟尚缺其二工師旁午茫然無措忽寺旁渾水閘現起覆寸視之則木引而裁之二棟天成徑圍尺度不爽毫末吁亦大異矣殿既成復建坊于前曰施氷宗明諗于衆曰斯寺創于唐煨燼於兵革興於休與日中又衰絶及是復新揆厥所元皆今大丞相圓成之力也衆曰善請以寺爲史魯國公府功德寺求誌其實余謂佛雖捨身割肉以餧饑餓有所不靳矧興廢植僵獨今丞相現宰官身正法眼藏分粟布金了此一大因緣宗明心領意會慨然承當踵遺規而增大法勝果於將來寺成之後遂與學明化付越僧淨連畧無顧惜如孤雲出岫來非有意去亦何心

可書也已

廣恩寺在玉笥峯山梁大同三年建名安禪寺隋大業十三年廢晉天福七年重建改保安院宋景德二年

改廣惠禪院寺多勝槩名人皆留題其中寺西有會景亭宋楙永詩分得天一角纖成山四圍吳處厚詩坐禪庵遂雲爲屋會景亭高石作層范仲淹詩越中山水絶纖塵溪口風光步步新求取會稽藏拙去白雲深處亦行春葉清臣詩雲中老樹冷蕭蕭溪上僧歸倚畫橈誰爲秋風乘興去松窗先聽富陽潮元絳詩雲外軒窗切斗牛倏然山路亦生秋青山屈曲無重數拘束溪光欵欵流錢彥遠詩寺跨長溪山四圍松杉微徑盡莓苔門前潮上不須看常恐塵埃隨水來刁約過寺贈躬師善寫眞詩二首賞遍林泉去未能却來溪口訪巖僧爲觀遠景尤奇處更陟危亭最上層又雲生前峯疑霈雨泉飛別澗旋凝冰陋容憔悴煩躬筆待結錢塘九老盟唐詢題廣慈躬上人房詩溪口相傳地最靈其間風物與人清鍾聲夜到江頭盡雲氣朝從檻外生幾幅輕綃供畫筆一林脩竹寄閒情閉門終日無塵事卧看南窗自晦明

淨土寺在淨土山唐開寶五年即舊善名寺遺址建

名彌陀院宋太平興國七年改號淨土寺後山有塔每夜令行者募油錢燃燈至曉不滅江海道途之人望以爲號紹興中塔上燈至二更忽滅寺僧疑行者乾没油錢問之左右答曰每夜至更盡時則有如人形一群飛自西來啾啾呼噉集塔上燈即滅寺僧疑其言次夜自登塔伺之至更餘果見一群約千餘人來塔上各蘸油傅瘡僧直前問之衆叩首曰某等乃淮上陣亡卒也見三寶慧光乞油傅刀箭瘡痕即愈便可托生僧問此番托生何道衆軍作四隊前後應答後世當生爲富貴人只得此燈油瘡痕平愈便超

廢矣僧由是多買油更益燈滿塔上每夜鬼衆仍集取油傳瘵半年漸少久之不復來矣　明永樂初寺塔俱廢

惠濟寺在鳳堰橋北俗謂曰竹林寺晉天福八年悟真師即古崇寺址建名資國看經院宋太平興國七年改賜惠通院宋理宗朝醫僧淨暹有功掖庭改賜今額其術至今傳之明朱天球詩閒說竹林宜避暑與客登之真可人一觴一詠動高興且眠且坐方怡神紫竹成林色弄晚黃楊蟠地陰如春淵明不作虎溪咲千載蹤跡俱成塵王守詩停車古寺竹林幽石壁烟霞澹素秋趺坐觀心禪榻靜紫薇花上月華浮

諸暨大稚寺在城中實長山麓也吳赤烏年間建梁

逼普問改名法樂寺唐會昌五年廢大中二年復改報國後改今額寺中舊有琉璃井琉璃軒先照樓宋江藻詩暑雨倦行役依投得禪關空堂納清風坐見香霏還積水共天遠高僧與雲閒傳聞舸舟人宿昔廬茲山建立風千載諸峯尚雲鬟當時大功成止在談笑間今豈無國士震遊一何難馮高望行朝小雨猶斑班姚寬詩修榻無凝塵雲房愜幽素清寒薄衾枕微凉散庭戶夢破流水聲鈎簾看山雨時與靜者居爲擬湯休句元黄溍先照樓詩初日團圓出海東陵晨先照最高峯不知今日華嚴界樓閣先開第幾重

翠峯寺在大雄寺左亦長山麓唐天祐元年建初名淨觀院宋乾德三年改今額今廢相傳舊有藏經之殿四字唐皮日休所書殿後墨竹宋劉叔懷所畫又有范蠡祠鴟夷井俗云范蠡故宅也

永壽寺在金鷄山之北梁大同二年建名延壽寺唐會昌中廢咸通十五年重建名長壽後改今額相傳晉咸和中丹陽人高理浦中獲一金像後有西域五僧至理家云昔遊天竺得阿育王像至鄴藏河濵夢感謂吾東遊爲公所獲理驚出像五僧見之放光及寺立勑送像藏於寺宋王十朋詩一林春色自啼鳥兩岸夕陽空釣舟

寶壽寺在寶聚山唐大中間建初名壽聖後改今額舊有來青閣涵碧亭文藏經之殿四字唐柳公權書明翁溥詩山徑青蘿遶禪房翠壁深洞門春寂寂花木曉陰陰看竹頻移局臨泉細聽琴平生幽興極況復對珠林錢德洪詩微雨山徑深連岡倚危壁登頫出雲岑邐迤懸蘿薜古寺松檜陰山房樧發側嘉朋

曳屨來塘言見良覯結念屬清樽情深動歡趣吹竹
鼓聲淵蹲蹲舞衣窄清嘯發孤峯芳塵寄瑶席雲栖
不知還班荆坐月夕窕
知後來者相尋繼出迹

正覺寺在菩提山中柯公尖之南晉開運元年建初名菩提院後改今額寺周圍皆山惟前一徑屈曲通山麓水從峽中出跨峽一小橋橋傍有一指石一指點之即動以手力推則屹然峽內又有喝開石相傳舊有菩提樹生子必一百八顆宋陳平章詩六月泉聲戛玉寒周圍環遶畫圖間一橋鎖斷無窮景不放浮雲過別山

永福寺在光山中初名應國禪院唐會昌間廢晉天福七年重建內有梁武帝讀書臺硯水井

崇勝寺在寶掌山是千歲和尚結茅處唐貞觀十五年建

五洩寺在五洩山中唐元和三年靈默禪師建名三學禪院咸通六年賜名五洩永安禪寺天祐三年改應乾禪院後改今額

青蓮寺在縣西十五里群山中晉天福四年建初名碧泉院宋至道二年改今額後漸蕪　明嘉靖中僧道林復建之隆慶六年駱給諫問禮寓其中修縣志後山名金輿岡右一峯高聳名嶽峯寺前三池名伏龍池山下小溪名漱雲溪

餘姚龍泉寺在龍泉山晉咸康二年建唐會昌五年廢大中五年重建咸通二年賜今額宋建炎間燬高宗南狩幸龍山賜金重建元至元十三年燬元貞改元重建有彌陀閣千佛閣蟠龍閣羅漢院上方寺中天院東禪院西禪院鎮國院與仙亭更好亭龍泉亭自山麓至絕頂殿閣儼然背山面水爲一邑佳處寺額三字作歐陽率更體或云即歐書未知然否虞世南王安石輩皆棲遲於此宋天子幸之今漸蕪廢所存者惟山門大雄殿中天院而已大雄殿爲習儀之所殿後近構觀音閣

唐虞世南碑 昔軒轅之臺表於大荒之野靈光之殿存乎曲阜

之鄉然皆起滅不停苦空無我遺風餘跡尚或可觀
況乎佛刹淨居金剛福地百靈之所扶持宜其歸德
劫以來存歷三災而彌固者也龍泉寺者晉咸康二
年縣民王陽及虞弘寶等之所建立二人以宿植之
良因脩未來之勝果爰舍淨財與斯福事雖宏壯未
極而嚴淨有餘其地勢則憑峻嶺以爲墉縈長江其
如帶乃於形勝之所式建方墳背巘面流亭然孤立
譬崑崙之望均澤若圓嶠之沉滄溟棲真之致莫與
爲儔道場之建于茲二百年矣值梁室版蕩大盜潛
移四海沸騰九夷交亂其壯騎之所憑陵戎馬之所
轥轢燎原薙草邑無雖遺玉堂金穴餘構莫存甲第
高門尺椽皆盡浙河之左尤鍾其弊于時禹川殷阜
舉袂成帷雲棟風櫺彫甍綺閣皆與漫淼蕩萬不一
存潤屋爲墟暴骸如莽家靡餘爨路無行跡唯此伽
藍巋然不動清梵夜響和鈴旦揚行人晏黑風塵無
警或有履峯介士彎弧劍客莫不釋戈免胄望崖頂
禮豈非慈悲幽贊功德名符能伏獷戎善和怨敵斯
固三寶之力不可思議但自剏立以來多歷年所時
經理亂道或汙隆冬室夏堂亟多頹毀禪思或擾八
禪罕周乃有清信士女咸撒布帛隨時喜捨步影由

提資待無闕有仁慈焉有淨衆焉藉四部之護持擁十方之回向低頭合掌並趣菩提彈指散花皆成妙道然佛法難逢人身易失傳火交謝念念不留閱水成川滔滔莫返寧可宴安巢幕甘寢積薪沉溺蓋纏不求解脫寔宜共出愛網同護法城脩福不捐至誠必感大悲汲引義非虛說庶憑願力俱證道場是用鏤之金石咸題姓字貽諸不朽乃作銘云正教既隱像法斯備柰苑祇林香城金地鳥跂連屬鷄飛相次像設開安斯爲佛事乃建靈塔俯江之涘棟宇既脩彫龕斯整負巖面壑棲雲倒景澹爾智留嶷焉仁靖方丈淨室四柱寶基運遷時謝日往月來桂棟或朽蘭橑將摧珠幡掩色寶綱凝埃篤以精信共弘利益或捨衣裘或傾粟帛造新葺故呈材獻石地擬金繩供同香積世諦虛假色相非真棲托毒樹迴環苦輪惟我淨域出要良津勝業可久暉光日新維大周天授三載壬辰八月壬午虞南撰布衣董尋書嘉泰志云世南止曰虞蓋避太宗諱古禮卒哭乃諱世南卒於太宗時未嘗單名南此碑蓋書者追去之也紀元中天地日月字從武氏所製宋紹興更建碑刻字俱從舊獨篆額不存用進士虞時憲筆寔永興公之裔

云唐孟浩然疾愈過龍泉寺呈易業二上人詩停午
聞山鍾起行散愁寂尋林採芝去谷轉松蘿密旁見
精舍開長廊飯僧畢石渠流雪水金子曜霜橘竹房
思舊遊過憩終永日入洞窺石髓傍崖採蜂蜜日暝
辭遠公虎溪相送出方干詩牛斗正齊群木末鳥行
横截衆山腰路盤砌下兼穿竹井在巖頭亦統潮海
岸四更看日出石房三月任花燒未能割得繁華去
難向此中甘寂寞施肩吾贈龍泉洞塵上人詩八十
山僧眼未昏獨尋流水到窮源自然共得龍神語擬
作茅庵住洞門僧圓丘寄白雲師詩自從相約問寒
溫吟得詩成欲共論山犬自驚行客過幾迴風雨誤
開門又占得荒畦半畝餘一犂春雨自耕鋤偶然吟
得梅花句旋折松枝就地書元黃溍贈訥上人詩舜
江東下職官船幾聽潮聲往復還老去未知重到日
夢中誰識舊遊山秋風飛錫來天外滄海遺珠出世
間為問兒童强健否龍門高絶許誰攀明倪宗正登
翠微房詩雙鬢鬅鬆風亂雪迷白雲深處覓丹梯路經
絶巘長松立門掩寒山翠竹低古洞天疑環珮杳清
江日落鳳凰棲山僧報我梅花滿相引壺觴過磵西
徐渭詩龍山幡踞幾千年半屬蘇家半屬禪再過于

年能有幾肯留一榻與僧眠又青山無上伏維那顯得寬閒要種茶來此題詩便煎吃到頭依舊與僧家

白雲寺在四明鄉唐閩中高僧嶽雲披荊而廬講餘白雲時時入戶晉開運間錫是名宋丁劉翁詩幽人何處住古寺白雲高問路不知遠到山方覺勞半窗看竹石一枕聽松濤我亦清幽者烹茶讀梵騷

普濟寺在上林湖山之西麓俗謂之西山寺山勢迴抱地師多稱之以爲可亞四明之天童唐大中元年普光法師建號上林院宋大中祥符元年改賜普濟院宋陸放翁詩山遠峯峯碧林疏葉葉紅僧閑對下語如在畫圖中明岑黻詩每憶蟠龍山上寺白雲深處布袍行長松萬箇似人立秋水一湖如鏡平抱子黃猿垂澗飲鳴雛蒼隼護巢鳴十年故舊唯公在林下相逢恨倍明

普明寺在從山元黃溍記餘姚江支流由州署之西蓼折北出二十里所水踰堰而入復支爲兩又北行五里所有山隆然突起兩水閒挾郡志是曰松山或曰是蓋名從山從山者言衆峯離立木外東西拱揖其勢如相從山之南麓普明寺在焉僧法姬爲予言山之末有寺也里人陳氏居之有以身爲僧而以家爲寺者是爲文通法師山之初祖也寺建于唐天祐惟吾浮圖氏廟塔在人閒與廢相尋如漚起電滅茲山之香炧燈炷閱幾成壞而不與湖俱化蓋吾祖之蒙被其胄胤者深且厚也然其言行於僧經佛支一無所登載所度五弟子亦莫之有聞焉獨近代夢庵華禪師爲山陰陸公游方外交又率隱不耀願有述俾後之人知吾徒所憑藉頃予始至其處見其池深而木寒叢篁蒨芦巃隱顯烟際意以爲此仙聖之宅必有化佛靈僧寫跡其間而渠言如此飛鴻印雪爪趾宛然固無俟予之擬諸形容也

積慶寺在獨溪湖之梅梁山宋史嵩之功德院也清流當門景物頗幽勝寺前石碑宋理宗御書積慶教

寺四大字上又作行書賜史巖之四字鈐以玉璽今後殿已廢惟正殿在四壁亦不完僧房十餘間别在溪邊而山十餘頃田三百餘畝僧猶享其利御書碑今折爲兩段半埋草中巖之碑銘惟南大嶽有師思大傅智者師捷得三昧妙法云何此象蓮華圓頓深入真淨不聆燕于姚江象教流盪凝對鷲山西遊龍藏聚以成佛合掌入聖一念玄關十方圓鏡相維燭湖巖壑分秀赤城在東天姥發布童育現前太白東吳三乘八部龕翕習聖徒梅榦龍根飛躍天禦風雨悲鳴復其本處獨香未曉陰遨失道慧鑑慈鐙佛日霄杲神光絢發玉璞金精山中夜枕惕然震驚旃檀之林曰惟爾隣夜夢大士現宰官身爾昧昌師惟慧惟覺盡契圓常得原極樂匊惟九峯飛雲相望睠言此山我渭之陽慨兮如存昔式斯藏相彼越人昔我攸牧梅在于盥梔在于陴珠瓔效異毫相絢曜瑤礦承佩銀黃拂揚夕爨晨香祝我睿聖明皇心載嘉昭回下錫爾爾多慶徧于萬國法卉

曇華三千大千臣拜稽首天子萬年天龍按部以引以翼沙數有盡金堅無極寶祐四年四月吉日記張即之書

明真寺在靈源山東晉支遁許詢講道之所後唐長興元年建號四明院宋治平改賜今額元元貞至元間再新之［宋樓扶記］越多名山水經晉人遊覽處又輒不同過姚江而南村以許稱即玄度所居里里有古道場道林訪許時嘗講經地二家金蘭逮今語尚氷雪坐靈源面鳴瞻一峯高人雲表作航海者指南舊號四明治平中賜今額寥寥數千載跡昭人昬危而不持鐘鼓幾於泯響嘉熙三年春白雲堂僉舉妙銛主斯席始至撫然曰晉蹟縱遠台宗其可墜乎廢興有時吾惟圖其新首倡以躬聞之者咸用勸助願力宏固不數載化蕪礫爲寶所內外粲整凡教肆所當有皆種種畫完開門授徒決音演暢余善潛山僧文珦道所以然相與歎嘉余未識銛盍歸而語諸室廬宏矣器用備矣學者萃止趨其英而敎

肯之毋徒爲觀美人傑地靈今無與昔安知不有風期高亮之士如林公者才藻新奇花爛映發十地頻悟三乘炳然神駿不混梵歷凌霄肯作近玩試譚厥旨淵乎與時繇棹問徑籥松剩泉清風朗月悠悠我思又安知玄度輩不在人間耶明宋玄僖序吾鄉靈秘山物元上人所營有軒曰耆畢曰逍遥有室曰觀樹有蓬曰雪篷有閣曰怡雲曰西閣西閣之前有隙地植茶曰苦茶原植薇曰紫薇坡曰離卉木曰芭蕉亭閣之右偏有大沼瀦山泉而溢竇垣下入溝溝廣四尺泉流洪而潔經閣前不絶通溝植蓮有小木梁跨其上曰白蓮港港之前有地可遊息曰琅玕塢塢之左偏有小屋可宴坐曰桐陰舍其流循舍下注石竇以出而豬于垣外曰鷺池其曲曰鵁鶄灣嚴閣池榭皆曲其妙時海内兵興桴鼓之聲達于境内明真賞萬山之秀而物元營構之勝又可賞適故一時文人名士多避地于茲物元者名如阜精修梵行洪武四年以高僧徵至京錫于天界寺無疾而逝

上虞等慈寺在城内梁天監二年邑人王圭捨宅建

日化民院尋廢唐咸通元年復興後唐長興四年吳越王錢鏐更院爲寺宋大中祥符改今額今爲習儀之所　明萬曆十三年縣令朱維藩重修

國慶寺在東山相傳謝氏故宅唐元和四年安禪師重建咸通九年賜今額有白雲明月二軒及無塵閣

明嘉靖中俱燬于火餘姚謝氏捐貲再建寺後爲謝氏家廟〔宋李光詩〕永夜金莖下九天郊坰風物正凄然百年寶地空蕭瑟十里清天自接連局上笑談棋易勝坐中奇險句難聯定回老衲應相問淨社何時到白蓮〔陸游詩〕豈少名山宇宙閒地因人勝說東山江拖銀練秋波淡峯削芙蓉翠嶂環別壁有棋涉緝緝斷碑無字蘚班班幾更梵宇勳名在不與薔薇一樣殘

奉國報恩寺在縣西南三十里唐光啓二年寺僧清永建其址在衆山中頗稱形勝或曰有龍穴焉寺之田山十九爲人所佔　明萬曆十三年知縣朱維藩以僧詞徃勘之見寺址尚存老僧依草麥間因斷復其田六十畝地六畝山八十畝仍許葺其寺

智果寺在縣東北十餘里後唐清泰初建名建福院宋大中祥符元年改今額宋陳堯佐詩蘿巖山下寺靜境絶過從芳草二三月碧雲千萬峯窓門鳴落日樓迥響踈鐘却恐重來晚庭前記偃松

瑞象寺在縣西南十五里舊爲古源院唐時燬于火晉天福六年吳越王復剏開運四年吳越給額瑞象

院宋紹定中華度陳文貴改建爲寺明陳綰詩竹徑連松圃山門近水瀆野雲陪鶴影落日轉牛群石亂蒼崖墮巖泉碧澗分潛夫空有論姓字與誰聞

大嶽廣福寺在縣南六十里爲晉白道猷結庵之地唐清泰元年陳恩益等改建爲寺

廣教寺在縣西南四十里昔置官窯三十六所於此有官院故址在焉

嵊惠安寺在城中坐剡山南向不審創始初號般若臺寺唐會昌中廢咸通八年重建改法華臺寺天祐四年吳越武肅王改興邑寺宋大中祥符元年改今額舊傳有徵士陳惠度射鹿此山鹿孕而傷産子死

猶以舌舐之鹿母亦死惠度因棄弓矢投寺爲僧鹿死之處生草號鹿胎草舊錄云晉義熙二年西天竺國有高僧二人入金華師道深弟子竺法友授阿毘譚論一百二十卷甫一宿而誦通道深遂讚法友釋迦重興金光授記遂往剡東岇山復於剡山立般若臺寺是則始建寺者道深也高僧傳有竺潛法深嘗居岇山豈即其人歟十道志曰西臺寺今法臺寺是也陳惠度所立未審孰是舊有應天塔灌頂壇增勝堂幽遠庵元至元中寺廢　明宣德中僧永寧重建景泰中僧巨源修應天塔并建山門寺有棲雲宿雲

房弘治二年僧廣達建翠寒亭【唐張繼題灌頂壇詩】九燈傳象法七夜會
龍華月靜金田廣幡擁銀漢斜香壇分地位寶印辨
根牙試問因緣者清溪無數沙【趙嘏早發法華寺詩】暫
息勞生樹色間平明塵事又相關吟辭宿處烟霞去
心負秋來水石閑竹戶半開鍾未絕松枝靜霽鶴初
還明朝一倍堪惆悵回首塵中見此山【宋王銍題增
勝堂詩】心是華嚴境圓機更善根一塵猶可見十勝
不爲煩故鶴歸松徑呼猨開竹門妙高松頂住客到
亦忘言【明張性寓惠安寺詩】溽暑蒸人勢莫禁偶來
山寺滌煩襟長松遶砌連三樹秀竹當簷恰半林斷
續香烟凝佛座氤氳清氣透禪心老僧更喜能留客
煑茗論情
到夜深

實性寺在縣西三百步剡山之麓唐乾元中建號泰
清院會昌中廢晉天福七年重建宋太中祥符元年
改今額後歸併下鹿苑寺　明永樂十一年復建弘

治三年再修葺嘉靖初縣令呂章廢之周通判震遂佃爲宅已而悔焉萬曆二年復捐爲寺知府彭富實性寺興復記

一統志嵊諸梵宇獨載實性寺以邑之官師於此習儀祝　聖壽也寺創自唐年有賜田饒甚嘉靖中邑令呂章以私恚毀寺徙　萬歲龍牌伽藍神像於下院三峯莊僧亦寓棲以供額稅然寺之名卒不可沒而寺之隙地爲鄉進士周君震佃而得焉遂治爲宅益買傍近地廣之居三十年矣周君後爲衡州别駕歸忽悔恨不樂謂其子庠生夢秀曰古人行一不義雖得天下不爲也且晉唐名賢如王內史陸宣公皆捨宅爲寺予乃佃寺爲宅負不義之名吾寧塡死溝壑弗忍居於是矣汝必復之而平湖陸司寇胥峯公與周君同年厚善聞而義之數移書贊決會冢子今大理卿五臺先生自南容寄歸奉金以供甘旨公許捐金以助贖寺之廢田而歸之僧萬曆二年冬周君寢疾會其族父兄子弟而屬之曰吾願及見寺之復也吾待而瞑矣於是周生立以其宅幷益買傍近地請復爲寺以狀來上余懼然嘉嘆判而復之邑令朱

君一栢即召寺僧法彰等還寺如故有異議者守逐諸上官皆絀之周生既捨宅乃徙居他舍他舍敝陋人所不堪周生惟以克成父善爲樂已而周陸二公皆即世大理公啓其父槖得向所遺奉金三十餘盡捐以贖寺田諸先佃田者聞大理公父子之義或受價或不受價或半價不浹辰而得田二十畝地四十五畝僧於是乎始有香燈饘粥之費事具分守參政朱公案中余惟弘德以前士大夫無毀寺爲業者畏

國憲而謹儒行也近世始有借口異端之闢以恣其利便之私周別駕君少年佃寺晚獨知非毅然改決於臨殆之頃有曾子與易簀之義陸司寇公成人之美視蘧大夫踰獨爲君子若合一轍二公之行事古之人哉大理公善承父志感動群情周生夢秀不忘父命自其困嗇是皆足以敦厲末俗而障頽流者也乃詳記之屬新嵊令譚君禮勒之石

下鹿苑寺在剡源鄉宋元嘉二年建號靈鷲寺唐會昌中廢咸通十四年重建宋治平元年改下鹿苑寺

山有龍潭潭洩水下爲飛瀑對瀑水並爲玉虹亭有隱天閣宋盧天驥登玉虹亭詩鐵鼉愁躩號窮冬層巒秀壁撐晴空閑拖小蟒借餘力來看霜巖飛怒虹小溪催呼老欸段淪鬻篇火烹團龍餘茸人口齒頰爽兩腋便欲生清風悠然千里遺眼界金篦刮膜開雙瞳乃知足力不到處別有天地生壺中國恩欲報已華髮征車未去先晨鍾玉川乘雲紫邏冢謫仙騎鯨河泊宫聯追二子歸禹穴碧空轉首山重重

圓超寺在剡山之巔奉觀音大士號靈鷲庵宋大中祥符間改今額久廢　明永樂十一年僧會法濟復建之半嶺有挾溪亭嶺側有俯山堂宋王銍詩松間清月佛前燈庵上危峯更上層犬吠一山秋夜靜敲門知有夜歸僧明釋懷讓詩香閣俯孤城登臨敞竹扃水流雙澗白烟散萬家清華雨迷蓮坐松陰護石屏何當來借住重著息心銘

悟空寺在崇仁鄉周廣順元年建今廢宋盧天驥詩山在江城欲盡頭招提無處着清幽寒沉水底長留月冷入天圖不剩秋村静靣遺看鶴戶溪寒只愛釣魚舟眼前佳事能如許恨不常爲隱地游

龍藏寺在靈芝之鄉梁天監二年建號龍宮院有巨井深浚水色紺寒疑有蛟龍居焉又有老松如龍數百年物也唐李紳少嘗經游後領郡因新之復爲作文刻石以記今廢李紳詩并序此寺摧毀積歲貞元十八年予爲布衣來遊有僧曰修真自言居龍宮寺謂予言異日必當鎮此爲修此寺時以爲狂易之言不之應至元和三年予以前進士爲故薛平常侍招至越中此僧已卧疾使門人相告曩日所言必當鎮此修寺之托幸勿見忘僧言寺有靈祇相告爾予問疾已不能對及後符其言而詢其存歿則僧及門人悉殂謝召僧僧會真以俸錢爲葺之累月

而畢以成其往願也【詩】銀地溪邊遇衲師，咲將花雨指潛知。定觀玄度生前事，不道靈山別後期。眞相有無因色界，化成輿滅在蓮基。好令滄海龍宮子，長護金人舊浴池。宋僧擇璘詩【一】古有心懷短李，拂塵無力看豐碑。李碑今不復存

新昌寶相寺在南明之陽東晉曇光開山齊永明中僧護曾隱於此護始到夜聞鐘磬偲樂之音又時現佛像煒燁可駭由是啓願鑿百尺彌勒像像成端嚴偉特名聞中外其取異者像自石中鑿出今佛身之後石壁之上有自然圓暈如大車輪正當佛首而四方闊狹一同無毫釐差佛身高廣則咸平僧端辨嘗記之云按劉勰舊記齊永明四年有浮屠氏厥號僧

護嘗茲矢誓期三生躬造彌勒之像梁天監十二年二月始經營開鑿之洎畢龕高一十一丈廣七丈深五丈佛身通高十丈座廣五丈有六尺其面自髮際至頤長一丈八尺廣亦如之目長六尺三寸眉長七尺五寸耳長一丈二尺鼻長五尺三寸口廣六尺二寸從髮際至頂高一丈三尺指掌通長一丈二尺五寸廣六尺五寸足亦如之兩膝加趺相去四丈五尺壯麗殊特四八之相罔弗畢具諒嘉陵弁郡石像外至於斯天下鮮可比擬者後梁開平中吳越王錢鏐賜錢八千萬貫造閣三層東西七間高一十五丈又出

珍寶鉅萬建屋三百餘楹後錫之孫儆又列二菩薩夾侍閣前身高七丈宋景德間邑人石湛鑄銅鐘一口董遂良等捨錢百萬粧飾金像又詣闕請經一藏石氏又起轉經藏并寶殿以安之賜額寶相厥後侍像亦壞元元統二年僧普光更爲坐像二高六丈五尺又以銅絲爲網護于其前　明永樂九年住持僧裔重建三門毘盧閣凡三層五楹高十三丈五尺正統中悉燬于火今惟僧房十數間而已宋胡嵩老石城春遊詩世亂英雄工逐鹿不聞歛錫爲民福嗟嗟百年吳越國秖爲錙流管土木石城寺甲浙之東填坑跨谷奎青紅華榱碧鐺相疊重觀者如賦阿房宮年年二月春風裏遊人拔宅來如蟻誰知五代亂離間乃祖當家

愁似鬼典兒彌子岩征輸笞榜斗嚚無日虐而今雲仍醉歌舞當時膏血腥王府

興善寺在十一都晉太康十一年西域僧幽間建唐盧綸興善寺後池詩隔窗棲白鳥似與鏡湖鄰月照何年樹花逢幾世人岸莎青有路苔徑綠無塵頗得依僧住山中老此身

天姥寺在天姥山中周廣順元年僧德韶建傍有接台館上官及使客往來俱宿於此寺舊有額田二百六十畝後漸爲豪強所侵　明嘉靖十九年知縣何孟倫核正還寺三十年知縣卓爾鐫之石

院

府城內圓通妙智院在府東南三里會稽地宋開寶八年皮少卿文燦捨地建先是吳越王鏐患目疾

醫禱弗效一夕夢美人以藥饋之愈鍔以爲神無何甬東人在海上以所得沉香觀音來獻鍔竦然曰此即前夕之美人也及文燦建寺因置觀音于其中號觀音院熙寧中太守趙抃奏爲祈禱之地賜額圓通宋高宗駐蹕宣賜御書金剛經板初有興福院併入圓通或云圓通本興福之觀音懺堂後浸盛别爲院而興福日衰至無一僧乃併有之事之興廢有如此今院已久廢

會稽淨勝院在府城南二十里唐中和三年齊肇以其祖丞相抗書堂建號水雲塔院宋治平二年改今

額按齊唐集有量聖壽寺詩唐自注云初遠祖相國以所居石倉書堂建是院中間嘗爲聖壽寺矣今廢【齊唐詩】建中天子寄彌綸築隱商巖舊業存麟筆有文藏册府駟車流慶屬衡門金繩寶構新空界劍樹真游接九原藐矣諸孫愧前躅脫身仍謝北山猿

餘姚長慶院在梅川鄉唐長慶四年建號柯城道場院會昌間廢大中二年重建天祐六年吳越王改前額【明宋玄僖詩】古寺歷塵刧空山見清秋木葉日夜落海氣東北浮滌煩悲微迹望遠增隱憂行吟瓦礫間盛觀焉可求草露豈常濕巖雲應暫留轉思學仙者脫身事長游在世爲自苦超滅同浮漚

隆慶院在上林僊居山梁大同元年建號上林院唐文德元年改僊居院宋大中祥符元年改賜前額餘

謂之東山寺宋亡邑之縉紳群至寺中哀麻哭臨元季兵興衣冠亦多避難於此元岑安卿詩東山景物輝過湖人騎白雪馬待客倚立青苔磯花邊舉杯酒一斗石上解衣松十圍最愛東岡老禪伯夜窗爲我談玄機

新昌千佛院在石城山齊永明中建佛塔上有宋咸淳九年邑中鄉薦題名謝在杼佛塔題名記癸酉紹歲會稽八邑魁鄉薦登賢書者莫南明盛鵬月三日揖髦俊燕鹿鳴是日也衣冠濟鏘頭角崢嶸蹤彼公堂酌彼兕觥于以陳勸駕之章于以餞春官之裝既宴遂題名於古塔將相期于萃三魁之美而近天子之光也時同寅陪集者嚴陵徐德馨貿山戴嘉構李孫謀猷古杭俞應僉南宮上客三十又四人書者各以齒序天台謝在杼記

［庵］府城內蛾眉庵在縣東北一里蛾眉山上

清涼庵在麗公池南以上隸山陰

五雲庵在都泗坊隸會稽

山陰渡船庵在南堰門外有二船渡往來者清流汪洋景頗佳

龍南庵在龜山南遼山東嘉靖中天池高僧王芝之來謁王文成問道相契遂留於此結庵而居之俗呼新庵〔王芝秋晚寓龍南山居詩〕小院開松塢溪深曲自通遠峯圍夕翠高樹著霜紅江屋催寒杵鄰燈急夜舂近聞滄海報尤喜息狼烽〔又〕駐錫千峯下高齋足燕居溪光擺霽席葉響墮寒墟作供鄰分米銷閒客借書心空本無際誰復計冥初

龍潭庵在秦望山北俗呼龍王堂有龍潭禱雨輒應

萬曆中僧圓朗重修境極幽勝

普濟庵在雷門鄉當山陰蕭山之衝萬曆中小能仁僧如曉建有義井茶亭供往來茶

會稽仙姑庵在稱山巔上人以祀鮑郲二仙姑者其來久矣庵側惟石纍纍後臨大海前揖攢宫諸峯最奇勝山阿舊有尼姑庵今廢山下爲稱心寺

蕭山先照庵在石巖山上宋紹興中建明魏驥詩蘭若巖石巔凌虛倚寥泬陽烏忽東升流光每先得孰知照無私須臾徧寰極

陸墳庵在西山宋紹興中建明沈琛詩鵓鴣互啼楊柳垂海棠競吐紅參差白頭老翁學年少爲花來赴花朝期琵琶新翻王連鎖髑髏酴醾滿斟金屈卮安得長繩繫西日盡懽盡醉歸

遲

遲

曹林庵在湘湖南宋咸淳中建明洪鍾詩透迤小徑碧山與客登臨且乘興浮生能得幾時閒蕭蕭杭近清湘咫尺間半生今日始登山夕陽野寺題詩去未識何時再得閒王守仁詩好山兼在水雲間如此湖須如此山賽有卜居陽羨興此身爭是未能閒徐子熙詩自種長廊松老獨坐幽房草深幾點白雲幽夢一池明月禪心又因何山中行偶與山僧識相緣入精舍爲我供香積談玄日未竟虛室漸生白池月與天雲往來無遺迹陳泉詩尋幽湖上扣禪扃路遶青山入畫屏騷客有詩多刻竹老僧無事只看經青容落翠香斷篁綠樹團陰冷越旎賴有支郎能愛客咲談不覺日西明

施水庵在西興鎮宋寶慶中建明僧姚廣孝詩築廬臨古渡結社擬東林花雨飄閒徑香雲被遠岑蘭燈秋烱烱蓮漏夜沉沉集衆人如玉經行地布金長齋神自衛深定魔難侵

願我精三業從師淨一心

新昌清虚庵在桃源觀西宋乾道間喻庵先生遊水濂還訪梁平叔同宿于庵梁平叔詩幽齋共坐論功夫借問先生識此無悟得此中真妙訣人間始信有仙壺喻庵題來川軒詩夜吟惟覺月來遲正憶先生獨坐時離緒幾多無着處不堪清氣入詩脾

半嶺庵在陳公嶺連嵊界　明訓導呂華捨田四畝又孫唐石三姓捨田十五畝烹茶供往來者

法通庵在嶺頭嵊界道人金覺渭置田五畝亦爲茶費

塔

上虞起鳳塔在縣東五里山上山是縣之巽峯萬

曆五年知縣林廷植建傍有庵三間

奎文塔在縣東二里縣東無山水直下而無砥柱士民請爲塔以障之萬曆二年知縣林廷植始構兩層十二年朱維藩成之